妥协与对抗
日本知识人的战时与战败

妥協と抵抗
戰時と敗戰に生きる
日本の知識人

王升远 —— 著

上海译文出版社

目 录

小 引

上 卷

谁来证明那些没有墓碑的爱情和生命
    ——战争叙事中消失的日本"人"   *003*
1938:"非常时期"的一场越境私奔及其文学史余波   *022*
奥野信太郎:"精神故乡"的面影   *032*
"正直的老鹰"与"卑鄙的鸽子"
    ——日本帝国的毁灭之路   *038*
永井荷风的洁癖与复仇
    ——《断肠亭日乘》中的"现代日本"批判与日常抵抗   *047*
大佛次郎战败日记中的"神风"与荷风   *092*
麦克阿瑟的靴子
    ——"开除公职"处分与尾崎士郎的时局因应   *102*
帝国宣传的莫比乌斯环
    ——战时、战后火野苇平的政治悲喜剧   *111*

目 录

战败日记的"读法"
　　——兼谈有关战争记忆的劳动分工　　　　　　　　121
"叛逆者"的哲学
　　——鹤见俊辅的"方法"论及其思想、政治选择　　130
弱者的抵抗
　　——从宫崎骏的《红猪》到雅斯贝斯的《罪责论》　144
《哈尔的移动城堡》中的"官魔"与"野魔"　　　　　152
在艰难时世中做个"真正的人"
　　——从吉野源三郎到宫崎骏，再到我们　　　　　　160
宫崎骏的终极之问：《你们想活出怎样的人生》中的道德抉择
　　与历史隐喻　　　　　　　　　　　　　　　　　　173

下 卷

从历史想象东亚：走出"方法"与"特性"的迷思　　　185
"内在于中国"和"内在于我的中国"
　　——近代日本如何言说中国　　　　　　　　　　　195
帝国的"颜面"
　　——"日本论"的名与实　　　　　　　　　　　　204
帝国的幽灵
　　——安德鲁·戈登《现代日本史》之启示　　　　　216
蛩声、峰影与"中间地带"
　　——从陈言的《万蛩有声》到知识人行动的边界与可能　227
犹大与总督
　　——如何思考近代日本作家笔下的中国形象　　　　234
150年前的那些粪便
　　——萨义德"东方主义"的东亚射程　　　　　　　246

日本文学家的战争责任研究的六个层面与未竟课题 **254**
"跨战争"视野与"战败体验"的文学史、思想史意义 **264**
作为"反应装置"的战争和作为"认知装置"的"战后"
　　——为日本战争文学研究再寻坐标的尝试 **285**
"同时代集体性心情":异态时空下的知识人、民众与国家 **298**
表述日本的姿态与阅读日本的心态 **306**
家史调查、历史记忆与"全历史"写作
　　——中日学者三地书 **314**

小　引

2022年是我的不惑之年。可遗憾的是，这些年自己似乎并未在通往澄明通透的道路上有所进益，反倒日渐退步，愈发惶惑：这个世界将往何处去，而我们又身在何处，学术何为，文学何用？历史与当下、梦境与现实间何以会超越时空、发生如此诡谲而真切的交错，让人不禁想到《哈姆雷特》中那句著名的台词——"The time is out of joint"。多少做些历史研究的人，或许都总有一天发出黑格尔那样的哀叹——"人类唯一能从历史中吸取的教训就是，人类从来都不会从历史中吸取教训"。尽管如此，人们却依然试图藉着一些经验性的论述徒劳地捡拾某些"教训"，在"以史为鉴"的幻觉中等待一个戈多，似乎非此便难以安身立命。

借用普林斯顿高等研究院（IAS）历史学院教授帕特里克·格里（Patrick J. Geary）的话说：

> 作为历史学家，我们的工作常常（如一个欧洲学者所喜欢说的）是做过去的看门狗。如果人们错用过去，我们就得在夜里吠叫，有时候还得撕咬，不过别指望会被喜欢。没人喜欢看门狗，可是看门狗很重要。
>
> 历史，被正确地研究、正确地使用的历史，是一个批判性的

学科。批判性不是指说坏话，而是独立地思考过去及其与当前的关系，且不惮于加以区分，即使社会大众流行着另一种主张，他们热烈地想要把过去与当今联系起来，为正当化当今而想象过去。

那场战争虽已过去，可在这个地球上战争却每天都在发生；帝国的时代似已不再，可作为一种历史遗产，帝国的幽灵、帝国式的思维是否亦已随之远去？对于外在于日本的他者而言，曾发生在那片土地上的悲剧会不会"昨日重现"，或者发生在世界的其他角落？对于从事战争时期日本文学与思想研究的人来说，如何在过去与当下之间确立自己的位置，如何在当下的时点上重审过去，都是一项充满着挑战的工作，荆棘遍路，道阻且长。

我们在面向怎样的预设读者、以怎样的问题意识、生产着怎样的知识——这种将自我历史化、相对化的自觉中所伴随的焦灼感时时拷问着我们的学术伦理。十多年来，我一直以战时和战后的日本为主要关切对象做着一些微末、琐细的学术工作，试图以此逼视自己的观念死角，并经由一次次痛苦的自我否定进而检视文学史和思想史叙事中的某些认知框架和定见。就在这个过程中，"日本"这一存在却在我心中起了变化——从原初一个奇特的"认识对象"转变成了一套不算奇特的"发生装置"。多年前，一位德高望重的前辈曾殷殷寄望于我辈年轻一代：作为一个日本研究者，好好做下去，到了退隐之年，自会有你们的一套独到的日本观、写出一本属于你们的日本论，那时你就成了。多年来，我也曾以此为志业，孜孜以求，而今终觉力有不逮，虽自知有负所期，但还是打算就此缴械投降，成为文化意义上的"日本通"之理想只能遗憾地交由其他俊彦去代为实现了。就像伊恩·布鲁玛（Ian Buruma）在他的政治游记中所反复表明的那样：决定一个国家命运的不是其种族或文化的固有本质特征，而是政治结构。因此有时会担心，当日本（人）在文化、民族性的意义上在大众文化层面被归结为一种特异的奇观,当明治和战后日本崛起的过往被知识界以不自觉的、"内在于我的日本"观念急切地理解为某种可以参照、照搬的东亚镜鉴,并将其作为"方法"时,这种不自觉的绝对主义观念抑或目的论指向或许都意味着某种认识论上的智性怠惰,似乎一切历史、状况中的疑难都可以迎"刃"而解。然而,"刃"作为一种认识装置若未经历过相对化的自我检视,我们便会不可避免地遭遇到"卷刃"的时刻:当世人艳羡的明治维新让日本崛起成为世界强国之时,别忘了,帝国的崩溃乃至今日日本政治、思想中的诸多病弊也都可以从150年前的那场政变中寻到渊源;当我们从日本人或日本文化中抽象出诸般特性时,也别忘了,那可能也曾是昭和军国主义对外宣传的口号和标语。——或许,我们更需要一种"不动声色的日本研究"。

这是我的第一本评论集,其中所辑文字,虽体例参差,短长不一,但辐辏焦点处却有着相通的问题意识,即"极端语境下的人"。我试图在时代境况、政治境况中感知"人的境况",并在"极端语境"中重审日本人论、日本文化论的虚实与位相,伤力于探寻些许超越时空的普遍意义。雪泥鸿爪,小书中大部分文字是十年间散漫读书之拾穗偶得,是从阅读中不断汲取学术、思想养分的欣快历程,妄作解人之处虽是闲情余墨亦当文责自负;但当野人献曝,要将这些年步履蹒跚的"斜行线"奉呈于知识界时,惶恐之余,首先要向惠我以思考契机和智识的思想巨擘、学术前贤们致以崇高的敬意和诚挚的谢意。而另一部分则是几个关于"人"的小故事。人文学终不能目中无"人",在宏大叙事之外,透过重返人事关系,从"事"的角度重新打量"人"的世界及其背后的权力构图或许也是一条别有生趣的荒郊野径——就当是野狐禅的自我辩护吧。文章最初多以随笔、评论的形态在评论类报刊发表,囿于体例之限,多未附详细注释与参引文献。结集前,为便于理解,又翻检、核实当年所阅读的论著、史料,逐一注明引文出处,这也是要事先交代的。

小 引

王汎森曾批评说，过往的思想史研究将"思想的生活性"和"生活的思想性"分得太开;[①] 加藤周一在讨论"知识分子协助战争这一事实的内部结构"时指出："日本知识分子的实际生活与思想是分开的。……脱离现实生活的思想，是无法创造出超越实际生活的价值和真理的。"[②] 思想是生活的一种方式，生活也是思想的一种方式，二者应该一而二，二而一，往复交织。将生活抽象化，将思想具象化，于生活与思想之间寻找接点和津梁，也是近年来我乐于尝试的思想路径和生活方式。在这个意义上，学术又岂是"坐冷板凳"的事业？它本身即是光源、热源，让人不禁全力奔赴。

不惑之年，依然大惑存焉，没出息。不过无妨，自欺地想想，就当是所谓的"少年感"吧。

王升远

壬寅人日，亦是生日，于故乡村野间

[①] 王汎森：《思想是生活的一种方式：中国近代思想史的再思考》，北京：北京大学出版社，2018年3月，第2—3页。
[②] 加藤周一：《战争与知识分子》，收入加藤周一著、李友敏译：《日本人的皮囊》，北京：新星出版社，2018年2月，第199页。

上　卷

谁来证明那些没有墓碑的爱情和生命

——战争叙事中消失的日本"人"

最近这些年,我一直在做有关战争时期日本文学史与思想史的研究。随着研究的推进,愈发深切地感受到,对这一时期相关问题的理解若不深入到历史深处的细节层面、历史叙事的褶皱区的话,往往只能看到浮泛的皮相,而看不到深层的骨相。若我们只能以一些笼统的主义、思潮、口号或印象式批评回应严肃的历史、政治和文化议题,那么除了能制造出一些迎合读者的异域猎奇心态或民族主义情绪的奇幻效果,实际上无论在"知"还是"识"的层面上,都未必会在既有认知的基础上有实质性的推进,我们的历史空间想象力也不会在此基础上有所增益。

作为大学教师,在与同学们讨论战争相关学术议题时,我发现一些优秀的学生常会熟练地运用一些现成的理论工具和自明的后设立场参与讨论,喜欢从大处着眼,侃侃而谈,没有犹疑,似乎一切都有明确的标准和尺度,而历史语境、理论射程等都不在虑中。他们往往懒于从小处着手,人事脉络尚未理清,结论却早已准备就绪。长此以往,一个比较让人忧心的后果是,尽管我们不断生产着概念、术语、体系,历史却被人为地简化了,历史中的"人"也因此被我们弄丢了。

所以,近年来我所做的一点有限的工作,就是试图去发现被宏大战争史、文学史叙事遮蔽掉的"人"。通过搜求大量的一手文献并进行文本细读,以"带有日期的判断"[①]在细节层面读出史料文献所负载的历史信息,从底层世界、周边视角重审那些我们习焉不察的"暗默知"与宏大叙事,进而拓宽对战争时期日本人精神史、日本文学史和思想史的认知和阐释空间。同时，也提醒学生们在思考文学史、思想史议题时，能在纯美的"鱼缸文学史"、精英思想史之外，关注更为阔大、丰富的"江湖文学史"和更具广泛影响力的一般思想史。② 因为这样我们就会发现，无论是历史问题还是文化问题，都很难"一言以蔽之"，但或许这种复杂、两难、混沌、犹疑、纠葛、缠绕的状态才更接近于历史、社会与人的本真。当然，这样的研究对研究者的语言修养、文献功力、知识结构都提出了很高的要求，是对研究者心力、耐力乃至财力的严峻考验，可这些苦活、累活总要有人日积跬步地去做。

一、日本帝国是"举国一致"的么？

看惯了抗战剧的读者，对所谓"日本帝国主义"的认知或许是比较脸谱化的。军歌、樱花、太阳旗、武士刀、满口"花姑娘"的鬼子兵，千篇一律，如是而已。但实情或许并非如此。日本帝国内部权力构成极为复杂，毋宁说天皇、政府、军部、枢密院、贵族院等各派政治力量之间的博弈、冲突使得近代以降的日本历史常常充满了不确定性，最终使得帝国盛极而崩。对此，日本近代史研究者们更有发言权。这里，我只想借助一些文史材料，与各位读者共窥日本帝国的内在"复杂性"。

首先，是国家与个人的关系层面。在影视剧中，我们似乎总能看到日本帝国"举国一致"的情景，然而事实上却未必如此。在东条英机指挥战争期间，曾有一股力量认为再这样下去战争会走向失败，他们希望重新组建以近卫文麿为首的内阁。其中，1940 年就任近卫首相秘书官的细川护贞（1912—2005）就属于这一派。细川就曾在他的日记（1944 年 10 月 3 日）中抱怨国难当头下日本国民与国家之间关系疏离，他们只知一味中饱私囊，

---

① 鹤见俊辅、上野千鹤子、小熊英二著，邱静译：《战争留下了什么——战后一代的鹤见俊辅访谈》，北京：北京大学出版社，2015 年 6 月，第 7 页。
② 详见《"跨战争"视野与"战败体验"的文学史、思想史意义》一章。

而不支持国家。①

"近代国家一般必须依靠由国民组成的军队。但是,国民除了国家利益之外,也有追求个人利益和家庭幸福的权利。所以,当国家无法保证士兵的参战条件时,军队就不得不下令投降,"评论家佐高信援引了大冈升平(1909—1988)在《莱特战记》中的这段论述,进而指出,"日本人不承认战争责任,恐怕很大程度上在于自己作为战败方在战后悲惨的景象和征兵制这个体系吧。他们有一种强烈的意识,觉得战争不是以自己的意愿参加的,而是被征兵拉去的。"② 思想家鹤见俊辅(1922—2015)就曾动过逃避兵役的小心思。从美国留学归国后,鹤见"不幸"地通过了征兵检查,但他并不愿踏上战场。由于有肺结核病史,他便每天饭后长跑,期待出现咯血的症状,如此就不必参军了,结果却未能如愿。③

事实上,明治以降,征兵就一直是个让日本官方和民间头痛的事情。有民俗学研究指出,有些地方甚至将征兵检查视同成人礼,这几乎就是一种道德绑架。尽管如此,大多数人还是会逃避兵役,一些神社和寺院还推出了专门的"逃避征兵"护身符,许多妈妈和奶奶都慕名前来参拜求符。由于入伍参军的中签率是三十分之一,大家都希望"幸而不中",但这些真心话在村里是说不出口的。④ 记者武野武治(1915—2016)说,士兵在战场上临死时喊的常常是"妈妈",而非"天皇陛下万岁",因为母亲才是让他们扔下武器回家的人。⑤ 战后曾任东京大学历史学教授的田中正俊(1922—2002)战时曾经经历"学徒出阵",他作为二等兵入伍、后转为航

---

① 細川護貞:『細川日記』、東京:中央公論社、1979 年 8 月、第 31—32 頁。
② 加藤阳子、佐高信著,张永亮、陶小军译:《战争与日本人》,北京:东方出版社,2017年 10 月,第 43 页。
③ 鹤见俊辅、上野千鹤子、小熊英二著,邱静译:《战争留下了什么——战后一代的鹤见俊辅访谈》,北京:北京大学出版社,2015 年 6 月,第 23 页。
④ 加藤阳子、佐高信著,张永亮、陶小军译:《战争与日本人》,北京:东方出版社,2017年 10 月,第 53 页。
⑤ 加藤阳子、佐高信著,张永亮、陶小军译:《战争与日本人》,北京:东方出版社,2017年 10 月,第 90 页。

空兵，在菲律宾战场上险些丧命。他回忆自己战时在医院的见闻时称："他们（受伤濒死的日本兵）最后的话——大多是'我有孩子，我不能死啊……'这些对家属牵挂的话语。"①

另外，我们在侵略战争题材文艺作品中，总能看到日本兵凛然无畏、视死如归地高呼着"天皇陛下万岁"剖腹自裁的情景，当然，《南京！南京！》和《八佰》等影视作品也呈现了另一种脆弱的、畏死的、常人化的日本士兵形象。最近，我在阅读日本作家的战争日记、战败日记时，又邂逅了一位极具想象力的推理和科幻小说作家海野十三（1897—1949）。1932年、1933年②，他曾分别出版小说《轰炸下的帝都》和《空袭下的日本》，然其想象、预测总能一语成谶。在1945年日本败局已定时，海野的日记里出现了许多情绪激烈的表达：他写下"七生报国"的条幅挂在玄关处，每天脑海里萦绕着死生大义，计划在非常之时举家自杀殉国，遗书都已草就，后事亦已安排停当，终日沉浸在一种自我感动之中不可自拔。结果就在天皇"玉音放送"两日后的8月17日，夫人只淡淡地说了一句"你就别死了"，他便打消了殉国之念，后来病死于1949年。③

其次是帝国内部的民族问题。《中央公论》编辑木佐木胜（1894—1979）在日记里记载，1923年关东大地震时，时年52岁的自然主义文学大师田山花袋听信了朝鲜人在附近井里下毒的谣言便去追打朝鲜人，并夸耀自己强健的体魄。像这种不负责的流言在军队和官员的推波助澜之下，在关东大地震之后广为传播，当时有六千多名朝鲜人未经审判就被警察和自愿担任民警队的民众组织打死。"无论是十五年战争④之前或之后，在日

---

① 田中正俊著，罗福惠、刘大兰译：《战中战后——战争体验与日本的中国研究》，广州：广东人民出版社，2005年5月，第10页。
② 本书所参考相关日文文献的出版年月原本均为"明治××年""大正××年""昭和××年"，虑及相关人物和事件与中国史世界史进程的对应性以及中国读者的阅读习惯，均将其换算到公元纪年，下同，不另注。
③ 橋本哲男編：『海野十三敗戦日記』、東京：講談社、1971年7月、第134頁。
④ "十五年战争"的说法是鹤见俊辅在《知识分子的战争责任》（《中央公论》1956年1月号）一文中首次提出的，专指从"九一八事变"到1945年战败投降的这一历史时期。

本人所做的调查中显示出,日本人始终把朝鲜人置于全世界民族中的最低位置。在日本文学中,明治时代以后的小说中纷纷出现非日本人的人物。在这些小说中,朝鲜人极少扮演重要的角色。"① 据1940年的人口统计,所谓"一亿日本人"中有30%是朝鲜人和中国台湾汉人。然而,"帝国臣民"的身份给他们带来的却是噩梦。"1938年,他们'有资格'作为'自愿者'应征入伍。1944年4月,东条内阁颁布强制朝鲜人入伍的规定,1945年4月中国台湾人也如此。在征召日本学生之时,国家无情地征召朝鲜人和中国台湾人,甚至追查那些已回国度假的在日本大学留学的朝鲜学生。"② 同样地,冲绳玉碎的悲惨过往及其给冲绳带来的历史创痛,在大江健三郎的《冲绳札记》中亦有深刻论述。

最后是军队内部的阶层问题。经济学家小林昇(1916—2010)曾经作为下等兵在南方军总司令部服役。据他透露:

> 以寺内(寿一)总司令官为首的一些参谋及将校们,却分别住在西贡、堤岸(ChọLớn)等地有着漂亮庭院和配有勤务兵的住宅里,从那里乘车到司令部上班。工作的时间大约是从早上9点到傍晚5点左右。这些人表现出充满明快自信的神情和态度,穿着与南方气候相适宜的各种各样的非常漂亮的军装,夹着上等皮包,进出于司令部所在地高级中学的大门。我所在的这个编成班的工作,……虽然工作的内容在某种程度上有所涉及战事,但一向不曾伴有战争的现实感。那是与整个作战分离出来抽象化了的工作,在这里,山川、河流或者城市,几乎连名字也不曾出现过。③

---

① 鹤见俊辅著,邱振瑞译:《战争时期日本精神史(1931—1945)》,成都:四川教育出版社,2013年4月,第84、86页。
② 大贯惠美子著,石峰译:《神风特攻队、樱花与民族主义——日本历史上美学的军国主义化》,北京:商务印书馆,2016年10月,第196页。
③ 田中正俊著,罗福惠、刘大兰译:《战中战后——战争体验与日本的中国研究》,广州:广东人民出版社,2005年5月,第5页。

而与这些在优雅的办公场所遥控战争的高级将领不同的是，底层的中下级将校、士兵则不得不在最前线风餐露宿、出生入死。曾驻守马尼拉近郊克拉克（Clark）空军基地的西原敬麿回忆当时的惨状时说：

> 美军在吕宋岛登陆。我们守备的克拉克基地和马尼拉陷落了。……在热带丛林中辗转了3个月，人人干瘦得不像样子，身体衰弱到拿不动一点重的东西，铁帽子扔了，手枪扔了，军刀扔了，最后连手提饭盒也扔了，只把铁水壶、布袋、罐头盒和准备自决用的手榴弹系在腰间；军靴的底子掉了，只有脱下死去战友脚上的靴子替代，食品没有了，只有从死去战友的布袋中寻找。
>
> ……不知姓名的战友脱去衣裤，露出尖尖的屁股，呈青绿色并且透着乌紫，他用细细的手指着屁股对我说："战友，如果我死了，就吃这里吧！""混蛋，能吃战友吗？"虽然这样说着，可我的眼睛却一直没有离开那屁股上的肉块。①

茶本繁正等人的研究显示，日本兵的战争体验和战争记忆会因服役地点、军中任职、服役年龄的不同而产生较大差异。如果现（茶本等人的研究展开之时）已是90—100岁的老人，与中国刚开战时他们就基本到了征兵年龄，这些人是以成年人的身份经历了整个战争。而那些比他们小10岁的人，是在太平洋战争爆发后才去参战的，而这些人未必会了解自己也是日本侵略亚洲的一分子。比他们再小10岁的人，则是在战时体制压迫最高峰时成长起来的，在战争结束前经历过更为强化的思想灌输。② 当然，那些战后出生、因此没经历过战争的"战后派"与"战中派"对于战争的认知差异就更不可同日而语了。犹太大屠杀幸存者后代、哥伦比亚大学教授

---

① 西原敬麿：「フィリピン山中の飢餓行」、『朝日新聞』1987年7月30日（朝刊）、13面。
② 桥本明子著，李鹏程译：《漫长的战败：日本的文化创伤、记忆与认同》，上海：上海三联书店，2019年8月，第43页。

玛丽安·赫希（Marianne Hirsch）提出"后记忆"（postmemory）的概念，指称那些没有经历过事件本身，但在成长的过程中深受其影响的人所产生的一种对精神创伤的想象或理解。事实上，决定了当下日本人战争观的，几乎可以说就是这样的"后记忆"。①

近年来，我一直呼吁将"战中派"的"战争体验"与"战后派"的"战争经验"贯通起来。若仅有"战争体验"而无法将其相对化，则常常会沉浸在受害者心境之中，顾影自怜，自怨自艾，看不到自己作为帝国一员对其他国家的加害一面，战争结束从伪满洲国或苏联、朝鲜等地被遣返日本的返迁者就写作了不少这样的"哀史"，竹内好（1908—1977）在与鹤见俊辅的对谈中便严厉批判了此类文本。② 随着"战中派"一代的缄默及其日渐凋零，能诚实面对过往的人变得越来越少，战争记忆的跨代际传承问题也日渐严峻。桥本明子在《漫长的战败：日本的文化创伤、记忆与认同》中就全面剖析了导致战争体验分化的政治学、社会学问题，可资参考。而与此相对，"战后派"在思考战争时，史料占有的困难、战争实感的缺失等都会使得"战争体验"的"经验化"荆棘满路，充满挑战。

二、知识人③的境遇与抉择

日本文化人参与战争报道的历史是有迹可循的。早在1874年日本侵略台湾时，记者兼商人的岸田吟香就曾随军出征。七七事变爆发后，近卫内阁随即召集各新闻社、杂志社恳谈，要求他们协力战争，8月又颁布了《国民精神总动员要纲》，后来为数众多的文化人、知识人应征入伍，或参与到国策文学、战争文学的创作中来，为日本侵华战争摇旗呐喊。关于

---

① 桥本明子著，李鹏程译：《漫长的战败：日本的文化创伤、记忆与认同》，上海：上海三联书店，2019年8月，第32页。
② 竹内好、鹤见俊辅：「本当の被害者は誰なのか」、『潮』142号（1971年8月）、第96页。
③ 本书除特定引文之外，均以"知识人"的说法替代有着时代政治烙印和阶级划分意义的"知识分子"，下同，不另注。

"笔部队"与侵华战争的关系、日本对中国的文化侵略相关议题，近年来中日学术界已有较为丰足的研究，兹不赘述。我想补充两个易被忽略的问题点。

首先，成绩优劣或能决定生死。战时曾流行过一种说法，"一等是军人，二等是军犬，三等是军鸽，四等是文职"①。也就是说，知识人在军队中的境遇可能还不如一条狗。尽管如此，学徒、知识人的境遇也大有不同。哲学家木田元（1928—2014）就是在"满洲国"长大的。1945年4月初到中旬，他在江田岛的海军学校接受教育，并在那里意识到自己的成绩与命运休戚相关。第一年的时候，班级的座位是按照假名排序的，但是到了第二年、第三年，就按照前一年的成绩排序，而这又将决定毕业后的去向。在《没做成黑市交易的哲学家》中，木田介绍说："比如，第一名去海军省，第二、第三名乘坐航空母舰或者战舰，其次是巡洋舰或驱逐舰，再往后去航空队，再往后就只能是潜艇了。倒数第一恐怕连船都乘不了，去陆战队，当敌方的战车登陆的时候，多半会被命令抱着地雷什么的来个挺身而出。"甚至有人说，可以根据成绩计算出毕业后的寿命。木田特别强调，数学成绩尤为重要，若这一科不够优秀，则性命堪忧。②

其次，加藤阳子的研究显示，战争末期，知识阶层的征兵率是79%，与普通青年持平，整体上来看这已是很高的比例。日本甚至把征兵对象瞄准了旧制中等学校以上的知识阶层，这些柔弱的知识人、学生被带到了瓜达尔卡纳尔（Guadalcanal）和莱特（Leyte）等地。事实上，早在战争前期帝国大学的学生受到了在一般人看来不公平的保护，他们可以享受征兵缓期的特殊待遇，但到了战争后期，兵源短缺问题严重，政府因此强化了对知识阶层的征兵力度。相关政策一经推行，便受到了民众的支持，因为知

---

① 鹤见俊辅、上野千鹤子、小熊英二著，邱静译：《战争留下了什么——战后一代的鹤见俊辅访谈》，北京：北京大学出版社，2015年6月，第23页。
② 加藤阳子、佐高信著，张永亮、陶小军译：《战争与日本人》，北京：东方出版社，2017年10月，第73—74页。

识精英们享受的特殊待遇不复存在，征兵"公平化"了，这就是所谓"不幸的均沾"——"别人的不幸中有蜜的味道"。这种而今看来虽有些阴暗，但又似乎极为平常的、"看不得别人好"的心态，在那个极端的年代却会决定一个人的生死。对很多贫苦农民出身的士兵而言，军队或许是一个能吃饱饭的地方，是他们能出人头地的唯一机会，因此不会感到不幸；然而，在日本战死学生手记《听，海神的声音》中就没有肯定战争的声音，因为他们原本可以有更美好的未来。[1]

鹤见俊辅说自己对法西斯主义曾有过误判。他曾支持国粹主义、排斥欧美文化，而这些都只是出于对享受着西洋文化的城市富裕阶层的反感。[2] 后来之所以能慢慢了解到日本所宣扬的"东亚解放"只是一套精致的谎言，不仅仅是因为他在美国所受的教育，也因为有爪哇从军的经历。没有这些经验，他未必能认清法西斯主义的实相。或许，这也是我们思考知识阶层战争认知及其抉择的一个重要的前提。

这些年，我常会被问到一个问题——文化界、思想界难道就没有"反战"的声音吗？我想，我们必须注意反天皇制、反军部独裁、反法西斯主义和反战（反对日本对外侵略战争）之间的区别。如果认真甄别你会发现，真正称得上"反战"的声音是极其微乎其微的，有时我们从受害国立场上自然会期待这样的力量和声音存在，甚至一厢情愿地为一些作家、作品贴上"反战"的正义标签，实情却并非如此。1920—1930年代日本的马克思主义、自由主义、政党政治都遭到了军方严酷的弹压，知识人、文学家以日本的亚洲侵略为指向的公开反战变得不再可能。尽管如此，也必须承认，抵抗与反战是存在的，只是不存在于公开出版物中。例如，不同于菊池宽、佐藤春夫、保田与重郎等在战时活跃的作家，唯美派的永井荷

---

[1] 加藤阳子、佐高信著，张永亮、陶小军译：《战争与日本人》，北京：东方出版社，2017年10月，第48—50页。
[2] 鹤见俊辅、上野千鹤子、小熊英二著，邱静译：《战争留下了什么——战后一代的鹤见俊辅访谈》，北京：北京大学出版社，2015年6月，第23页。

风①、谷崎润一郎两位文坛巨匠或离群索居、或困守于唯美世界，他们以一种"不合作"的消极姿态度过了艰难的战时岁月——在那个极端的年代，沉默需要付出极大的道德勇气。尽管"反战"在公共领域难以存续，但在私人写作层面却是不难发现其印记的，我想在这个意义上介绍法国文学研究者渡边一夫（1901—1975）。大江健三郎在诺贝尔文学奖颁奖礼致辞中，高度评价了其师渡边为造就正派的人道主义日本人所付出的艰辛努力："在大战爆发前夕和激烈进行中的那种爱国狂热里，渡边尽管独自苦恼，却仍梦想着要将人文主义者的人际观，融入到自己未曾舍弃的日本传统美意识和自然观中去。"在阅读《渡边一夫·战败日记》时，我深为其博学、理性及明见万里的睿智所震撼。他对军国主义政府欺瞒性宣传口号的深恶痛绝，对知识人懦弱的指责，对民众愚昧软弱的愤恨都被一一写进了日记。在恐怖气氛笼罩一切的暗夜里，能照亮漫漫长夜，让今人看到时人尊严的，唯有这般理性与智识。

三、"战败"意味着什么

　　1942年6月4日的中途岛海战是太平洋战场的重要转捩点——自那以后，日本由攻转守，战事日渐吃紧，战局朝着失败的方向发展了下去。即便以"8·15"为界，虑及战后处置相关的国内和国际问题，"战败"也可谓一个漫长的过程。为了应对这场规模巨大且耗时长久的战争，日本帝国强化了对物资和人力资源的动员，构建起总体战体制。当然，由于战争消耗巨大，战争中后期民众生活困苦难当，文化人的心态也因此发生了诸多变化。作家阿刀田高（1935—　）在《茫然有所思》一文中提到，他的一位在海军某研究所从事材料力学研究工作的表哥，某日捡到了一枚美军投下的燃烧弹弹壳，无限感慨地说："战争拼的就是钢铁啊！"因为他发现即

---

① 关于永井荷风的反战，详见《永井荷风的洁癖与复仇》一章。

便是这种用过就扔的物件，美军的用料都如此精良，日美双方的物力、战力高下立判。①

一直对军部、法西斯军国主义持批判态度的无产阶级文学家中野重治（1902—1979），先是于1942年2月1日在《日本学艺新闻》中发文表示："近日，某种机缘终使我意识到数年来我所坚信不疑的道路是错误的。这不是一句两句就能说清楚的，也就不多说了。而今，我决心从一直以来的歧途走向正路。"② 同年2月17日，他又致信原日本文艺家协会会长、文坛操盘手——菊池宽（1888—1948），请求加入日本文学报国会。在这封五千余言的长信中，中野对其个人心态做了更为详尽的自我剖析：

> 我觉得自己在哲学、思想方面的立场还不清晰，也几乎从未努力搞清楚。我考虑过脱离马克思主义文艺观，但还是不清楚究竟应站在怎样的新立场上。当然我很清楚的是，作为国民必须遵循国家的方针。但从单方面来看，可以说自己一直都是作为国民而存在的。可时至今日，光有这些想法还不够，我就更是如此。要想看到更加光明的前途，自然是不能通过那种不着边际的方式树立自己的信念。现在我想，为了日本民族的强大统一和国家的繁荣昌盛，为二者能完美结合的发展，我要写作。简单来讲，我更清楚地认识到，为了让民族更为统一、国家力量更加强大的构想，我要继续写下去。③

---

① 阿刀田高:「ぼんやりと考えたこと」、岩波新書編集部編:『子どもたちの8月15日』、東京:岩波書店、2005年7月、第19頁。
② 中野重治:「わが今日の決意」(『日本学藝新聞』1942年2月1日号)、『中野重治全集』(第27卷)、東京:筑摩書房、1998年10月、第71頁。
③ "《甲乙丙丁》中所引的那封问题书信是中野重治替换了菊池宽等人名字后的忠实眷写。"（中野重治研究会:「中野重治と私たち:『中野重治研究と講演の会』」、東京:武蔵野書房、1989年11月、第262頁）具体内容参见中野重治:『甲乙丙丁』(上)、『中野重治全集』(第7卷)、東京:筑摩書房、1996年10月、第266頁。(这一材料得到了博士生杨雪的帮助，谨此致谢。)

至此，广受文坛尊重的中野已明确地放弃了自己的一贯立场，转向了国家主义。那么，在1940年代的政治语境下，是怎样的力量迫使那些批判者放弃了抵抗和批判立场？生活的困顿、在全民战争狂热的氛围中受到来自周围的孤立自不待言，或许，这其中还有着对战争正义性转换的错觉。现代正义战争论的主要理论家迈克尔·沃尔泽（Michael Walzer）在《正义与非正义战争》中提出的核心论点便是，自卫战争是正义战争，侵略战争是非正义战争。他说，如果其他国家前来侵犯，那就是国家的主权遭到了侵害。这种侵犯会使得受国家所保护的个人追求自由和生存的权利面临危险。所以面对侵略，为了保护这个共同体，个人责无旁贷地必须起来战斗。[1] 从这个意义上来讲，战争后期，美国进攻日本本土所制造的"国难临头""家园不复"的现实境遇，对批判者们产生的精神撼动或许也是一个值得关注的视点。

　　由于美国轰炸日本本土，1944年6月底，日本政府决议通过了《学童疏散促进纲要》，强制性、集团式地疏散城市小学里的低年级儿童，这使得日本城乡在短期内出现了大规模的人口异动。广岛、长崎遭到美国的原子弹打击，人口伤亡和城市破坏堪称惨烈。另外，"在战争结束时，约260万日本人滞留中国，其中110万分散在'满洲'地区。此外，约60万军队在千岛群岛和满洲南部的大连湾旅顺口一带放下武器。超过50万人滞留台湾地区，90万人滞留朝鲜，……东南亚和菲律宾群岛的日本人接近90万，其中绝大多数是军事人员。此外还有数十万的天皇残余部队被困于太平洋诸岛屿"[2]，这极大改变了日本的人口和社会结构。这些问题，与盟军总司令部（GHQ）对日本的占领与改造、战败后的国家与个人关系、冷战背景下的日美关系及日本与亚洲诸国关系等战后处置问题纠缠在一起，衍生出

---

[1] 高桥哲哉著，何慈毅、郭敏译：《反·哲学入门》，南京：南京大学出版社，2011年1月，第103页。
[2] 约翰·W. 道尔著，胡博译：《拥抱战败：第二次世界大战后的日本》，北京：生活·读书·新知三联书店，2009年2月，第17—18页。

许多新的社会和思想问题。诸如何谓"日本"、何谓"日本人",对日本来说亚洲和世界意味着什么,对于亚洲和世界而言日本又意味着什么,什么是"近代的自我",什么是社会,什么是国家,生者与死者应是何种关系等等,这些问题不仅仅影响了战败和战后初期日本文学和思想的表达,其余波甚至绵延至今。

四、"活着回来的男人"身上的历史印记

在为数众多的返迁者中,有一位从苏联被遣返回国的日本兵,名叫小熊谦二,他是庆应义塾大学教授小熊英二的父亲。英二以其与父亲的交谈为基本史料写作了一本《活着回来的男人:一个普通日本兵的二战及战后生命史》,讨论了历史中的个人以及个人身上所负载的20世纪日本历史。谦二是1925年生人,而日本的昭和时代则始于1926年,其一生可谓完整覆盖了昭和史。2015年英二为此书所撰写的后记显示,彼时老先生依然健在,或许他已经安然走过了平成时代,所以英二说其父本身就是一部"活生生的20世纪历史"。英二与上野千鹤子曾对鹤见俊辅做过一次长时间的深入访谈,后集结成册——《战争留下了什么——战后一代的鹤见俊辅访谈》。访谈中,鹤见提到了一种兼顾公、私历史的"全历史"(total history)写作范式。英二的代表作《"民主"与"爱国"——战后日本的民族主义与公共性》可以说就是此类写作的典范,[①]《活着回来的男人》亦可作如是观。而面对儿子,谦二愿将自己所见所闻所思所想和盘托出,这种立此存照的作证者姿态甚为可贵。此书是小熊谦二的生命史,同时,由于兼治社会学和历史学的小熊英二之论述贯穿了每个时代的经济、政策和法制状况,谦二的人生又因此得以在大历史中确立坐标,在具体的历史语境中变

[①] 鹤见俊辅、上野千鹤子、小熊英二著,邱静译:《战争留下了什么——战后一代的鹤见俊辅访谈》,北京:北京大学出版社,2015年6月,第169—170页。

得立体、鲜活起来；昭和史、平成史也被这样一个鲜活的生命所点亮，被赋予了人的温度。从个人的具体性出发，将其与社会、国家和世界连接起来，对天皇制法西斯主义的批判、对历史中的人的思考都融汇其间，这种笔法非常的"小熊英二"。

同时还需注意，如果说谦二是"20后"，是"战中派"，那么1962年出生的英二则是标准的战后世代，该书记录了父子二人跨越代际、毫无芥蒂的坦诚对话。如前文所述，在处理和思考战争经验、战争记忆问题时，一个非常关键的问题便是"体验"与"经验"间的跨代际对接，换言之，就是"战中派"如何传递战争体验，战后世代如何将其赓续下来并有效地转化为战争经验的问题。书中，英二为我们描绘了一个有着常识、懂得常理的常人的一生。谦二似乎代表了日本平民社会的"均值"，他有着常人的欲望、烦恼、痛苦、恐惧和畏缩。例如，在谈及自己在西伯利亚战俘营的凄惨经历时，他讲过这样一段往事。外出作业的俘虏同伴，有时会把早上配给的黑面包留下藏起来，留待饿时再吃。一天，谦二因腹泻留在战俘营休养，同样在兵营里休养的伙伴则劝诱他一道去偷室友的东西吃。于是，他就加入了他们，找到这些食物并吃掉，却也因此留下了深深的罪恶感。他说："如果是偷苏联的食物或物资，完全没什么好犹豫，但对同样饿着肚子的俘虏，拿走他们珍藏的面包，自己却感到非常后悔。根本不该这么做的，因为寒冷、饥饿与健康状况不佳，自己连正常的人性都失去了。"[①] 在历史研究中，我们看过太多的精英名作、英雄故事、巨擘伟业，但一个社会、一个时代的"平均值"却是印刻在每个普通人身上的，而他们的喜怒哀乐并未引起历史研究者足够的重视。须知，近代日本由一个东亚弱国迅速崛起为世界列强之一、却最终盛极而崩的历史进程，没有一个个平凡而具体的个体参与是无法想象的，这是一个巨大的、复数的、有生

[①] 小熊英二著，黄耀进译：《活着回来的男人：一个普通日本兵的二战及战后生命史》，桂林：广西师范大学出版社，2017年1月，第115—116页。

命、有温度的个体之总和（也就是孙歌所强调的"人人"的观念①）。《活着回来的男人》让我们看到了这平凡而具体的亿万分之一，为我们提供了一只解析 20 世纪日本历史的"麻雀"。

多年前的某日开车在路上，偶然听到电台播放着朴树的《白桦林》。听到那句"谁来证明那些没有墓碑的爱情和生命"，②我随即把车停到了路边，在手机备忘录里匆忙记下了这句歌词。这是首老歌，但那一天那一刻听到后，却猛地感到一阵惊心动魄。是啊，兵荒马乱、烽火连天、国破家亡的岁月，大历史中的小生命究竟应该如何记录，由谁证明？从这个意义上来说，在《活着回来的男人》中，谦二作为受访者以真诚的自我表达、英二以历史学家和社会学家的宏阔视野与敏锐的洞察力，为我们提供了一个可资参考的框架，让我们得以据此重建面对历史想象的临场感和温度感。小熊英二特别强调描述一个平常人——小熊谦二的方法论意义，他指出："我父亲采取的行动，潜在性上是所有人都可能采取的行动。比起赞扬一个人的行动，更重要的是把这种可能性扩散到更多人身上。如果把我父亲当成一个特殊的人物，因而把他与其他大部分的人们区分开来，便会妨碍这种可能性的扩散。"③

五、精英中的"异端"

在接受小熊英二、上野千鹤子采访时，鹤见俊辅指出，近代以降日本知识人普遍都患有"第一病"。因为优等生总是善于揣摩老师的心思或者命题人的意图，尔后在短时间内迅速调整姿态，与掌握权力者协调立场，

---

① 刘志伟、孙歌著：《在历史中寻找中国——关于区域史研究认识论的对话》，香港：大家良友书局，2014 年 11 月，第 28 页。
② 关于这一问题的讨论亦可参见本书《"跨战争"视野与"战败体验"的文学史、思想史意义》一章。
③ 小熊英二著，黄耀进译：《活着回来的男人：一个普通日本兵的二战及战后生命史》，桂林：广西师范大学出版社，2017 年 1 月，第 2 页。

并给出正确的答案。在民主主义盛行时就高喊民主主义口号,在法西斯主义掌权时就追随法西斯主义。事实上,在战争时期,无论是优等生还是后进生,无论是主动地投怀送抱还是被动地裹挟其间,知识阶层的绝大多数都协助了战争,因为现实中几乎没有其他选项。尽管如此,在这场"大合唱"中依然有些不应被遗忘的"异端"分子。

鹤见俊辅与小熊谦二是同代人,都是"20后"。俊辅出身于政治精英家庭,背景显赫,外祖父后藤新平(1857—1929)先后出任日据时期台湾总督府民政长官、首任"满铁"总裁、内务大臣、外务大臣和东京市长等职,其父鹤见祐辅(1885—1973)也是一位有着重要影响的自由主义知识人和政治家,鲁迅就曾翻译过他的《思想·山水·人物》。祐辅与后藤新平之女爱子的婚介人正是东京一高校长、祐辅的老师、《武士道》一书的作者新渡户稻造。

但鹤见俊辅是属于政治世家中的一个特异的存在,他对优等生、精英思维一直有种异乎寻常的反感,终其一生,他一直选择站在弱者或败者一边。俊辅16岁就远赴美国留学,其后入读哈佛。战争中,他选择在日本败局已定之时回到故国并加入海军,理由是不愿意作为胜利者趾高气扬地回来,并打定主意要在战败一方死去。俊辅曾说:"对我来说哲学的原型就是我自己的家庭关系,我跟我父亲、我妈妈的关系。这已经是我的思想的根了。"[①] 战后,他以父亲鹤见祐辅及其所代表的日本政治、知识精英阶层为对象,发起了对日本近代知识人的整体性批判,组织了"转向"共同研究,这项研究也成为他一生中引以为荣的作品。与很多人对自己或师友们的战时经历讳莫如深,甚至美化各自战争经历的做法不同的是,俊辅选择了一条"大义灭亲"的道路。在他看来,战争时期日本知识人的整体堕落与"第一病"有着直接的关系,与此相反,恰恰是政治活动家渡边清、评

[①] 鹤见俊辅、上野千鹤子、小熊英二著,邱静译:《战争留下了什么——战后一代的鹤见俊辅访谈》,北京:北京大学出版社,2015年6月,第18页。

论家加太浩二这些小学文化程度的人发展出了自己的思想。①

参军入伍的经历塑造了俊辅的战争观，也锻造了他的政治感觉。他在 1966 年"越平联"（"给越南和平！公民联合"之简称，1965—1974）活动时发表了一次演讲。他在演讲中表示："'不去杀人'是我反战的根本原则。"在与小熊和上野的三人谈中，他坦言"杀人"的问题在战后一直困扰着自己："那当时如果对我下达了'杀敌'的命令，我会怎么做呢？虽然是想要拒绝服从命令决心自杀，但在战争中每天都在恐惧度日，说不定会屈服于这种恐怖、听从命令呢"，"所以战后我想的是，要做一个能一口气地说'我杀过人。杀人是不好的'这样的人。"②

在访谈中，俊辅高度评价了他的小学同学中井英夫（1922—1993），并明确表示"我跟他的政治立场特别有共鸣"。中井与鹤见有个共同点，他们都与自己战时曾任高官的父亲关系不洽。英夫之父中井猛之进是一位植物学家，1942 年他以陆军司政长官的身份在印尼雅加达附近的一个植物园任园长，从事植被、生态相关的田野调查，1943 年时已经享受中将待遇。"中井英夫觉得，那家伙吊着军刀真是混蛋，这种厌恶感跟对战争的憎恶连在了一起。他因为不愿意从父亲那里拿钱，就从东大退学了。"③ 由此可见，中井是一个忠于自我的人。

战后初期盟军总司令部发起了对日本的战争责任追究，作家们自然也在劫难逃。事实上，日本文坛内部左右两派关于战争责任的讨论始于 1945 年底，④ 且历时长久，影响深远。1960 年代中期的一段时间，深夜丛书社的主事者斋藤慎尔因要出版《中井英夫作品集》之故而曾与他频繁见面。

---

① 鹤见俊辅、上野千鹤子、小熊英二著，邱静译：《战争留下了什么——战后一代的鹤见俊辅访谈》，北京：北京大学出版社，2015 年 6 月，第 6—8 页。
② 鹤见俊辅、上野千鹤子、小熊英二著，邱静译：《战争留下了什么——战后一代的鹤见俊辅访谈》，北京：北京大学出版社，2015 年 6 月，第 29 页。
③ 鹤见俊辅、上野千鹤子、小熊英二著，邱静译：《战争留下了什么——战后一代的鹤见俊辅访谈》，北京：北京大学出版社，2015 年 6 月，第 59 页。
④ 王升远：《对"明治一代"的追责与"大正一代"的诉求——〈近代文学〉同人战争责任追究的细节考辨》，载《外国文学评论》2018 年第 3 期。

某日，斋藤在与中井的交谈中高度评价了吉本隆明对著名诗人高村光太郎讴歌战争的诗歌所做的批判，于是，中井找出了战争时期的日记并告诉他在那时自己便已在批判高村了。这本日记随即引起了斋藤的强烈兴趣，最终得以出版。①

中井 21 岁时应召入伍，在三宅坂的参谋本部做密码工作。在如此特殊的地点、如此重要的职位上，他却在日记中记录了自己对愚蠢的军部欺瞒国民、发动战争之行径的嘲讽，希望每个人都能站起来反抗军部，并认为这才是"人性的胜利"和"精神革命"。② 鹤见俊辅坦言，这"完全是一部憎恶战争的日记，太了不起了。连我都还有顾虑，没有那样去写。怀着那样的反战思想，他一直在三宅坂参谋本部的密码兵营房里写日记，那是把命都豁出去了呀"。③ 日本战败前后，中井生病入院，昏睡多天醒来后的第一反应便是，不能让美军看到那些会对日本不利的话，于是撕掉了日记中痛骂天皇的表述——他也是有所畏惧的。更为可贵的是，中井之所以决定出版自己的日记，是由于在 1970 年代的日本，美化自己战争经历的倾向变得显著起来，有鉴于此，他认为必须将自己与周围的战友对于战争的厌恶、憎恨结集成册并出版。④ 这一指向现实的介入意识、为历史作证的果敢勇毅在今天看来尤为可敬。

战争的历史从未远去，战争的风险亦从未远离，当然与此相伴相生的是，"反战"话语也不曾止息，更不曾随风飘散——往事并不如烟。然而，就像加藤阳子所指出的那样："学者总想要依据井井有条的逻辑来讲述'反战'。但是，直接表达出他们厌恶战争而骚动不已的心情，甚至不惜撒谎来逃避兵役的心情，难道不好吗？我感觉如果学者不从这里开始讲，就

---

① 中井英夫：『中井英夫戦中日記』、東京：河出書房、2005 年 6 月、第 268 頁。
② 中井英夫：『中井英夫戦中日記』、東京：河出書房、2005 年 6 月、第 106 頁。
③ 鹤见俊辅、上野千鹤子、小熊英二著，邱静译：《战争留下了什么——战后一代的鹤见俊辅访谈》，北京：北京大学出版社，2015 年 6 月，第 59 页。
④ 中井英夫：『中井英夫戦中日記』、東京：河出書房、2005 年 6 月、第 269、279 頁。

很难成为广泛的'反战'运动。"[1] 在玄虚、迂远的理论之外，我们是否看到了那些丰富、具体、有温度的生命，是否听到了那些被主流战争叙事压抑的悲戚之声，能否感知到那些"为抽屉写作"者的灵魂之怒，这些都是战争结束75年后的我们应去深思的。

（原载《三联生活周刊》2020年第33期，标题为《战争叙事中消失的日本"人"》）

---

[1] 加藤阳子、佐高信著，张永亮、陶小军译：《战争与日本人》，北京：东方出版社，2017年10月，第66页。

1938：“非常时期”的一场越境私奔及其文学史余波

1938年1月5日，《东京朝日新闻》刊出了一则新闻，题为《冈田嘉子谜之去向：与杉本良吉氏一道消失在桦太》。在新年的喜庆祥和气氛中，这则新闻的副标题更是耸动视听——"离奇：遇难、殉情还是有计划的私奔？"报道详尽披露了38岁的著名电影女星冈田嘉子（1902—1992）与32岁的新锐男演员杉本良吉（1907—1939）自年前12月30日一道抵达桦太岛（这里指当时被日本殖民占领的今库页岛南部）至双双失踪的行程，其中不无蹊跷：在入住宾馆时，良吉使用了本名吉田好正，而嘉子却化名为吉田芳子；1938年1月2日二人携礼品慰问了日苏边境警备员，并在当晚归途中去向不明。[①]

尽管在入住旅馆时，嘉子曾向人表示此番桦太之行是为怀旧而来，也是为阿依努·乌尔塔族题材电影积累资料，但警方依然根据良吉的左倾思想排除了殉情和遇难的可能，并认为这极有可能是假托国境慰问之名越境逃往苏联的行为。当红女影星、年轻男演员双双抛妻弃夫、私奔失踪的劲爆新闻，旋即让其亲友和同事成为媒体追逐的焦点。《东京朝日新闻》找到了良吉之弟吉田好尚。据好尚透露，乃兄在临行前"留下了谜一般的话"："母亲就拜托你了，我与政治运动无涉，放心吧！"[②]与嘉子同住的竹内京子（前夫竹内良一之妹）也表示她（嘉子）临行前心情愉悦，稍显异样的是，她拜托自己卖掉所有衣物换成钱送给她。[③]尽管如此，桦太厅特高课和警视厅还是通过两人足迹以及马橇车夫的证词确证了其越境逃往苏联的事实。车夫称，接近国境线时，良吉假装手枪在握，挟制车夫，乘其不备，二人借夜色遁入苏联境内。④ 桦太厅特高课意识到兹事体大，随即报告给了警视厅。特高推定，"国人越境到北桦太领土内（苏属），都会被下狱并施以重刑。尽管如此，良吉和嘉子两位还是借慰问国境线警备员之名有计划地逃往苏联境内，可以推测，他们应该曾与苏联方面私下联系过"。⑤

特高课的推测并非毫无根据。1925 年，良吉曾短期就读于早稻田大学俄文科，具备一定的语言能力；而《东京朝日新闻》（1938 年 1 月 6 日）则是在回顾了他加入日本共产党、活跃在无产阶级文化战线的经历后，进一步指出，"杉本是已故小山内薰和在俄的土方与志之弟子"。⑥ 1 月 8 日《大阪每日新闻》更因良吉曾频繁出入苏联领事馆，直接以大字标题抛出了其推测——"嘉子、杉本入俄的背后难道是土方与志？"⑦ 土方与志（1898—1959）与小山内薰（1881—1928）曾共同创建、经营筑地小剧场，后者殁后，小剧场分裂，土方组建"新筑地剧团"，并加入无产者剧团同盟，出演了小林多喜二的《蟹工船》等无产阶级戏剧。1933 年 2 月 20 日小林遭特高警察虐杀，剧团曾为之举办了盛大的葬礼。在"治安维持法"不断强化、风雨如晦的 1930 年代，土方的活跃自然会被认为是一种与官宪对抗的姿态。1934 年 8 月，他与日共系戏剧家佐野硕到访苏联，作为日本代表在苏联作家同盟第一次大会上发言介绍了小林多喜二遭虐杀一事以及日本革命运动的现状。发言内容不久传回日本，土方因此被褫夺了伯爵爵

---

① 「岡田嘉子謎の行方、杉本良吉氏と同行樺太で消える、奇怪・遭難か情死か計画的道行きか」、『東京朝日新聞』、1938 年 1 月 5 日、11 面。
② 「岡田嘉子謎の行方、杉本良吉氏と同行樺太で消える、奇怪・遭難か情死か計画的道行きか」、『東京朝日新聞』、1938 年 1 月 5 日、11 面。
③ 「ソ連側に通じて計画的潜入か、警視庁も重大視す」、『読売新聞』1938 年 1 月 6 日、2 面。
④ 「謎の杉本と嘉子・果然入露、拳銃で樵屋を脅迫、雪を蹴つて越境」、『東京朝日新聞』1938 年 1 月 6 日夕刊、2 面。
⑤ 「ソ連側に通じて計画的潜入か、警視庁も重大視す」、『読売新聞』1938 年 1 月 6 日、2 面。
⑥ 「ソ連側に通じて計画的潜入か、警視庁も重大視す」、『読売新聞』1938 年 1 月 6 日、2 面。
⑦ 「嘉子、杉本入露の陰につい土方与志？」、『大阪毎日新聞』1938 年 1 月 8 日夕刊、2 面。

位并亡命苏联。《大阪朝日新闻》1月9日的报道直接援引了来源不明、据信是良吉的自述："到了俄国就能勉强应付得了了。特别是辗转抵达莫斯科之后，以前辈土方与志为代表的很多知己都在那边，我不会受到处罚，还能实现自己长年以来的愿望。"①（就常识而言，行动之前为保密起见，越境者不可能说出来；越境之后因拘押、隔绝之故，在此时点上日本媒体对越境者心态亦无从得知。）但战时防范日德两国的苏联之对日通报似乎也坐实了这次行动是"自愿的、有计划的"②。然而，事实上，1937年8月，受苏联肃反运动之波及，曾任职于国际革命戏剧同盟的土方与志和佐野硕（1905—1966）早已被迫分别逃亡法国、墨西哥。多年后，曾供职于新筑地剧团的千田是也在接受加藤哲郎的采访时称，该剧团1937年9月即已得知了土方与佐野的被驱逐海外的消息，"但由于戏剧理论的对立以及《安娜·卡列尼娜》竞演等无聊的原因，与我们对立的新协剧团的杉本对此事并不知情"③。从这个意义上来说，很难说对肃反实态以及在苏师友们的际遇、动向全无所知的良吉之越境事件是"有计划"的行动。

因越境苏联的嫌疑使良吉所属的"新协剧团"不得不火速断尾求生。当此之际，较之事实真相，立场表态似乎更为重要。"新协剧团5日上午求得警视厅的谅解，又从下午5点开始在筑地小剧场召开剧团全体会议，其基本方针便是向警视厅当局保证剧团的思想转向，结果全员一致决定（将杉本）除名"，并为此向社会道歉，申明"杉本此次行动与剧团完全无关"④。6日下午，嘉子所属的"井上一座"也召开了协议会，而与"新协"的决绝形成鲜明对照的是，对于这位演技绝佳又有着极强市场号召力的一线女星，众人一致认为其"没有任何思想上的嫌疑"，并向警视厅陈

---

① 「岡田嘉子と杉本、ソ連官憲が抑留」、『大阪朝日新聞』1938年1月9日、11面。
② 「反日宣伝に利用の魂胆？『計画的越境』とソ連から通告」、『大阪朝日新聞』1938年1月15日、11面。
③ 加藤哲郎：『モスクワで粛清された日本人』、東京：青木書店、1996年6月、第306頁。
④ 「新協、杉本を除名、社会に詫びる聲明書」、『読売新聞』1938年1月6日、7面。

情,"若有可能,我们愿以温情迎接嘉子的归来"。①

就这样,在官方和大众传媒混杂着臆测的捕风捉影以及战时日、苏因彼此防范、隔绝而产生的信息不对称中,以政治正确为准绳,该事件基本被定性为曾事先与苏联方面联系过的、"有计划的行动",其主谋无疑是有着左翼思想的良吉,而嘉子则被普遍目为受良吉的左翼思想牵累、放弃了艺术生命的完美受害者。她被认为与思想问题毫无牵连,"在事变下的非常时期,突然从桦太国境入俄,是弃作为女演员之生命于不顾"② 之举。所谓"事变下的非常时期"是指 1937 年全面侵华后、日本国内"精神总动员"时期,报纸上大同小异的论调也自然都与此密切相关。5 个月后,《大阪每日新闻》(1938 年 5 月 25 日)以"冈田嘉子等人过着悔恨的生活"为题,臆测了在苏联作为"外宣机器人"被迫从事谍报翻译工作、释放无望的良吉、嘉子之苦涩心境,③"非常时期"下日媒涉苏报道的内宣功能由此可见一斑。

前文不惮辞费,对主流媒体上事件相关各方的即时性判断、反应做了较为周详的考索,旨在强调昭和军国主义下的媒体宣传极大形塑了日本国民对事件性质的认知——这几乎是大众了解作为"时事"的越境事件之唯一窗口。时人与后来者的言说中着意凸显了什么、遮蔽了什么,甚至凭主观臆测篡改了什么,在此大都有迹可循。由于资讯不畅、言论空间逼仄,自战时至战后冷战时期的异态时空中,日本国民对该事件的认知也几近止步于此。

故事的后续发展极尽曲折和悲惨。二人入苏后,受到内务人民委员会国家政治保卫局(GPU)的调查并被分别关押,自此动若参商。良吉拼命

---

① 「帰つて来い嘉子、劇団除名せず、井上一座温い計らひ」、『東京朝日新聞』1938 年 1 月 7 日夕刊、2 面。
② 「ソ連側に通じて計画の潜入か、警視庁も重大視す」、『読売新聞』1938 年 1 月 6 日、2 面。
③ 「ソ連、拘禁日本人にデマ邦譯を強制、岡田嘉子ら悔恨の生活」、『大阪毎日新聞』1938 年 5 月 25 日、2 面。

奔赴的国度，最终却埋葬了他。在"大清洗"的恐怖氛围中，不堪拷问的他被迫做出"我是为见梅耶荷德而来的日本间谍，梅耶荷德的助手佐野亦是间谍"的伪证，这番供述也成了清洗梅氏（В. Э. Мейерхо́льд，1874—1940）的决定性材料之一。而在后来的公审中，以作伪证为耻的良吉推翻了此前的供词，其后遭到枪杀（1939年9月27日）。曾追踪此事的今野勉认为："需要杉本只是为了逮捕梅耶荷德，取得口供后，为了防止他翻供，就只能杀掉。"① 嘉子则被判处有期徒刑10年。而对于这一切，当时日本国内无从知晓。

之所以对二人入苏之后直至日本战败期间的境遇做快进式速写，是因往事并不如烟，在战后的1946年日本文学界的战争责任论争中，这件陈年旧事中的动机、时机问题再次成为争议话题。1946年1月，《近代文学》同人中的左派荒正人、佐佐木基一和小田切秀雄创办了一份小报《文学时标》，他们将火野苇平、佐藤春夫、菊池宽等40位被认为协助了战争的文学家押上道德法庭，一一论罪，此举亦为文坛所侧目。② 然而，真正曝露了其彻底激进姿态的却是1946年2月同人们召开的一次题为"文学家的战争责任"的座谈会，对话概要刊载于川端康成等创办的《人间》杂志。与《文学时标》上的据实控诉有所不同，此番讨伐的重点则是那些无产阶级文学和艺术派阵营中看似无需承担战争责任的文学家。战时他们或逃亡异国、或牢底坐穿、或缄默不群，但都因战时"不抵抗"而未能躲过批判者们的良知谴责。座谈会上，在托马斯·曼、罗曼·罗兰和托尔斯泰几位世界级抵抗者、批判者的光环映照下，战时逃亡中苏的鹿地亘和杉本良吉被33岁的荒正人（1913—1979）评价为"文学家反对战争的唯一的最高案例"。但这一见解当即遭到老到的平野谦（1907—1978）之质疑，他要求

① 武田清：「メイエルホリドの暗い環Ⅱ：そこにはいなかった佐野碩の影」，『大正演劇研究』第8号（2000年5月）、第183頁。
② 王升远：《对"明治一代"的追责与"大正一代"的诉求——〈近代文学〉同人战争责任追究的细节考辨》，载《外国文学评论》2018年第3期。

重新评估鹿地亘逃亡的时机、动机以及上述两人逃亡时日本言论环境的严酷程度及其反抗的可能性，荒随即附和称："有必要考虑杉本、鹿地是作为文学家逃亡的，还是夹杂着个人私事而越境或潜入重庆的。"① 两个月后，平野谦又发表了一篇题为《一个反命题》的文艺时评，他声称：

> 报纸报道说，鹿地亘将于近期自重庆归国，杉本良吉不久之后也会回来吧。新闻界也许会像对待野坂参三那般，将其奉为国民英雄。事实上，他们也确曾饱尝艰辛。
>
> 但即将回国的他们今后若将主要活跃在文学和艺术领域（尽管期待如此），那么，与单纯将其奉为国民英雄的做法相反，我们应该追溯他们无奈亡命的复杂状况以及当时之情势。唯有阐明其文学意义，才是待之以文学家的唯一正道。今天之所以要特意谈到这些，是由于文学家的战争责任是一个与无产阶级文学运动之功罪以及转向问题几乎是密不可分的议题。②

在翌月发表的《基准的确立》中，平野更是直言不讳地宣称"我的真意在于，警惕左翼英雄主义的简单复活，警惕借着外化感伤的左翼英雄主义提出战争责任的不在场证明之举"。③ 战后初期，发生在平野谦、荒正人和中野重治之间的这场著名的"文学与政治"论争，虽以战争责任为话题，内里实则潜含着对战后文坛领导权的争夺。但平野显然不知良吉早已殒命异域，反倒对预想中即将返国、享受国民追捧的"杉本良吉"心存警惕，意图抢在这些道德明星归国引领潮流之前先发制人。在《近代文学》同人们看来，作为战争中的"不在场者"，鹿地与杉本甚至比长年身在囹

---

① 荒正人、小田切秀雄、佐々木基一、埴谷雄高、平野謙、本多秋五：「文学者の責務」、『人間』1946年4月号、第152—153頁。
② 平野謙：「一つの反措定」、『新生活』1946年4、5月合併号、第49頁。
③ 平野謙：「基準の確立」、『新生活』1946年6月号、第50頁。

圈而未转向的宫本显治、藏原惟人责任更小、更具道德优势。因此，战术层面上只要将杉本等定责，其敌手左翼阵营便面临整体垮塌的局面，这是显见的多米诺效应。而良吉与嘉子在苏联的际遇、生死自然不在虑中，他们沦为平野谦们表述其"政治与文学"观念、战争责任认知的工具人；二人难以实证的动机、目的便必然成为这番诛心之论的核心指向。

在《一个反命题》中，平野明言，他是从报纸新闻中得知二人越境逃亡之消息的。文中，作者做出了一些臆想——"冈田应该是迷上了杉本了吧？越境这般'思想性'行动也全都是顺着心上人心意的吧？"接下来，建立在此臆想基础之上的批判却是剑拔弩张："问题在于，一个左翼戏剧家通过与电影女星同行，巧妙地骗过当局耳目，越境逃亡。……杉本是被何种理想附体抑或直面怎样的困境，以至于决意潜入苏联，我自然不得而知。我不过是清楚地知道一个事实——杉本为了实现自己的目的，利用了一个娇小而年长的女演员。但这一微不足道的事实却是极为重要的。"他指出，为了目的不择手段乃是政治的基本特征，"无论杉本良吉胸怀何等高远的理想，仅凭将一个活生生的女性作为其实现理想的垫脚石这一点上，我们就必须对其高远理想的整体做出严厉的批判"。[①] 这番控诉虽凌厉有余，但在认识层面却并未超出 1938 年官方与舆论界确定的基本论调的范畴。

若平野的指控成立，那么，"为了目的不择手段"则将成为左翼阵营的一个难以辩驳的道德污点。而问题的关键便在于，越境事件是良吉对嘉子的"利用"吗，二人究竟为何要逃亡苏联，嘉子对此有过悔恨吗？事实上，1938 年 1 月 7 日的《东京朝日新闻》即已刊出短消息称，警视厅在搜查过二人住宅、调查过其近期行动后确信，"二人并非与苏联取得联系后越境的。可能是杉本因在艺术领域陷入困境，加之同人生病等原因产生了厌世情绪，基于个人的考量而越境的。冈田对此产生了共鸣，于是才引发

---

① 平野謙：「一つの反措定」、『新生活』1946 年 4、5 月合併号、第 48—49 頁。

了这次的越境事件。"① 这则消息值得瞩目处有二：一是事件的非计划性，二是嘉子行动前的理性和自主性。而这些信息似乎是平野从报纸上有所了解（从对良吉面临困境之论上可以推断）却不愿相信的。

子非鱼，鱼之乐或不乐殊难置喙。逝者已矣，唯有倾听生者证言。刑满释放后的嘉子并未回国，而是选择在苏联从事播音和演艺工作，直到1972年抱着亡夫泷口新太郎遗骨回到日本时，已暌违故土35载。1973年，广济堂出版了嘉子回忆录《无悔的生命》，当年那件举国轰动的往事自然也是书中绕不过去的话题。她坦言，当时两个人都处于困境之中。七七事变后的日本陷入了全民战争狂热之中，《日德防共协定》（1936）的签订更使日共系艺术家的生存雪上加霜，当时因参与左翼运动被判有罪、处于保释出狱期的良吉尤其感到了严重的生存危机。"他最怕的便是收到红纸（即征兵令），一旦被征兵，作为思想犯的他显然将会被送到最艰苦的地方去。"身为演员的嘉子本人也意识到，"很清楚的是，再这样下去，就不得不去演充当帝国主义走狗的戏码"。

> 我们俩无时无刻不在凝视着环绕在四周的黑暗，动辄陷入沉默。
> "哎，我们索性逃到苏联去吧！"
> 他猛地盯住了我，告诉我以前他也曾有此计划，但未成功。话虽不多，但我从他的反应中看出他觉得我的方案也似无不可，就急着一口气做出方案。我记得那是在十二月《彦六……》上演第一天的几天后。

良吉为嘉子放弃影坛声望感到可惜，反倒是后者更为洒脱："说实话，我丝毫不觉得留恋。……现在的局势，也不是什么时候都能演正经戏。若是能成功进入苏联，到了莫斯科，土方与志和佐野硕都在那里。他在那边

---

① 「ソ連と連絡なく、厭世から越境」、『東京朝日新聞』1938年1月7日夕刊、2面。

可以与国际左翼戏剧联盟联系去工作,我就去学演戏。他说,情况也不会一直如此,一定会诞生新的社会,到那时我们再带着'礼物'回来!"①1980年,嘉子又以对良吉的回忆为连载的《留在心底的人》系列压轴,文中,她再次将责任揽于一身,表示"我不记得他说过什么'要去执行党的指令'云云,但最先提出越境去苏联的是我"②。

良吉逝后,实情已难确证。而唯一可以确认的是嘉子维护恋人清誉的拳拳之心。然而,何谓"无悔"? 2008年10月11日,日本放送协会播出了一段嘉子的影像视频。在视频中她强调:"我不喜欢后悔过去。"③"不喜欢后悔"与"无悔"事实上存在着微妙的语义差异。时过境迁,嘉子是否因"不喜欢后悔"而"揉搓"④了其与杉本相关的感情记忆,今人已不得而知;但在1930年代的"非常时期",嘉子作为演员遭遇到的艰难艺术环境及其历尽风雨却对良吉初心不改、一往情深的爱恋和维护恐怕是难以"揉搓"的。虽不喜欢后悔,但她对良吉的歉疚却成了压在心底的重荷。1992年6月,日本各大媒体披露了在苏服刑时期的嘉子于1940年1月27日写给苏联当局的一份《请愿书》,文章最后出现了这样一段文字:"背负着间谍的污名比死还让人痛苦。为了我,深爱着苏联的杉本也蒙受着间谍的污名。犯下了无法挽回的罪过,让我的内心日夜备感自责。请再调查一遍,给我们摘下间谍的假面。求求你们了!"正如河崎保所洞察到的那样,"她将这份无法向任何人倾诉的烦恼藏在心底,在其后53年的人生里,她一直背负着沉重的十字架"⑤。

1986年,嘉子重返莫斯科,并于1992年谢世于异乡。1996年9月20日,朝日电视台公布了一段她生前的未公开影像。她表示自己生前有件必

---

① 冈田嘉子:『悔いなき命を』、东京:広済堂、1973年、第170—171页。
② 冈田嘉子:「心に残る人びと」、『悲劇喜劇』33卷11号(1980年11月)、第84页。
③ https://www.nhk.or.jp/archives/people/detail.html?id=D0009250192_00000,访问日期:2021年12月20日。
④ 加藤阳子、佐高信著,张永亮、陶小军译:《战争与日本人》,北京:东方出版社,2017年10月,第65页。
⑤ 河崎保:「冈田嘉子とその時代」、东京:冈田嘉子研究会、2000年7月、第43页。

须亲手完成的工作——完全不知良吉身葬何地的她要为之寻找安魂的归宿。最终，嘉子将良吉翻译的《钢铁是怎样炼成的》日译本带到了索契，将其与良人遗像一道放到了奥斯特洛夫斯基纪念馆的书桌上。这是她最后的工作。至此，她终于可以卸下自 1938 年 1 月 3 日跨越北纬 50 度线以来背负的心灵十字架。

（原载《读书》2022 年第 6 期）

奥野信太郎:"精神故乡"的面影

在日本的中国学界,虽曾有"西之吉川,东之奥野"①一说,但二人的学术理路与旨趣实有不同。如果说吉川幸次郎(1904—1980)继承了京都学派严谨、缜密的考据功力;相对而言,奥野信太郎(1899—1968)则对压抑感性与欲望的实证主义敬而远之,追求生活情趣,似乎更近于"享乐主义的感觉派诗人"②。村松梢风之子村松暎对此深有心得:

> 我年轻时,有一次吉川先生来到东京,把住在东京的十几位中国哲学、文学青年研究者叫到了他的住处。大家到齐后,吉川先生说了句:"来,我们聊聊学问吧!"说实话,我听了这话大吃一惊:同为"先生",怎会如此不同?奥野先生也喜欢聊天,也会对着弟子们说个没完,但从未猛然正色地谈论学术问题。③

那么,在弟子眼中,奥野又是何等风采呢?村松回忆说,

> 先生对弟子完全没有具体的指导,他总说,"你啊,不玩是不行的!"……表扬我打麻将的也只有先生一人。……在早庆[早稻田大学与庆应义塾大学——引者注]中国学会第一次会议上,先生介绍庆应方面的与会者,谈到我时他说:"此人搓麻将,就是通宵达旦也再所不辞。"④

当然,从陆军中将之子、子爵外孙的身世和"山手良家子"(山手为

东京富人区）生活环境来看，奥野养成了随性、潇洒的个人享乐作风本也无可厚非。然而，世事无常，他的不幸在其21岁进入庆应文学部之后接踵而至。入学当年及翌年，双亲先后谢世；36岁时妻子坂东智慧子病逝。而就在同年（1936年），奥野得到了作为外务省在华特别研究员国费留学北平的机会。

认为奥野文学成就了北平固然是夸大其辞，但说北平成就了奥野文学似乎并不夸张。佐藤一郎曾将奥野文学的主题归结为表现文雅、幽艳的都城精神，事实上，这里的"都城"主要指向了其故乡东京和北平。⑤ 日本全面侵华战争爆发后，北平作为"大东亚建设的基地"而受到了日人的广泛关注，而殖民者对华北沦陷区的统制也为其来平提供了可能与便利，种种以北平为背景写作的游记、观察、评论、报告文学和小说等都向日本人描绘着"东亚古都"的诸种面影与动向。而奥野的魅力则在于，他所展示的是一个漫步者所看到的北平胡同之声色及其中氤氲着的都城精神。在他看来，北平的情趣并不存在于一般旅人所出入的金殿玉楼之中，而是平凡而又难以捉摸的一种情韵。

1923年的关东大地震及灾后重建虽为日本人带来了收音机、电视、自行车和飞机等近代设施，但延续了江户传统的旧东京之灰飞烟灭却使奥野们失却了精神家园。⑥ 其后的东京在喧闹、污染与变动中，在工业化的道路上狂飙突进。这一体验使奥野初入北平时产生了别样的感受："最初，

---

① 松村暎：「解説」、『奥野信太郎随筆全集』（第4卷）、東京：福武書店、1984年9月、第277頁。
② 松村暎：「奥野信太郎先生のこと」、奥野信太郎著：『随筆北京』、東京：平凡社、1990年9月、第307頁。
③ 松村暎：「解説」、『奥野信太郎随筆全集』（第4卷）、東京：福武書店、1984年9月、第278頁。
④ 松村暎：「奥野信太郎先生のこと」、奥野信太郎著：『随筆北京』、東京：平凡社、1990年9月、第306頁。
⑤ 佐藤一郎：「奥野先生の読書と街歩き」、『奥野信太郎随筆全集（1）・随筆北京　月報』、東京：福武書店、1984年9月、第8頁。是时，北京已被国民政府改称"北平"，然而在日本人的相关文本中依然称之为"北京"。
⑥ 可参见本书《永井荷风的洁癖与复仇》一章相关论述。

在我就如同被吸进那巨大的城墙中一般走进去时,自己首先发现的是,一种像进入了极为寂静的树洞中一样、与一切噪音突然隔绝的感觉。"① 而这种感受与横光利一所谓"嫣然而笑的尸体般"② 之感截然不同,奥野在静谧中找到了回归童稚、找寻老东京的时光隧道,北平也因此成为追溯其个人成长轨迹的最佳参照——"北京再次作为鲜活的现实,让我生动地触摸到了因东京急剧的变化而使我自幼忘却了的精神。耽于追忆或许有时会明显阻碍人类的进步,我在北京触摸到的决非追忆的精神之美,不过是作为现实,北京巧妙地使我在时间意义上后退了一下。从后退之处老老实实地逐渐注视着自己的成长。我始终是作为异邦人观察着支那人③,而通过注视着独自混迹于支那人中的自己,则可以比较容易地看取重返童稚精神的自己再次在成长中出发的过程。"④ 而我所关注的是,究竟是哪些要素成就了北平作为奥野"精神故乡"的"考古"意义。

与其他"支那通"一样,奥野行文也有引经据典成癖的倾向,"抚今"之前先作一番"追昔"遥想,并试图以此姿态表现北平传统文化中贯通古今的"不变"。在奥野的北平书写中,有个使用频率较高的词——"そのまま"(原封不动),若将这一词汇置于具体时空论述之中,则近乎于"亘古不变"。在薰夫人(奥野的第二任夫人)看来,奥野"一旦外出,就似断了线的风筝,去向不明"⑤,我想,若在东京,大致会放浪形骸于酒馆、妓馆;在北平,则大可在旧书肆、小吃摊、戏院、湖畔池边和胡同等处寻

---

① 奥野信太郎:「跋」(1940年2月)、奥野信太郎著:『随筆北京』、東京:平凡社、1990年9月、第294頁。
② 横光利一著,李振声译:《感想与风景》,桂林:广西师范大学出版社,2005年1月,第87页。
③ 本书所引相关文献中所出现的"支那""北支""南支""中支"等均为近代以降日本对华蔑称。若以"中国"等置换,则无法呈现出日本的中国认识的基本特征。有鉴于此,本书引文均以原文原样录入,不做调整,下同,不另注。
④ 奥野信太郎:「跋」(1940年2月)、奥野信太郎著:『随筆北京』、東京:平凡社、1990年9月、第294—295頁。
⑤ 佐藤一郎:「奥野先生の読書と街歩き」、『奥野信太郎随筆全集・随筆北京 月報』、東京:福武書店、1984年9月、第8頁。

到他的踪迹，因为这些是观察北平之"不变"的最佳去处，在这些地方可以找到东京已经不复存在的风致。或许，这就是将风筝吹断线的那阵清风。为论证中国人的食欲旺盛和注重饮食生活是自古以来的传统，作者援引了某杜甫研究家的议论——杜子美的诗魂发于"饥"又归于"饥"；胃袋空虚直接成为寂寞诗魂的哀叹，食味满足又是其精神的愉悦、将人间描绘为理想国的要因。而"历史地看"，北平成为饮食风味的中心也是理所当然的；反之，正因此地乃"古老之都城"，方才成为中国饮食之渊薮。① 奥野认为，饮食中最能代表都市风韵、涵养都市人情致的当属小吃。在东京，自幼常吃的许多小吃急剧消亡，遂使北平小吃成为作者想象古都风情轮廓的现实标本，而联结其间的是"季节感"或一朝夕的生活断片：酸梅汤会使人联想起北平的炎炎夏日，商贩叫卖萝卜的声音会让人想到冬夜里幽暗的胡同。关于北平小吃能否永远存续，奥野声称自己不敢断言，但同时也指出由于当地人的保守，若非借他人之手将不会有什么新的作为。这就使"保守"这一所谓中国人的国民性成为"不变"的注脚之一，② 同时，毋庸赘言，在北平沦陷的语境下"他人之手"与"新的作为"分别暗示着什么也是不难想见的。

在东京，与传统小吃一起消逝的还有种种街巷的声音。"尽管场所与事物有所不同，但今日北平与往日东京的街巷声音中所充溢的情趣却如出一辙。"北平胡同成了声音传播的物理管道，也为倾听这些声音提供了绝佳的空间条件。送水独轮推车的吱嘎之声、金属棒轻抒剃头镊子的慵懒之响、卖油翁或打更人敲梆子的感伤之音，或哀伤、或孤寂的余韵都让人沉醉，流连难舍。③ 这些声音触发的感动在小田岳夫的长篇小说《北京飘飘》

---

① 奥野信太郎：「燕京食譜」、奥野信太郎著：『随筆北京』、東京：平凡社、1990 年 9 月、第 37—38、44 頁。
② 奥野信太郎：「小吃の記」、奥野信太郎著：『随筆北京』、東京：平凡社、1990 年 9 月、第 264—272 頁。
③ 奥野信太郎：「街巷の声音」、奥野信太郎著：『随筆北京』、東京：平凡社、1990 年 9 月、第 227—233 頁。

中也有极为相似的表述。

当然，都市生活永远是"变"与"不变"的交错。五四运动激进的反传统姿态以及中日战争的爆发使北平城市生活的某些侧面由"不变"转为"不得不变"。令奥野终生难忘之变无疑是 1450 名日本人长达半月的"北京笼城"（日语中的"籠城"乃坚守城池、闭门不出之意）。作者在《北京笼城回想记》和《笼城前后》中详细讲述了在平日侨从收到笼城指示起三小时内的集结、侨民间相互礼让、秩序井然等情形，以及笼城期间的忧郁、愤恨的情感体验。以上这些为今人理解非常时期"闯入者"的内部情状提供了颇为生动的历史记录，值得一读。① 而我想强调的是另一"变"，即奥野对北平社会变动中的女性所给予的特别关注。这一视角的择取，你可以理解为其放浪文人的秉性难移，也可理解为学者的"匠心独运"。怀恋传统使奥野对"五四"的激烈批判不难理解——在他看来，"五四"对传统的破坏远远超过了其建设性的一面，理性的缺失使狂热的民族主义情绪在"中国当局的煽动"下②转变为激烈的反日、排日意识，而石评梅与庐隐两位中国女作家的悲剧人生及其创作则不幸成为了奥野的论据。他认为，庐隐的作品乏善可陈，那只是"五四"青年无轨道的混乱生活记录。在《女人剪影录》文末，作者颇意味深长地评论道："讽刺的是，古都燕京是闲雅静谧之都，充溢着与年轻女性挺身而出、狂热乱舞并不相称的氛围。我总感觉那凸字形城墙的一角，作扭曲之相，在那些牺牲者之上讽刺地嗤笑着他们。"③ 此外，在《燕京品花录》中，奥野又引经据典，介绍了北京妓馆的层次及其历史流变，并历数京都香艳之绝艺，对诸名妓京剧唱腔的高下逐一品评。或许，作为中国文学研究者，他所追求的是一种类

---

① 奥野信太郎:「北京籠城回想記」、「籠城前後」、奥野信太郎著:『随筆北京』、東京：平凡社、1990 年 9 月、第 93—122 頁。
② 徐冰先生在《20 世纪三四十年代中国文化人的日本认识——基于〈宇宙风〉杂志的考察》（北京：商务印书馆，2010 年 12 月，第 364—372 页）专设一节讨论所谓"'政府煽动'说的系谱"，可资参考。
③ 奥野信太郎:「女人剪影録」、奥野信太郎著:『随筆北京』、東京：平凡社、1990 年 9 月、第 161 頁。

似于昔时才子佳人式的文人情趣，即如东坡之于琴操，又或柳七之于青楼群妓。但中日战争的爆发却深刻地改变了北京花柳界的命运，加速了其兴替。在往昔清吟小班中，妓女（与跟妈对话时）颇具"异国风情"的楚州话逐渐被只言片语的日语所取代，东洋妆盛行开来。① 来北平寻求古都情趣、文人情趣的奥野对此变动述而不论，其中奥妙亦不难窥知。

有多少个作家，就有多少个北平形象。旅行指南与游记的北平介绍难免千篇一律或浮光掠影，虚构作品中的北平形象又似乎真假难辨，奥野以漫游者的悠闲步调和"支那通"的学识描绘了北京的声、色、犨、笑，并在后来出版的《北京留学》中将这段生活视作"一生中不会再有的幸福日子"②。尽管由于战争悲剧的发生，来平寻找"精神故乡"之面影的奥野似乎又有些不幸，但种种幸与不幸的交杂无疑丰富了其北平体验与表达。至于生动与否，非邀读者诸君一读而未敢妄言，但因了斯人是作，北平城又至少多出了一位不同寻常的游客——阿部知二（1903—1973）。阿部在为《随笔北京》所写的寄语中及其自家小说《北京》的跋语中都对奥野表达了谢意："对我而言，奥野氏是数年前使我对支那产生兴趣的人。没有与奥野氏的交往，便不会有我的拙陋小说《北京》的问世。说起来，在关于支那的方面，他是我的老师、我的恩人。"③

(原载《书城》2015年第6期)

---

① 奥野信太郎：「燕京品花録」、奥野信太郎著：『随筆北京』、東京：平凡社、1990 年 9 月、第 216、219 頁。
② 奥野信太郎著：『北京留学』、東京：読売新聞社、1952 年 12 月、「まえがき」第 1 頁。
③ 阿部知二：「『随筆北京』の寄せて」、奥野信太郎著：『随筆北京』、東京：平凡社、1990 年 9 月、第 5 頁。

"正直的老鹰"与"卑鄙的鸽子"

——日本帝国的毁灭之路

1951年5月5日,驻日盟军最高司令道格拉斯·麦克阿瑟(Douglas MacArthur, 1880—1964)被免职回国后,在参议院联合委员会做了一番深深刺痛日本人的演讲:

> 当然,德国的问题与日本的问题大相径庭。德国人是成熟的民族。
>
> 如果说盎格鲁-萨克逊人在其发展程度上,在科学、艺术、宗教和文化方面正如45岁的中年人的话,德国人也完全同样成熟。然而,日本人除了时间上的古老之外,仍然处于受指导的状态。以现代文明的标准衡量,与我们45岁的成熟相比,他们还像是12岁的孩子。
>
> 正如任何处于受指导期的儿童,他们易于学习新的规范、新的观念。你能够在他们那儿灌输基本的概念。他们还来得及从头开始,足够灵活并接受新的观念。①

演讲中,麦克阿瑟毫不掩饰美国君临日本的家长式权威,他在炫示美国对日绝对统治力的同时,亦强调了欧美文化视野下日本巨大的"可塑性"。当然,这种正面意义上的"可塑性"又几乎与另一个令人忧虑的词——"不确定性"如影随形地纠缠在一起。在英文中,"不确定性"(uncertainty)一词意味着"令人无把握的局面"。而帝国日本的近代历史,几乎可以说是一个有着巨大"可塑性"的年轻国家,在"非计划性和非组织性"的近代化道路上横冲直撞,给亚洲地缘政治制造了巨大的"不确定性",又进而发展为"令人无把握的局面",并最终灰飞烟灭的历史。正如丸山真男(1914—1996)所指出的那样:"正是这种非计划性才推动了'共同谋划'的进行。这里存在着日本'体制'最深刻的病理。"② 对明治以降的体制性病弊之反思是战后初期日本思想界的一项主要议题。却顾所来径,或为往昔思咎省己,或为来日杜渐除微,人们通过历史回望,探求天皇制国家盛极而崩的病理,重审被这段残酷历史无情操弄的自我。回望历史,识者惊觉当下日本的重大政治问题和思想困局,大多能在明治时期找到或隐或显的病源。

事实上围绕这一议题,思想界最近的一次大规模讨论出现在2018年,即明治维新150年。正是在这一年,马国川出版了其"日本三部曲"系列的第一部——《国家的启蒙:日本帝国崛起之源》。作者坦言:"作为一个记者,我愿意做这个时代的记录者,也愿意思考一些基本的问题。"③ 较之于探索大国崛起秘密的《国家的启蒙》,马氏新著《国家的歧路:日本帝国毁灭之谜》则旨在以"其兴也勃焉,其亡也忽焉"的日本帝国近代史为域外镜鉴,为新兴市场、后发国家的发展寻求有效的历史经验。以马国川讲述的帝国往事为起点,解析"非计划性"中的诸种因素以何种作用机制推动了"共同谋划"的动态形成,进而在更为宏观的层面揭示昭和初期日本政、军、商、学各界和各派之间聚散离合的力量关系,将有助于增进我们对日本近代化歧路背后之历史结构的理解。

在与加藤阳子的对谈中,评论家佐高信称其常以"正直的老鹰"和"卑鄙的鸽子"来区分政治家的不同类型,在他看来,前者虽广受国民欢

---

① 约翰·W. 道尔著,胡博译:《拥抱战败:第二次世界大战后的日本》,北京:生活·读书·新知三联书店,2009年2月,第540页。
② 丸山真男著,陈力卫译:《现代政治的思想与行动》,北京:商务印书馆,2018年3月,第87—88页。
③ 马国川著:《国家的启蒙》,北京:中信出版社,2018年6月,第384—385页。

迎，但后者则"更能胜任政治家的角色"①。事实上，日本法西斯化的历史正是"正直的老鹰"不断啄击直至击溃"卑鄙的鸽子"之历史。何谓"卑鄙的鸽子"？丸山真男曾指出，日本法西斯运动区别于德、意两国的一个重要特征便是农本主义，②具体表现为对城市、工业、资本、官僚和政党政治的仇视。橘朴曾对关东军发动"九一八事变"的动机有过如下总结："中央统制力的内涵便是资本家政党的霸权，此次行动是志在反资本家、反政党的一股新兴势力发起的、对其暂时性的阻击，……期待能够间接改造祖国，将勤劳大众从资本家政党的独裁及其压榨中解放出来。"③ 军部如是，民间亦如是。1920年代的经济危机让底层社会对政党政治的低效和无能感到愤懑，他们怒斥："现有政党出卖了我们，成为大资本家的政治奴仆，把工商农业的中产者踩在脚下。"④ 然而，事实上正是这些民众眼中"卑鄙的鸽子"，对内阻滞了突飞猛进的全体主义进程（如原敬、河合荣治郎、斋藤隆夫），主张限制君权、伸张民权（如吉野作造、美浓部达吉、桐生悠悠、浜口雄幸），拒绝支持以牺牲民众利益、国家利益成全军阀的对外侵略和殖民（如石桥湛山、室伏高信）；对外则通过国际协调，为日本赢得了发展空间（如原敬、阿部守太郎、新渡户稻造、牧野伸显）。憾乎这些为民抱薪或为自由开路者却因其在国内外政治舞台上有限的妥协和中道路线而被视为"非国民"、"卑鄙者"，为民众所唾弃。他们在铁屋中的困苦与挣扎、呐喊与抗争都是马国川在该书中全力彰显的——那是漫漫长夜中星星点点的理性与智性之光。

如果说1921年65岁的首相原敬（1856—1921）遭18岁青年中冈艮

---

① 加藤阳子、佐高信著，张永亮、陶小军译：《战争与日本人》，北京：东方出版社，2017年10月，第14—15页。
② 丸山真男著，陈力卫译：《现代政治的思想与行动》，北京：商务印书馆，2018年3月，第37—38页。
③ 子安宣邦著，王升远译：《近代日本的中国观》，北京：生活·读书·新知三联书店，2020年6月，第84页。
④ 安德鲁·戈登著，李朝津译：《现代日本史》，北京：中信出版社，2017年10月，第298页。

一刺杀预示了日本政党政治的命运多舛,那么,1938年陆军部军务课课员佐藤贤了(1895—1975,其后官至中将)在众议院审议《国家总动员法》时,面对议员们的质疑竟以"闭嘴"斥还,则更具象征意味,昭告了日本议会制度至此已名存实亡。在这十多年间,军部与重臣元老、贵族院、枢密院、议会、政府等各股力量间的复杂博弈自不待言,我想强调的是潜藏在社会底层、体制外的政治恐怖主义传播开来所引发的寒蝉效应。中冈艮一的精神偶像乃是刺杀了安田财阀创始人安田善次郎的29岁青年朝日平吾(1890—1921),而朝日所服膺的则是"日本法西斯主义教祖"北一辉(1883—1937)。但无论是北还是朝日,都打着底层旗号,以"改造日本"的志士、爱国者之面目示人,并以此俘获了大量的精神追随者。同样地,就如同马国川在评论"五一五事件"时所指出的那样:"日本历史的吊诡之处就在于,只要强调犯罪动机是单纯的,是出于至高无上的爱国热情,军人的残暴行为就很容易得到民众的谅解。'五一五事件'不但没有损害军人的社会形象,反而强化了唯有军人才是真正爱国者的社会舆论。"这种"唯动机""唯立场论"的泛道德化评判、拒绝理性讨论的激进风气因未得到有效遏制转而演变为吞噬一切的狂潮。换言之,"正直"成了"老鹰"的通行证,而"卑鄙"成了"鸽子"的墓志铭。然而,讽刺的是,这场狂潮中引领风骚的弄潮儿——朝日平吾和北一辉实则并不糊涂,他们对颟顸的追随者是心怀鄙弃的。朝日在遗书中坦言:

> 我所支配的只是未满20岁的青年,他们不像今日之有识青年会算计,也不是小才子,其特征为愚直、不言实干、莽撞,立于信念、不为名利而动,故坚强沉默,所望不在瓦全而在玉碎,所期在决死的真实。强烈鼓吹天下之事皆为赌博的人生观,与其病死,不如诛灭奸人而死等等男子汉的豪爽之气。加上没有父母没有家庭没有教养,因此有咒骂世道之眼光与对贵族的深恶痛绝,因为愚钝才

"正直的老鹰"与"卑鄙的鸽子"

可靠。①

另外，就像马国川所敏锐察知到的那样，北一辉的信徒们并不了解精神导师对自己的背叛——"北一辉声称站在工农与城市贫民即社会底层的一边，他所宣扬的理论就是要打倒财阀。从这个意义上说，北一辉似乎已经成为资本主义的敌人，财阀的敌人。可是暗地里，他却接受财阀的资助。这就是历史的真相。而信奉他思想的年轻人却不明就里地去杀财阀，并为此丧命。"②

当然，对于鸽子，老鹰们的应对方案也颇有不同，官方与民间双管齐下，双向联动，法西斯运动的空幻性、观念性和无计划性在此展现得淋漓尽致。对于控制政商两界命脉的自由主义、政党政治的实力派人物，最粗暴、有效的方案自然是策动恐怖主义暗杀。马国川在书中详述了鸽群中那些有全局眼光和国际视野的技术型、务实型官僚和财阀何以一一殒命于雏鹰们的刀枪之下。在原敬和安田之外，18 岁的冈田满和 21 岁的宫本千代吉刺杀了负责对华事务的外务省政务局长阿部守太郎，23 岁的爱国社成员佐乡屋留雄刺杀了 61 岁的首相浜口雄幸，血盟团盟主——僧人井上日召倡导"一人一刀杀一人"，并策划谋刺前财务大臣井上准之助、三井财团理事长团琢磨。相比之下，被 25 岁的黑龙会成员池田弘寿羞辱的朝日新闻社长村山龙平或许都已属侥幸。

日本史研究者们素喜以"大正民主主义"的说法对大正时期日本的政治、社会状况做出积极评价，这显然是以明治时期和昭和初期为潜在参照系而形成的相对性论断。"昭和维新"的拥趸、"近代的超克"论者皆奉"明治维新"为正朔，而对所谓"大正民主"弃若敝屣。然而，事实上从明治、大正直至昭和初期，"民主主义"虽起伏不定、气若游丝，但日本

---

① 马国川著：《国家的启蒙》，北京：中信出版社，2018 年 6 月，第 84 页。
② 马国川著：《国家的歧路》，北京：中信出版社，2020 年 2 月，第 106 页。

的"帝国性"却是一以贯之的。以故,安德鲁·戈登(Andrew Gordon)选择以"帝国民主主义"来表述大正时期的日本政治、社会属性。但须注意的是,这一时期被史家高度评价的议会政治之所以能短暂存续,并一度成为日本政治权力版图中的重要组成部分,也是由于大部分政治领袖都只是将民主作为一种手段,而非最终目的,他们所追求的也无外乎是天皇制国家的强固,在这一点上,可以说与其对手是殊途同归的。①

对于时局中另一个"不和谐"的声部——共产主义,老鹰们则以胁迫"转向"的方式劝诱其归顺体制。以佐野学和锅山贞亲等在狱中宣布放弃信仰、支持日本对华侵略战争为起点,这支对抗军国主义的重要力量很快从内部被瓦解。甚至连始终不愿屈服的作家中野重治也不得不在1942年2月1日发表公开声明,表示"意识到数年来我所坚定不移的道路是错误的"②,并于半个月后的2月17日致信原日本文艺家协会会长菊池宽,请求加入日本文学报国会。鹤见俊辅曾指出:"'转向'的另一个条件,是日本民众对'满洲事变'(即九一八事变——引者)的热烈颂扬。因为他们全心奉献的对象——人民,却支持与他们本身信仰相悖的目标。此时,他们有一种孤立于人民、周遭亲友和家人的感觉,这种孤立感使他们决定转向。"③ 而事实上,"民众对排外主义战争的支持,正是使政府的不扩大方针归于失败、使亚洲门罗主义路线取代对英美协调路线并得以巩固的决定性条件"④。

在自上而下的鹰群夹击下,为生民立命的鸽群腹背受敌,岌岌可危,蓦然回首,身后竟已空无一人。自大正至昭和初期,鸽子的面目其实并非

---

① 安德鲁·戈登著,李朝津译:《现代日本史》,北京:中信出版社,2017年10月,第274—277页。
② 中野重治:「わが今日の決意」(『日本学芸新聞』1942年2月1日号)、『中野重治全集』(第27卷)、東京:筑摩書房、1998年10月、第71頁。
③ 鹤见俊辅著,邱振瑞译:《战争时期日本精神史(1931—1945)》,成都:四川教育出版社,2013年4月,第19—20页。
④ 江口圭一著,杨栋梁译:《日本十五年侵略战争史》,天津:天津人民出版社,1995年7月,第51页。

自始清晰可辨，实际上它是一个具有相当杂合性、包容性的群体，内部甚至存在着尖锐对立的立场与主张。他们不过是在与老鹰相抗的意义上逐渐被排斥、倒逼出的虚幻集群。艾瑞克·霍布斯鲍姆（Eric Hobsbawm，1917—2012）指出，互为敌手的自由派资本主义与共产主义为了自卫，曾在1930—1940年代放下成见，合作抵抗法西斯，这是20世纪历史的关键时期，也是最富历史性诡谲的一刻。① 日本亦可作如是观，尽管1945年一元性的政治力量土崩瓦解后，似乎两者又回到法西斯主义抬头前的时代，重新拉开阵仗，争夺思想市场。沿着这一脉络思考，我们会发现这种"举国一致"幻象背后所遮蔽的鹰-鸽对立的二元结构，以及"法西斯主义-自由主义-共产主义"之间互为敌手、有合有分的三角关系。这恐怕也是今人思考战时甚至战后日本思想史所不可忽视的维度。

当温和派学者美浓部达吉、河合荣治郎的著作皆因涉嫌"妨害安宁秩序"而被查禁、作者亦遭到攻击、恐吓；以退出国联让日本沦为"世界孤儿"的松冈洋右反被当成"国民英雄"而受甘棠之惠时，帝国便已是脱缰的野马，睥睨万国，向着"妨碍世界安宁秩序"的歧途一路狂奔，势不可当。事实上，对任何国家而言，外交往往都不过是内政的延伸，二者之间是一体两面的关系。在《国家的歧路》中，马国川也将近代日本的症结归结为启蒙思想的问题，他指出："由于日本的启蒙思想不彻底，导致日本国民中普遍流行'对内立宪主义，对外帝国主义'。'对外帝国主义'的存在和发展，又破坏了'对内立宪主义'，最终将国家推进了对外战争的灾难之中。"② 此言不虚。福泽谕吉（1835—1901）在他那本闻名世界的《文明论概略》中指出，从原理上来说，个人的自由独立、人民的智德，其价值都优先于国家对外的独立；然而，从实际上来看，在日本与外国的力量对比显著处于劣势的情况下，维持国家独立乃当务之急，个人的自由和独

---

① 艾瑞克·霍布斯鲍姆著，郑明萱译：《极端的年代（1914—1991）》，北京：中信出版社，2014年3月，第9页。
② 马国川著：《国家的歧路》，北京：中信出版社，2020年2月，第64页。

立也因此遭受压制。明治时期的民权运动领袖板垣退助（1837—1919）也同样认为，当国权与民权发生龃龉，后者须让位于前者，"原理"与"实践"的断裂遂使后者名存实亡。明治时期民权运动的不彻底性使得民权屡屡被以国权之名侵犯，直至侵蚀殆尽，以虚假的外患整肃内忧也成为军国主义国家权力屡试不爽的政治手法。而其中间路径便是将国际政治伦理置换为血亲伦理，将国家人格化，甚至连曾在辛亥革命时担任孙中山法律顾问的寺尾亨、大正民主主义运动的核心人物吉野作造亦莫能外。帝国的"颜面"常常超过了国家利益的理性考量，成为优先级。或许，将所谓的"我破国荣"的参政心理视为军政意义上的"斯德哥尔摩综合征"亦非过言。很难说松冈洋右与德意结盟的赌徒心态、山本五十六在太平洋战场孤注一掷的搏杀与此无关——一个个让渡了个人权利、放弃了自我的国民组成了一个沉默的、名为"日本人"的巨大整体，而他们的敌人是这个世界。

眼见他起高楼（明治时期），眼见他宴宾客（大正时期），眼见他楼塌了（昭和初期），这就是日本近代史的悲喜剧。战后初期，痛定思痛，思想界普遍意识到近代以降日本帝国虽在技术层面获得了突飞猛进的发展，但"近代的自我"却始终未能确立起来，思想和精神层面尚未实现"门户开放"；于是，重建"自我"以及日本与世界的关联、重塑世界秩序中的"新日本"不仅是战后日本政治、思想的重要问题域，也是美国对日改造的核心问题之一。然而，在这一点上美国人却遭受了始料未及的挫折。就像鹤见俊辅所批评的那样："西洛塔（即贝雅特·西洛塔·戈登，Beate Sirota Gordon）他们本来是想走得更远的。当初他们写的并不是'国民'的平等，而是所有人（All Natural Persons）的平等，是将外国人也包括在内的平等，是日本政府在翻译等过程中给变了的。"[①] 将"平等"限定为

[①] 鹤见俊辅、上野千鹤子、小熊英二著，邱静译：《战争留下了什么——战后一代的鹤见俊辅访谈》，北京：北京大学出版社，2015年6月，第95页。

"国民"间的平等，而不涉及"所有人"，这无疑是近代以降日本的殖民地统治所惯有的统治逻辑。当我们高度评价1945年的划时代意义时，也不要忘记，战时的"旧结构"依然以不易觉察的形式溜进了新时代。战后被植入了这一观念的宪法将把麦克阿瑟口中年仅12岁的年轻国家引向何方，尤其在这充满着不确定性的当下，我们能做的唯有站在思想和时间的一边。

（原载《读书》2020年第11期）

永井荷风的洁癖与复仇

——《断肠亭日乘》中的"现代日本"批判与日常抵抗

一、作为独立作品的《断肠亭日乘》：一种关联性的考察视野

永井荷风的日记《断肠亭日乘》（以下简称《日乘》）常被视作战争时期知识人对军国主义政治、文化进行精神抵抗之代表性文本。从某种意义上说，《日乘》在战后至今所获得的巨大声誉与此不无关系。为了凸显战争对文学（家）的决定性塑造，以及战时文学家时局因应的姿态与策略，这部原本自足的巨著常被研究者们过剩的"战争意识"所肢解。[①]而若一味强调战争语境，则会不可避免地带来以下困惑——荷风在战时离群索居及其不合作的缄默、抵抗是其个人史意义上的一种突变吗？若非如此，在非战时语境下（无论战前或战后）的选择是否能，以及如何能在与战时的对接中获得连贯和自洽？战前、战时、战后像浮萍般随波逐流、反复转向的"不自洽"正是导致大部分日本知识人战后声名扫地、权威不再的缘由；而荷风却正是在与此相对的意义上作为"抵抗者"而被再发现并为人所称誉的。甚至在战后文学界的战争责任追究中充当了急先锋的《近代文学》一派的内部讨论会上，面对小田切秀雄和荒正人等"大正一代"对文坛前辈近乎扫射的苛责，平野谦依然允执厥中地为荷风申辩："永井荷风的态度始终是一贯的。永井荷风、片山敏彦的态度与战争几乎没有关系，不是吗？这不是有没有刚烈的人性要求的问题，而是作为一种文学态度，可以说他们与战争是毫无关系的。"[②]

诚然，作为一部时间跨度巨大（1917 年 9 月 16 日—1959 年 4 月 29

日）的七卷本鸿篇，《日乘》确是考察战时日本知识人精神史的重要文学、思想文本。但反过来看，作为问题意识的"战争"只能是观察、阐释该作的"必要不充分"条件。由是，当研究者以战争之名对文本进行切割时，作为论旨的"抵抗"虽得以凸显，但共时意义上简单的"刺激-回应"模式又有难觅研究对象精神源流之弊，荷风的抵抗、反战也因此成为突兀的个体问题、战时现象，虽高山仰止却似乎"不足为训"，研究者、文学史家为"不屈文士"塑像的目的论指向与《日乘》本有的日常性和一贯性遂形成了难以协调和解释的龃龉，这便衍生出一系列新的问题。例如，日记这一潜在写作，与政治威压下作家的日常生活、人事关系、文学创作、文化活动之间是否存在着某种内在的关联性和对应性；作家的活动、言论及其内向化写作之间是自洽的还是断裂的；"抵抗"是战时独有的观念性存在，还是贯穿其人生的基本生活姿态和价值取向；既未入狱、殒命，又不愿与强权合作并为之张目，作为战时为数甚稀的沉默者，荷风的抵抗何以可能，如何可能，又何以能从严酷的战时思想、言论统制中全身而退，其抵抗又有着怎样的限度；作为知识人，荷风的个案是可复制的吗？从观念

---

① 谷口严、野坂昭如、百足光生、唐纳德·金（Donald Keene）和保阪正康等的研究皆为此属。参见谷口严著，林岚译《战争时期的永井荷风——〈断肠亭日乘〉的十五年》，载《社会科学战线》1989年第2期；野坂昭如：『「終戦日記」を読む』、東京：NHK出版、2005年7月；ドナルド・キン著、角地幸男訳：『日本人の戦争：作家の日記を読む』、東京：文芸春秋、2009年7月；百足光生：『荷風と戦争——断腸亭日乘に残された戦時下の東京』、国書刊行会、2020年3月；保阪正康：『作家たちの戦争』、東京：毎日新聞社、2011年7月。

在战争视野之外，关于《日乘》研究值得关注者还有以下几种：大野茂男『荷風日記研究』（東京：笠間書院、1976年3月）侧重《日乘》中的人事关系实证；新藤兼人『「断腸亭日乘」を読む』（東京：岩波書店、2009年5月）聚焦荷风的晚年，将自己老年的心境亦代入其中，从"老人的性与生活"的视角讨论了荷风的战祸日记及其与女性的交往、社会观察等。上述诸研究中，有两点值得注意：首先，野坂、唐纳德·金、新藤兼人甚至保阪正康都是"战中派"，其讨论战争日记、战败日记有着鲜明的作为局中人的战争体验、实感，试图呈现战时知识人精神史，今人重读包括《日乘》在内的战争日记时，不妨立足于前人研究基础，提炼、揭示出更多的"战争经验"和长时段思想演进脉络。其次，研究者往往将荷风的思想与生活、文学与政治、战前与战时及战后分而治之，这固然可在其各自的论题上突出主题，却有割裂荷风、割裂《日乘》之虞。
② 荒正人、小田切秀雄、佐々木基一、埴谷雄高、平野謙、本多秋五：「文学者の責務」、『人間』1946年4月号、第155頁。

和方法的层面来说，对前述诸问题的讨论将更具超越战时、超越日本之普遍意义。

就研究视野而言，长期以来的荷风研究基本是在将其作为唯美派作家、文明批评①家和战时不合作者三个互不关联的向度下展开的，人们往往带着明确的理论预设、文学史标签从荷风文学中寻得自家观念的对应物。然而，《日乘》是一部永井荷风的生活、精神自传，更是一个知识人、文学家所有面向的复杂交错与综合，它天然地拒绝了后来者的切割、剪裁抑或节选。② 从这个意义上来说，本文试图将《断肠亭日乘》作为相对完整、有着内在源流、脉络和逻辑的精神史文本，将战争时期仅作为荷风生涯的一个阶段、将战时抵抗作为其生平中持续性、日常性抵抗的一部分予以整合性、联动性的考察，据此在剧变的时代探寻某些"不变"的精神质素。较之于诸种特定语境下的战败日记、疏散日记等，荷风之沉默抵抗正因其日常性、持续性、策略性而独具异彩，所以解码这部荷风留给后来者的遗书，对讨论"极端语境下的个人"何以成为可能，无疑具有超越时代和国界的历史价值。从这个意义上来说，回到一个具体、生动的个体立场，在《日乘》的日常性与时代语境、政治场域与文坛生态融通的视野中，发现其生活感觉、文艺观念、世界视野与其社会观察、政治态度、战争认知、现实抉择之间复杂纠葛的内在联系，揭橥其日常抵抗的观念源流与实践限度，则是本文的关切所在。

当然，在进入具体论述之前须交代两个前提：一、囿于篇幅，不得不根据前述旨趣对《日乘》的庞杂内容做出必要的取舍，以凸显一种围绕相关论题的关联性、贯通性学术视野；二、不少研究者、评论家已指出该作

---

① 《大辞林》将不同于欧美之义的"文明批评"定义为"揭示、评价世相、文化现象、意识倾向之意义与本质的批评。很多情况下，是以传统抑或外国为基准重审现代，通过专门的学问领域批评现代状况"。
② 《断肠亭日乘》在中国大陆未出版过全译本，仅在《断肠亭记》中收入了《日乘》的极少部分内容选译，呈现荷风全貌之一斑。参见永井荷风著，汪正球译《断肠亭记》，石家庄：河北教育出版社，2002 年 6 月，第 229—258 页。但在该书所收 20 多页的篇幅中，并不能清楚地看出译者摘选的倾向性。

具有某种程度的虚构性，① 加之日记自身经历过不少删改、剪切，不同版本之间亦有差异，② 因此，对日记中的某些史实进行考证固有其价值，但若要理解其长期、一贯的精神质素，则不得不聚焦于贯流其文学人生③的心象

---

① 岩波书店版《荷风全集》出版时，远藤周作表示："如果必须要从荷风的作品中选一本带到哪里去读的话，我会毫不犹豫地选择《断肠亭日乘》。上林晓认为荷风'写随笔和日记的本领要胜于其写小说'，我也是持此论者中的一个。《断肠亭日乘》虽看似是作者自身每天生活的忠实记录，但不得不说，实际上是作者带着预想读者的意识写作的日记，让读者觉得这是他无意间泄露出的信息，并为此煞费苦心。最早发现这一点的是宇野浩二，借他的话来讲，可以说《断肠亭日乘》是一个'基于事实的创作，一本风格奇特的私小说'。但宇野认为《日乘》的趣味性在于看似弃世、实则乐世的一代文人的文章之妙。与此相对，我却相信《日乘》在更大的意义是荷风写作的唯一一部长篇小说，是其集大成之作。"［遠藤周作：「私と荷風：作家の日記『断腸亭日乗』について」、『図書』第 160 号（1962年 12 月）、第 29 頁］坂上博一指出："多年浸淫于荷风文学的奥野信太郎、中村真一郎、远藤周作、河盛好藏、鲇川信夫、吉田精一、宫城达郎等很多评论家、研究者几乎异口同声地指出，日记中的荷风与真实荷风之间存在着距离，这个庞大的日记整体上有着以预想到将会公开为前提的虚构性。"连对"虚构性"稍有疑议的坂上本人也明言："它原本就不可能是实际生活的真实记录，我们应将其理解为将实际生活无法实现者做了艺术化实现之记录。"［坂上博一：『荷風「断腸亭日乗」——読者を意識して』、『国文学：解釈と鑑賞』第 50 卷 8 号（1985 年 7 月）、第 144—146 頁。值得注意的是，此文是作为"日记文学"研究被收入该特辑的。］
② 柳泽孝子在远藤周作的基础上指出："某一天的日记是何时写的，何时被改成了我们现在所看到的形态，是否经过了修正，荷风当时心理、思想是否影响了那部分清写工作（荷风会在原稿基础上再次清写日记），反过来看，后者是否存在着影响了他的心理、思想等等，这些都是很难处理的文本问题"，然而"无论是纯粹的'日记'还是'创作'，在写作时，其内容和文体当然都经过了作者的取舍选择"。（柳沢孝子：『荷風「断腸亭日乗」——その多重性』、『国文学』1996 年 2 月号、第 66—67 頁）
另值得注意的是，关于《日乘》的不同版本，大野茂男曾在书志学的意义上详细胪列、比较了岩波书店版、中央公论社版、东都书房版诸版本之间的异同，颇值得参考，参见大野茂男「断腸亭日乗研究（資料編）」、『千葉大学研究報告』A-4（1971 年 12 月）、第 95—161 頁。关于《日乘》不同版本之间的关系论述，又可参见大野茂男「『断腸亭日乗』——主としてその異本関係について」、『荷風日記研究』、東京：笠間書院、1976 年 3 月、第 37—64 頁。
③ 值得注意的是，唐纳德·金引述了日本文学研究者爱德华·塞登施蒂克（Edward George Seidensticker, 1921—2007）在 Kafu the Scribbler 一书中的看法，认为日记草稿一旦写成，便不可能再做大幅的追加抑或改写。尽管有人认为荷风为适应战后新形势而对日记做了若干修正，日记也存在几个版本，但"这不足以成为怀疑荷风之诚实的理由"。（ドナルド・キン著、角地幸男訳：『日本人の戦争：作家の日記を読む』、東京：文芸春秋、2009 年 7 月、第 240—241 頁）
为了补足《日乘》难以覆盖的时空，本文将辅之以《断肠亭尺牍》《书简集》以及相关评论文，以期通过文献间的相互参照、对读，在中长时段的考察中建立起一个相对可靠的论述，力避孤证。特别需要强调的是，下引《断肠亭书简》所收者皆为荷风写给知友的书信，为不同藏家藏品之汇集，颇可为《日乘》相关论述之参照。

与观念记录,以析出这部价值远超其小说①的"日记文学"、留给"后世史家的资料"(1941.6.15,卷五:177)②中荷风之意旨。

二、文人政论:孤高逸民的"现代日本"批判及其盲区

《日乘》起笔于1917年9月16日。翌年1月7日,凝望着庭院里一只每年如期而至的野鸽,39岁的荷风不禁慨叹:"我看到此鸟飞来,就更觉自己而今境遇孤寂,不由得心生亲近之感,……有时会在黄昏时分来到简陋的庭院中,用米粒和面包屑投喂它。而它对人却有戒备之心,一见我的身影,便立刻振翅飞去。我觉得它不像世上常见的鸽子,性格乖僻而喜孤立,这像极了我的人生!"(卷一:84)纵览《日乘》七卷,乖僻孤高、不为利诱、对外部世界保持警惕、远离世俗时流而不为其规训的野鸽性情既是荷风自况,亦是其毕生性情之写照。而让他与时代产生深刻隔阂的是"现代日本"中剧变的社会、政治境况。在荷风眼中,"日本现代的世情着实令人厌恶"(1918.8.13,卷一:98),他长期饬力批判的人性世情主要包括无序、懒惰、不洁、愚昧、阴鸷、粗鄙、伪善、卑贱、幼稚、恶俗、仇富、凶暴、告密、揭发、窝囊、无个性、无目标、无主见、无信用、品味低俗、不学无文、奢侈倨傲、贪欲盛行、浮华淫靡、咄咄逼

---

① 一如福田和也所说:"说到荷风,很多人认为比起他的小说,《断肠亭日乘》才是最好的作品。"[福田和也:「〈インタビュー〉日記・批評・人生:福田和也に聞く」、『国文学:解釈と教材の研究』第41卷第2号(1996年2月)、第36—37頁]另,就像川端康成在荷风死后重读其全集时所指出的:"与其说他是个精巧的小说家,不如他是个严厉的批评家。"[川端康成:「永井荷風の死」(1959年7月)、『川端康成全集』(第29卷)、東京:新潮社、1982年9月、第626頁]
② 永井壮吉:『断腸亭日乗』(第5卷)、東京:岩波書店、1981年1月、第177頁。下文引述荷风日记,均为此版本,不另注,随文标注日记日期与卷数、页码。而根据大野茂男整理的《断肠亭日乘研究(资料编)》显示,《日乘》的东都书房版(内容重合部分)是以中央公论社版为底本制作的,而中央公论社版较之于岩波版又有大量删改,从内容丰足程度来看,岩波版较多地保留了日记内容,故本文选择岩波版作为主要研究文本,同时在必要时参照其他版本以资对比。

人等国民恶习。①

前述种种呈现出日本从封建农业国家向近代工业国家转型时期的典型特征。荷风对时势、人心的针砭，首先正与东京人口结构、都市文化之巨变密切相关，而这一巨变中又暗含着突变与渐变两个层面。从明治到大正时代，农业人口向城市流动原本便是日本生产年龄人口增长的主要特征，②而1923年的关东大地震又意外成为这一历史进程的加速器。"官方记录的死伤和失踪人数共计10.4万人，……东京城73%的房屋受损，63%的房屋完全损毁，其中包括了3 633座佛教寺院和151座神道教神社。超过200座基督教堂遭受了相同的命运。"③这意味着东京所丧失的不仅是物理意义上的都市空间，更是无法挽回的文化湮灭。同时，自1920年至震灾发生的1923年底，东京的城市人口由2 377 884人锐减至1 527 489人，而郊区人口则由1 178 429人暴增至1 715 555人。④除了战时军阀政治之影响外，荷风对江户风情、明治风度随风消散之叹惋亦与此次地震关系甚大，⑤他痛感"东京之良俗自大正十二年的震灾以后，逐年消失，而今则影迹全无"（1938.10.31，卷四：323），并在战时依然强调东京世风之变与战争无关，乃是"东京城里人逐年减少"、"现在居住于东京者泰半是在昭和十年之后从地方上迁居而来"之故。（1941.9.23，卷五：210；1940.11.16，

---

① 参见：1919.7.20（卷一：136）；1923.10.3（卷一：294—295）；1927.8.1（卷二：144）；1928.9.18（卷二：288—289）；1935.7.3（卷三：466）；1935.7.25（卷三：472）；1935.12.4（卷三：520）；1939.9.15（卷四：408）；1940.7.3（卷五：46—47）；1944.7.2（卷五：463）；1944.7.25（卷五：469）。值得注意的是，《日乘》中述及此类事项，频繁使用"现代日本""现代人""当代"等词，其文明批判的当下指向是显而易见的。
② 竹村民郎著，欧阳晓译：《大正文化：帝国日本的乌托邦时代》，上海：上海三联出版社，2015年1月，第30页。
③ 斯蒂芬·曼斯菲尔德著，张旻译：《东京传》，北京：中译出版社，2019年3月，第97页。
④ 竹村民郎著，欧阳晓译：《大正文化：帝国日本的乌托邦时代》，上海：上海三联出版社，2015年1月，第33页。
⑤ 参见：1919.7.23（卷一：95）；1921.10.2（卷一：209）；1923.9.23（卷一：291）；1925.5.8（卷一：365）；1926.1.2（卷二：4）；1929.10.30（卷二：367）；1934.11.8（卷三403—404）；1935.12.9（卷三：522）；1936.1.1（卷四：2）；1937.3.25（卷四：150）；1940.7.6（卷五：48）；1940.10.1（卷五：75）；1941.3.29（卷五：152—153）；1941.11.12（卷五：231）；1941.12.17（卷五：240）；1944.2.29（卷五：433）。

卷五：101）江户城式的东京①之不复，"江户儿"（老东京人）的大量死伤，新型工业都市、消费都市东京之崛起，大众文化时代的到来都使其感到失落和悲戚。

《日乘》中，荷风并不讳言对"乡下人"的鄙薄，②蔑称其为"日本人与黑奴③繁殖的、海量的老鼠"（1922.4.2，卷一：230），甚至声称自己不读报纸的原因之一是由于他们"以乡下方言报道都会事件"（1928.9.18，卷二：289）④。值得注意的是，"乡下人"——这种知识精英在社会批评意义上使用的贬损修辞，却常被荷风借以进行政治批判。例如，1940年11月的日记中他嘲讽道："要是有人觉得此番新政治⑤是乡下人搞出来的也用不着惊愕，它在性质与品质上与法国革命、明治维新之变是截然不同的。"（1940.11.16，卷五：102）三年后，他又以同样的姿态指出，

---

① 就像马尔文·马克斯（Marvin Marcus）指出的那样："永井荷风对于他自己称之为异化的、令人厌恶的城市景观表现出一种明显的反感情绪。他这种美学上的厌恶，含有对于明治政权的强烈不满，并导向了他自己的文学创作，这种文学总在召唤读者回想起更古老的、'江户城式'的东京，包括其与众不同的邻里社区、小巷和场所。"参见马尔文·马克斯：《永井荷风的文学漫步：都市漫游与日本现代性的反映》，郑以译，载《文化研究》2013年第5期，第93页。
② 参见：1922.4.11（卷一：231）；1940.1.30（卷五：13）；1940.4.17（卷五：30）；1941.4.29（卷五：163）。
③ 荷风对于奴隶情感复杂，明治末期游学美国期间，曾在致"木曜会"（1904年某月）的信中表达了对其命运的悲悯，然而翌年看到美国的"下贱之处"，又在致友人生田葵山的信（1905.4.13）中表示"平民主义"等虽可作为理想而存在，但并不可取。[永井壮吉：『荷風全集』（第25卷）、東京：岩波書店、1965年5月、第13、20頁。]换言之，对奴隶的同情在他那里，始终是一种虚空的人道主义观念，而厌恶和疏离才是其现实选项；落实到对日本"乡下人"的态度，其状殊同。
④ 当然，荷风平日流连于勾栏瓦肆、游冶于花街柳巷的不羁行止，常被媒体攻讦；此外，部分媒体记者倨傲无礼，报纸杂志出于经济利益或政治恐惧而不能客观报道等因素，也是其排斥大众传媒的重要原因。参见：1925.12.24（卷一：419）；1929.10.8（卷二：362）；1930.3.29（卷二：393）；1934.3.17（卷三：334）；1935.4.15（卷三：447）；1944.10.7（卷五：492）等。另外，引文中所谓"乡下人的方言"实则指向了言文一致后的日语，这与荷风一贯的崇古倾向是相悖的。
⑤ 从时间脉络上以及荷风在这一时期激烈嘲讽的"一元化"支配来看，这里的"新政治"指的是1940—1941年以近卫文麿为中心推进的法西斯主义集权体制。1940年中日战争陷入僵局，日本效仿德国、意大利的法西斯一党独裁体制，解散了诸政党。第二次近卫内阁成立后，1940年10月，包括了政党、官僚、军部等政治势力在内的大政翼赞会成立，确立了日本型的法西斯主义体制。

"日本人嘴上所说的爱国与乡下人对故乡的骄傲没有区别,他们都丝毫不谈短处和缺点"。(1943.7.5,卷五:360) 文明批评家的政治观察固然有着不可忽视的问题,但在论述其得失之前,文化贵族睥睨傲视的姿态背后,"现代日本"作为一种文明批评意义上的反讽是不容忽视的。荷风意在以此批判大正、昭和初期"现代日本人"虽在生活、身体、器物层面虽已进入了都市和"现代",但智德、风习、观念层面依然停滞在乡村和"前现代"的错位。荷风并非观念上的反近代论者,在《新归国者日记》《江户艺术论》等明治末期、大正初期出版的作品中,留洋归国的荷风已在激烈批判形神背离的明治近代化。[1] 而在大正时期,这一批评明显发生了转变,他逐渐将批判对象由蹩脚的东京都市景观转向了"乡下人"导致的都市社会粗鄙化、暴戾化。荷风沮丧地发现"现代日本人""就个人毫无觉醒可言,与封建时代无异"(1919.7.20,卷一:136),甚至在 1944 年日本已四面楚歌之际,他还不忘讥讽愚昧无措的"现代人"是"阳痿的藩民"(1944.7.2,卷五:463),哀叹"与这些喜好喧嚣的愚民一起生活,真比坐牢还要痛苦。美军早点来吧"。(1944.8.14,卷五:477) 换言之,在"近代化的自我"尚未脱胎而出、得以确立之前,近代都市中却已涌入了大量浮游其间的"封建遗民"、未觉醒的"原子化的个人",这给都市社会甚至国家命运带来了诸多不确定性。

风起于青萍之末。社会结构的剧变、阶层秩序的崩溃甚至让荷风早在大正时代便嗅到了似同"幕末乱世"的气息:

> 由新闻报道推察世事,天下人心日渐凶恶,眼红富贵,喜好革命。当此之际,我一身多病,无有可为,徒浪费先人遗产,暖衣饱

---

[1] 永井荷風:「新帰朝者日記」(『中央公論』1909 年 10 月号初出)、『荷風全集』(第 4 巻)、東京:岩波書店、1964 年 8 月、第 183—184、第 194、200 頁;「江戸芸術論」(籾山書店、1920 年 3 月初版)、『荷風全集』(第 14 巻)、東京:岩波書店、1963 年 6 月、第 3 頁。

食，虚度岁月，时而心甚不安，然观幕末乱世之际，江户浮世绘画师、戏作家流之所为，他们在戎马倥偬之际，仍泰然处之，如处太平之世。或试为滑稽讽刺之戏作，或制淫猥之图画。今日观其态度，让人惊叹。狂斋的讽刺画，芳几的春画，鲁文的著作，默阿弥的狂言皆足可为证。我又何故徒然忧闷，自当效颦于江户戏作家。（1919.4.6，卷一：125—126）

乱世之中，他试图以游戏心态纾解内心忧闷，甘为无用之人①。而据其自称，这一心态乃因"大逆事件"②而起。1919年12月，在发表于《改造》的小品文《花火》③中，他谈及自己目睹了押送"大逆事件"死刑犯的马车时称：

我既然是文学家，便不能对这样的思想问题保持缄默。小说家左拉不就曾因为德雷福斯事件发出正义之声而亡命海外吗？然而，我却与世上的文学家一道，缄默不语。不觉间，我已难忍良心之痛，为身为文学家的自己甚感羞耻。自那以后，我就想把艺术品味拉低到江户戏作家的程度，开始带着烟盒搜集浮世绘，弹起了三弦。江户的戏作

---

① 寺门静轩的《江户繁昌记》便是"斯无用之人而录斯无用之事"。［静軒居士：『江戸繁盛記』（克己塾蔵版）、『新日本古典文学大系』（100）、東京：岩波書店、1989年10月、第427頁］荷风也曾将其室命名为"无用庵"（1917.9.20，卷一：74），与前贤之间的精神赓续关系显而易见。
② 1910年5月，日本警察声称破获了一起社会主义者和无政府主义者企图用炸弹谋杀明治天皇的事件，并以此为由展开了一场对社会主义者和无政府主义者的镇压。1911年1月法庭判决了24名被告死刑，实际执行者12名，包括著名媒体人幸德秋水。
③ 事实上，《花火》一文应是受到1919年6月28日《凡尔赛和约》签订之刺激而写就的。根据条约，战前德国在山东的特权被转交给日本，中国利益严重受损，日本则为此举国欢庆。在7月1日的日记中，荷风记曰："今天是德国投降和平条约签订的庆祝日。工场、银行尽皆歇业，陋巷中家家都挂出了国旗。……整天煮糨糊贴壁纸，同时为题为《庆祝日之夜》的小品文打腹稿。从追忆明治二十三年宪法颁布的庆祝日，写到近年庆祝日韩合并以及［大正］天皇即位之夜的热闹情景，思之所至信笔写下去，应该就能在隐约之间自然地表现出一介逸民与一个时代的扞格不入。"（卷一：135）日记既坦陈了在全民政治狂欢中个人的"不合时宜"，又道明了时代政治之下自觉的主体立场。

家、浮世绘画师们认为,无论是黑船开到浦贺,还是大老在樱田门遭遇暗杀,这些事都与自己无关。——不,这么说反倒有些惶恐——他们故作不知地写着色情读物、画着春画。与其说我惊愕于他们那一瞬之心曲,毋宁说他们让我顿生敬意。①

荷风对天保改革之际江户戏作家心境的体认和推赏亦可在1912年6月16日致井上精一的书信中得到确证。② 无法像左拉那般进行直接、无畏的政治反抗,使荷风颇感压抑,为了安稳度日,他选择了一种隐晦的方式,背对时代,以"故作不知"的姿态礼赞那些被压抑而不屈、倔强存活的"低俗文艺"。

H. D. 哈洛特宁(H. D. Harootunian)在考察德川晚期的文化和思想时指出,这一时期的文化实践中典型的"身体性"主要表现为戏作家、版画作家们对身体、享乐的凸显,他们将日常生活从整体生活、集体主义中解放出来,"提供给人们一些替代公共事务和官方意识形态的方案"。同时他也观察到,当时还有一批诸如司马江汉这般的道德家、思想家,他们"曾警告国人,浸淫于由戏剧世界所激发的游戏和享乐的社会观念中,必然会对传统的道德规范带来威胁","使人们意识不到集体目标的必要性"。③ 而以人欲对抗官方话语塑造的"天理"毋宁说正是彼时的戏作家们遭遇文字狱之致因。作为创作者,荷风在观念、写作甚至生活方式层面④都全面赓续了前辈们消解、对抗整体与权威的民间意识和玩世不恭的江户精神。在《江户艺术论》中他已明言,江户时代的浮世绘已"隐约奏响了不屈于政

---

① 永井荷風:「花火」(『改造』1919年12月号初出)、『荷風全集』(第15卷)、東京:岩波書店、1963年11月、第12頁。
② 永井荷風:「井上精一宛」(1912年6月16日)、『荷風全集』(第25卷)、東京:岩波書店、1965年5月、第46頁。
③ H. D. 哈洛特宁:《德川晚期的文化与思想》,马里乌斯·B. 詹森主编,王翔译:《剑桥日本史》,杭州:浙江大学出版社,2014年3月,第168—173页。
④ 真銅正宏:「荷風万華鏡——永井荷風著作解題」、『ユリイカ』1969年3月号、第288頁。

府的迫害，显示了平民意气的凯歌"，证明了"对抗官营艺术之虚妄的、真正自由艺术的胜利"。①《日乘》中荷风又直言，春画等才是"值得其他民族一看的不可思议之艺术"（1919.5.12，卷一：130）。而在大正之世，不惮大肆鼓吹"低俗文艺"的价值实则别有幽怀，借其自家的话来说，"如今声称时代完全变革了，但归根结底这只是外观，一旦用合理的眼光看穿其外表，武断政治②之精神与百年以前毫无二致"。在时代的丑陋已"不再能煽动起愤慨之情"时，它便会转化为一种"最佳的讽刺、滑稽材料"。③因此，鉴赏浮世绘不过是"在一种特别情况下喜爱一种特别的艺术罢了"。④质言之，冷笑背后乃是鯁棘于政治威权而难以言表的激愤，这种隐微姿态与其战时的抵抗是一脉相承的。

荷风遁走于社会边缘，以"弃世者"（1935.2.3，卷三：430）自居，他将文笔业视为"社会之外"的行当（1925.12.4，卷一：408），警惕大众文化潮流和商业主义趋势，并以此为举世淫靡浮华之征、"亡国之兆"（1926.1.5，卷二：8），在他看来，唯有古人的学问、道德、艺术方有正心明道之用（1925.12.21，卷一：417；1935.9.25，卷三：495）。因此，荷风对不良书肆在教科书中盗摘《美利坚物语》用于女子教育深怀忧虑，并在一封未寄出的信⑤中抗议称，"在品行、思想两方面，小生对男女青年子弟之教育甚有弊害，……采用当代小说家之戏作以教科书之名卖给子弟以牟

---

① 永井荷風：「江戸芸術論」（籾山書店、1920 年 3 月初版）、『荷風全集』（第 14 卷）、東京：岩波書店、1963 年 6 月、第 5 頁。
② 与"文治政治"相对的"武断政治"，指的是以武力为背景的统治手法，是江户幕府初代将军德川家康至三代将军德川家光这一幕藩体制确立时期采取的统治形式，以庆安之变（1651 年）和承应之变（1652 年）为契机，幕府自四代将军德川家纲起，始走向"文治政治"。
③ 永井荷風：「江戸芸術論」（籾山書店、1920 年 3 月初版）、『荷風全集』（第 14 卷）、東京：岩波書店、1963 年 6 月、第 4 頁。
④ 永井荷風：「江戸芸術論」（籾山書店、1920 年 3 月初版）、『荷風全集』（第 14 卷）、東京：岩波書店、1963 年 6 月、第 6—7 頁。
⑤ 此信乃 1933 年 10 月日记中所抄录者，日记最后附言，这封没寄出去的信乃四五年前所写。无独有偶，荷风在 1932 年 4 月 9 日曾致信三省堂，抗议该社所编教科书中收录其作品，并曾为此向文部省官员递交申诉，而这两点似乎都与引文那封未寄出的信存在着对应关系。（『荷風全集』（第 25 卷）、東京：岩波書店、1965 年 5 月、第 281—282 頁）

利,乃不良书商的常用手段,真为国家感到寒心之至。"(1933.10.7,卷三:238—239)在这里,德川时代的戏作家和道德批评家之双重性格在荷风身上看似奇妙地融而为一,但我们又不得不做一个必要的区分——荷风以身体性来嘲讽、批判的是日渐一元化的军国主义政权;而同时又对山河、文化和道德意义上的"想象的共同体"——日本,怀有忧国之心。在延续了幕末和明治时期知识精英、文化贵族气质的他看来,大众文化兴起的大正时代是"文化亡国"时代。明治以降城乡结构的剧变、关东大地震所带来的人口结构变化,为军国主义自上而下的社会介入提供了底层温床,而军阀政治的对内暴政、对外侵略又进一步瓦解了市民社会。换言之,世风不古一方面是世界诸国近代化历程所共通的、人口社会结构变迁的结果,另一方面也是军政力量自上而下强力重塑所致。丸山真男在分析日本法西斯主义不同于欧洲之特质时,特别强调了其"农本主义"倾向。[1] 应强调的是,军队中下层将校多来自于农村,因此其反工业、反都市倾向恰与大正、昭和时期人口社会结构的变迁耦合。两厢对流的结果让荷风惊觉,"二二六"以降,民间很快便无人对军阀政治感到惶惑。[2]

浪成于微澜之间。《日乘》第一至三卷记述了社会、人心趋暴的诸般情形——从儿童围观小鱼撕咬、模仿"上海战争三勇士"玩战争游戏,到恶童虐打受伤流浪狗、欺负老妪,再到成人赞美军犬、街头斗殴、杀人事件频发,不一而足。[3] 荷风悲哀地发现人们日渐乐观、乐为杀伐之事,其本人亦有被暴汉、无赖胁迫、讨钱的遭遇。[4] 1944年底读到成岛柳北之《航西日记》,忆及明治初年民风淳朴、富于情爱之时,他不禁哀叹,"明

---

[1] 丸山真男著,陈力卫译:《现代政治的思想与行动》,北京:商务印书馆,2018年3月,第37—40页。
[2] 参见:1937.8.24(卷四:200);1939.10.23(卷四:419);1943.10.3(卷五:388)。
[3] 参见:1919.9.22(卷一:142);1930.1.8(卷二:378);1932.4.23(卷三:120);1932.4.25(卷三:121);1932.9.3(卷三:161—162);1933.6.29(卷三:223)。
[4] 参见:1927.7.6(卷二:137)、1927.7.14(卷二:139)、1927.7.25(卷二:142)、1927.7.29,(卷二:143);1928.3.24(卷二:235)。

治以后日本人变坏的原因，全是擅长权谋之术的萨长人夺取了天下之故，而今更是痛感于斯"（1944.11.21，卷五：503），在此三个月前，他更将此次战争之萌芽追溯至西乡隆盛的征韩论（1944.8.4，卷五：472）。此时的荷风已将昭和暴虐的根源上溯到明治中后期萨长军阀的崛起，这无疑是具有历史穿透力的见解。① 若不为《日乘》所限，再向上追溯，事实上早在明治末年，25岁的永井荷风已在致友人的信中表达了对军人崛起危害文坛之隐忧。② 明治以降的军国主义政治及其民间渗透使得社会戾气日盛、道德日鄙是实情。在军阀政治迅速崛起、统御一切的昭和时代，"现代日本"迅速滑向了政治、社会意义上的亡国、亡天下③时代，以至于1944年终，

---

① 川本三郎认为："进入近代后的东京，曾在戊辰战争[1868—1869年王政复古中成立的明治政府击败江户幕府的一次内战。——引者注]时发生过一次分裂。江户风与明治风发生了冲突，……最终集中表现在山手与下町[平民区。——引者注]的对立。其中又有江户与明治的对立、地方的萨、长、土、肥[尊皇倒幕的萨摩、长州、土佐、肥前四强藩。——引者注]武士与江户町民的对比，东京出现了很多阶层。"同时，川本还指出，"戊辰战争中，法国支持德川一方，而英国支持了萨长一方。因此，明治以降，旧幕臣偏爱法国。有人认为荷风学习法语的一个远因便是旧幕臣之感召所致。"（川本三郎、鹿岛茂：「『近代』の誕生、『荷風』の成立」，『ユリイカ』1969年3月号、第94、104頁。）这对于理解身居山手却心系下町的"江户儿"、旧幕臣永井久一郎之子——荷风反感萨长军阀、偏爱法国文学恐怕也是不容忽视的历史视角。实际上，在1920—1940年代，荷风常将军阀暴政与戊辰之变相提并论，（1928.4.10，卷二：242；1940.12.31，卷五：126；1941.6.15，卷五：177）足见其对军阀乱政之厌恶。结合后文注释可知，以下町为象征的江户町人文化、优雅幽邃、文化至上、无为颓废，以"美"为要的法国趣味，与以明治开化为象征的萨长军阀文化、功利浮夸、力量至上、有为进取，以"大"为尊、机械文明的美国趣味对峙。从美国发现了"法国"的价值，就如同在东京发现了下町的意义。
② 「生田葵山宛」（1904年4月26日）、『荷風全集』（第25巻）、東京：岩波書店、1965年5月、第17頁。当然，这种情绪中也不无荷风家族旧幕臣家族渊源之影响。丸山真男在讨论明治时期的民权运动时辨析了"不平"士族的构成，其中一个重要的部分便是"旧幕臣，抑或隶属于佐幕派或中立诸藩，他们为变革的浪潮所翻弄，基于一种'遗臣'意识始终对西南雄藩的主导权心怀怨恨"，"维新政府相继推行的废藩置县、废刀令、秩禄处分等政策，使士族失去了生活基础，损害了他们的名誉感"。（丸山真男著，路平译：《忠诚与反叛——日本转型期的精神史状况》，上海：上海文艺出版社，2021年8月，第45页）然而，这种对国家政治方向的观察与批评自然绝不仅仅起因于家族私怨，因为事实上荷风的外祖父、父亲都已在明治初期的权力洗牌中获得了应有的权位，成为既得利益者。
③ 在《日知录·正始》中，顾炎武指出："有亡国，有亡天下。亡国与亡天下奚辨？曰：易姓改号，谓之亡国。仁义充塞，而至于率兽食人，人将相食，谓之亡天下。……是故知保天下然后知保国。保国者，其君其臣，'肉食者谋之'；保天下者，匹夫之贱与有责焉耳矣。"顾炎武撰、黄汝成集释、栾保群校点：《日知录集释》（中），北京：中华书局，2020年6月，第681—682页。

听着窗外的警报和炮火声，荷风愤然写道："这些都是军人之辈干出来的，他们的罪行永不能忘。"（1944.12.31，卷五：511）《日乘》中，1930年代以降，他的"反军"立场是一以贯之的。

荷风敏锐地观察到，社会上嗜血、好战风气在1930年代初日渐浓厚，乃"五一五事件"和"九一八事变"之影响自上而下波及社会的结果，① 而1936年的"二二六事件"更是日本法西斯主义发展史上的重要分水岭。受此影响，他"不再公开发表作品，完全从文坛隐退"（1942.11.22，卷五：297）。即便在事变三年后，荷风依然认为"国民的温顺、无力让人惊讶。归根结底，这是二月二十六日军人暴动的结果"（1939.12.2，卷四：427）；1945年2月，在日本败象尽显之时，他在日记中感慨内乱发生十周年之际，世情将再次发生变化（1945.2.22，卷六：14）。但更值得注意的是，在此次事变爆发前的2月14日，荷风已在日记里详解了包括军人暴行在内的现代日本堕落之根由："日本现代祸起三事：政党的腐败、军人的过激思想和国民自觉的缺失，而政党腐败与军人的暴行又皆可归因于一般国民自觉之缺失，这是个人没有觉醒之故。然而，个人之觉醒在将来也应该是无望的。"（1936.2.14，卷四：23）将当下政治颓败的两种表现——政党腐败和军阀横暴归结为个人觉醒之缺失，是一个深受法国思想熏染的文明批评家自下而上的政治观察视角。但在他那里，所谓政党腐败、军队的过激思想、国民之自觉，是作为三个感性的、静态的、结论性的要素出现的，而对这三个小结构各自历史性形成过程的厘清，以及政治学层面对其彼此之间力量关系的解析都付之阙如。由是，"国民（个人）-政党/军队"的大结构也必然走向虚空，对个人觉醒之期许也必是悲观的。然而，战后日本历史经验已然证明了"个人觉醒"之条件以及政党、军队、个人之间的动态生成关系。

《日乘》中对政党的批判主要出现在1920年代（1927.11.27，卷二：

---

① 参见：1932.12.6（卷三：191）；1935.7.24（卷三：471）；1935.9.6（卷三：490）。

191；1928.4.10，卷二：242），而对于军阀政治虽早在大正时期已有微词（对五四运动以降中国排日运动的观察，1919.5.25，卷一：131），但正式地对其展开批判却大抵是在政党内阁终结后开始的，因为后者给日本带来的弊害自此由受约束的外向化转向了不受约束的内外兼治。日本近代的政党内阁始于原敬，1921年原敬遇刺当日，荷风却表现出了极大的冷漠，他表示："我对政治不感兴趣，一个大臣之死与牛马之死无异，我不会有任何感动之情。"（1921.11.5，卷一：212）这一看似与江户戏作家相通的姿态中，却隐含着关切现实政治却又极度失望的愤懑。就像安德鲁·戈登在评述1920年代的日本政党政治时所指出的那样："因为在政党掌握权力后，它要与党外人士妥协及合作，具有理想的政治家便批评政党为了攫取权力，不惜出卖人民。这种批评，不但来自新闻界及学术界，亦来自社会大众。"① 不但如此，他们在国际舞台上秉持的中道、妥协路线，也使其在激越的社会氛围中遭到民众的不满和唾弃。② 1932年，日本的政党政治以政友会内阁倒台为标志走向终焉。在1941年政党被解散、一国一党（大政翼赞会）体制确立后，他才在现实中感受到法西斯主义一元化政治的弊害，7月18日记曰："今早在报纸上看到，内阁仅留下近卫一人，其他阁僚已全遭替换，就像当初就计划好了的假把戏。总之，以后军部将愈发专横，社会将更加黑暗。"（卷五：188）颇值得玩味的是，时过境迁，1943年2月28日，《日乘》记录了一位理发店老板珍藏原敬头发以为怀念之事（卷五：325），尽管未加评论，但在严酷的战时语境下，荷风对大正时期的民主主义、政党政治应该已有新的认识。

1936年的荷风看到了政党政治与军人过激思想各自的弊害，他将国家问题归结为自下而上的"个人觉醒的缺失"，所乐见的是社会良序之复归，却有意无意间忽视了政治制度自上而下对社会秩序强大的塑造功能，无视

---

① 安德鲁·戈登著，李朝津译：《现代日本史：从德川时代到21世纪》，北京：中信出版社，2017年10月，第266页。
② 参见本书《"正直的老鹰"与"卑鄙的鸽子"》一章。

了《大日本帝国宪法》所规定的天皇制国体，以及《军人敕谕》和《教育敕语》对个人觉醒的决定性妨害——社会的崩溃、个人的粗鄙和暴戾也是"权力的毛细管作用"（王汎森语）之结果。1890年颁布的《教育敕语》规定了皇室利益高于一切，并要求全体"臣民"维护天皇制国体，这是近代日本悲剧之思想起源。其中的《教育敕语》也是以元田永孚为代表的复古派与荷风在日记中所揶揄的开化派伊藤博文激烈论争，最终前者战胜了后者的产物。尽管明治时期西园寺公望曾批评其中的国家主义倾向，甚至还出现过内村鉴三拒绝向《教育敕语》行礼的"不敬事件"，但时至昭和年间，敕语已被不断绝对化、神圣化，成为学生必须背诵的对象，学校须兴建特别的奉安殿安置之，1938年《国家总动员法》通过后，更一跃成为军国主义的教典，"个人觉醒"因此成为奢望。而1878年颁布的《军人敕谕》更是西南战争、竹桥事件①、自由民权运动等情势倒逼出来的产物，为后来军国主义的崛起提供了坚实而广泛的思想基础，也是荷风所谓军人横暴之制度渊薮。战后，他对"自由民主"为军人所剿灭、文化和日本式美感因武力而殄灭（1945.9.26，卷六：81）深感忧虑，却没有看清后者得以消灭前者之历史源流——指导了明治以降日本社会、文化发展整体走向的，正是天皇制国家意识形态。

值得注意的是，在战败前的日记中荷风对天皇的评说并不多见。② 在

---

① 竹桥事件，又称"竹桥骚动"。1878年8月23日，近卫炮兵260余人因不满政府拖延对前年西南战争有功人员的奖赏和战后削减军饷而发动叛乱。叛乱者杀死大队长、炮击大藏大臣官邸，还计划攻打赤坂临时皇宫和与近卫步兵合作烧毁皇宫，逮捕各大臣。但政府随即派兵镇压，叛军53人被处以死刑。这一事件给明治政府造成了巨大的冲击，成为1882年《军人敕谕》颁布的动因之一。
② 这究竟是担心日记外泄，抑或是被警宪查获而招致笔祸之考量，还是其内心尊重皇室，真实想法尚不得而知。由下一注释推断，恐为后者。新藤兼人认为，荷风的这段日记"并非支持天皇制，而是一种敬重尊长的写法。天皇只是一个人，报道这样一个人需要注意分寸"。（新藤兼人：『「断肠亭日乘」を読む』、東京：岩波書店、2009年5月、第153頁）但荷风显然并未将"诗性幻想"的对象天皇只视作"一个人"。尽管他于1941年6月15日读过喜多村筠庭的《筠庭杂录》，对神泽杜口不畏天子、将军之威的勇气深感敬服，并立志效仿之，然而在后续的日记中，依然对评论天皇持审慎态度。战败初期荷风一度称天皇为"亡国天子"，在1952年获颁"文化勋章"的日记中方改成"陛下"。（1946.5.26，卷六：142；1952.11.3，卷六：397）

极为有限的评论中,他对媒体以报道天皇病笃之状冒渎明治、大正二帝之神格深感不满(1926.12.14,卷二:86);① 即便战败初期,他依然将战败根由归结为昭和日本没有敢于牺牲、智勇兼备、堪比胜海舟之良臣(1945.9.28,卷六:83)。同样地,在昭和初年讨论日本乱世之象时,荷风虽批评了"以忠君爱国为名从事掠夺之业"(卷二:266)者,然而对"忠君爱国"的军国主义意识形态本身却无动于衷。面对天皇以及天皇制国体,他是沉默者甚至维护者,同时却又是支撑这一国体诸种政治力量的激烈批判者。国会、政党、陆军、海军、元老、重臣等都在《日乘》中一一沦为荷风指斥的对象,但在这份留给"后世史家的资料"中,他却未能揭示在天皇制的国体框架下各方力量之间有机关联、相互牵制、此消彼长的力量关系,以及由此生成的动态不确定性和"不负责任的体系"。如此,便难以觅见"现代日本"走向崩溃的历史性形成过程及其政治、思想根源,这是颇值得今人深思的。

另外,前引1940年11月16日的日记表明,荷风对战时"新政治"的不满是以法国大革命和明治维新为参照系而产生的,由此不难看出他对于明治维新的推赏。然而,这一心境却须再做审慎的辨析。《日乘》中,荷风揶揄了木户孝允、大久保利通、伊藤博文等明治元勋从坚定地将"锁国攘夷"作为既定国策、直至欧美归来后决计开国的转向,并盛赞了其对立面"堀田备中守、井伊扫部头"之开明(1935.12.14,卷三:524—525);而对一些日本人谈及明治维新时言必称"萨长志士"的民族主义排外倾向②深

---

① 大正天皇病笃前后,媒体纷纷报道其病状。1926年12月14日,荷风在日记中抱怨,明治、大正两位天皇之病状、死因"是国家的一件大事,我国古来的传说此时完全被破坏掉了。我国天子自其降生起便受到神一般的尊崇,公开发表(明治天皇)死于尿毒症这样的事实,甚伤人们对于君主诗性幻想之美。自古以来,支那人在记录伟人英雄之死时,常说成化为仙人、不知所踪,可以说正因此故。……让车夫、下女之辈都购读报纸号外,对天子病状品头论足,冒渎之罪,莫此为大"(卷二:86)。对天皇这一政治实体做出宗教式"诗性幻想"之神秘主义倾向正暴露了永井文人论政的缺陷,当然这也是日本近代化悲剧的根源之一。
② 事实上,军国主义者所谓"昭和维新"正是在精神上绕过了所谓的"大正民主"而奉明治维新为正朔的。

感不满（1935.6.16，卷三：462），甚至希图通过阅读《圣经·旧约》探究日本人排外思想的由来，追问基督教和佛教在何种程度上教化了"日本岛国人种的思想生活"（1940.10.3，卷五：76）。在政治、文化氛围日趋保守、闭塞的1930年代中期，荷风对明治维新的臧否倾向及其现实指向不言自明。同样地，尽管对江户风情心向往之，但他也从昭和当下的日本透视到了幕末的政治、精神遗毒，如"官权万能，人民顺从"、将自己所好强加于人，以及暗杀等等，[①] 其间不难看出其对国民自立精神，对自由、民主、开放的政治、文化环境之渴念，以及对威权政治下封闭自守、夜郎自大的民族主义氛围之不满。尽管对幕末、明治时期日本政治的诸种病弊颇多微词，但这并不妨碍他对两个时期日本社会风俗、人情风采、文化品位的"选择性神往"。作为现代"异乡人"，他常试图通过对先贤、异国人著述的阅读以及日常实地踏勘来梦回江户、感知明治。[②] 具体到明治时代，荷风将二叶亭四迷和森鸥外的时代视为"日本文化的顶点"，认为斯世不复（1944.6.29，卷五：455）。而回顾明治文学，他对幸田露伴、森鸥外道德文章的推赏中，又呈现出明确的崇古倾向（1923.5.17，卷一：274—275；1924.3.18，卷一：315—316），由此不难看出，荷风描绘出了一条以明治文化为顶点的开口向下的抛物线，相形之下，也不回避对大正、昭和当下的怨怼。

显然，他是将社会、文化与政治分别看待的，而这也是远离权力、疏离社会的文明批评家、社会批评家政治观察之症结所在。如此，就不难理解在前引"二二六"前夕的日本社会批判日记中荷风涂抹掉的那六行字中的暧昧了。经编者整理复原后可知，在这些文字中，荷风表达了

[①] 参见：1929.10.18（卷二：364）；1932.3.5（卷三：89—90）；1933.10.29（卷三：259）；1939.9.21（卷四：410）。
[②] 关于荷风对幕末时期日本文化的神往，可参见前文；对明治时期的社会、文化的追怀，可参见：1918.7.6（卷一：95）；1919.3.26（卷一：124）；1934.2.6（卷三：314）；1935.4.17（卷三：445）；1940.6.10（卷五：41）；1940.9.30（卷五：75）；1942.11.2（卷五：295）；1944.8.7（卷五：475—476）；1945.9.5（卷六：72）。

对有着传统精神修养的"过去的日本人"那种无欲恬淡、精神丰足之生活的向往，并以此作为"现代一般日本人"批判的参照系（1936.2.14，卷四：437）。但事实上，无论明治还是幕末都不是"无欲恬淡"的桃源时代（江户时代毋宁说是纵欲的时代），荷风那种爱恨交织的两难、选择性神往决定了"过去的日本人"不可能有一个明晰的指向，只能是一个以批判当下为指归的历史重构、一个无实地附着的乌托邦、一个美好的文学憧憬。

三、吾道不孤：世界主义视域下"现代日本"的形神、敌友

荷风之追昔有着关乎文化气象与风度的抚今指向。1944年8月4日例行曝书时，他颇感神伤："念及明治文化未几将亡，做什么事都提不起精神，心中只有无尽的绝望、失落和不舍。回望日本人之过往，日本文化唯有受到海外思想感化时方得发展。奈良朝佛教之盛、江户时代儒教之兴、明治时代导入西洋文化之灿皆可为证。海外思想感化衰落之际，日本国内则必成戎马倥偬之地。"（卷五：471—472）此前因制作毛笔的羊毫无法从中国进货，荷风甚至一度哀叹"日本文化灭亡之日不远矣"（1943.4.7，卷五：337）。此情可待成追忆，只是当时已惘然。在文化最终败给了武力、战火之时，荷风追念的乃是大正时期其所百般揶揄[①]的明治日本曾有的开放性和包容性。他深知，开放乃有和平之日与斯文之盛，锁国致有兵燹之

[①] 昭和初年，荷风所批判的却正是延续了明治遗风、大正文化惯性的激进西化、"和洋折衷"美学、社会问题以及国际化中的选择性问题。从对歌剧自西徂东橘枳之变的嘲讽，到日人以剽窃西人为能事、开国六十年无一发明的齿冷，他基于生活实感、日常观察，对日本"外发的近代化""仿制的现代性"及其造就的生活畸态百般揶揄。参见：1919.1.29（卷一：120）；1925.10.12（卷一：388）；1925.12.23（卷一：419）；1926.11.20（卷二：80）；1928.12.2（卷二：302）；1946.4.28（卷六：136）。进而，现代日本人学艺有始无终、朝三暮四导致的本末倒置、形神乖离、见利忘义，无不在其批判射程之内。参见：1928.2.3（卷二：214）；1929.9.7（卷二：358）；1929.10.28（卷二：366）；1930.4.4（卷二：396）；1930.6.17（卷二：407）；1939.8.31（卷四：405）。

灾和思想之衰，这是其兼有东、西文化教养的家世和教育背景①所赋予他的国际视野，也是"过去的日本"文化之昌兴昭示的历史经验。较之于明治时期无主体性地吸纳西洋文明，开放性之丧失所导致的僵化与一元化则意味着更大的文明危机，遑论开放带来经济之利。在日本因巨大的战争消耗、英美制裁不断强化而陷入全面困顿的境况下，此感尤深："欧洲第一次世界大战后日本人生活的提高建基于远东地区英美工商业的繁荣。"（1944.6.29，卷五：455）

在关于"日本何以至此"的追问中，荷风发现"现代日本"之堕落与西方亦不无干系。在日、西的诸般相遇中，现代社会的粗鄙、暴戾乃"江户往昔与西洋当下的恶习偶然汇聚一处"（1925.12.17，卷一：414）的结果；而文艺界之堕落则被归因于从业者缺乏理解江户文学和西方骑士气质的能力（1929.1.31，卷二：320）。这是其长期以来兼有"西洋崇拜"和江户趣味双重偏好②的观念对应物。遗憾的是，他发现"现代日本"并未从其先贤和中、欧诸国赓续美德良俗，反倒熏染了古今内外的诸多恶习。③ 就中，典型的案例便是暗杀。1923 年，在难波大助因"虎门事件"④ 被执行死刑三日后，荷风记曰："现代日本人生活，无论大事小情，无不模仿欧洲文明之皮相，大助的犯罪只是其一端。"（1924.11.16，卷

---

① 永井荷风的外祖父鹭津毅堂乃尾张藩儒者，明治维新后先后出任大学校少丞、陆前国登米县权知事、司法省宣教判官，1881 年成为东京学士会院会员。荷风之父永井久一郎曾师事毅堂，后奉藩命留学美国，归国后先后任职于工部省、文部省、内务省卫生局等部门，后出任帝国大学书记官、文部大臣首席秘书官等职。1897 年辞去文部省职务，在西园寺公望、伊藤博文、加藤高明等人的斡旋和支持下出任日本邮船上海支店长，在华期间与中国诗界精英交游广泛。可以说，荷风的父祖两代在政、商、文三界都人脉深广且多有建树，如此家世培植了其汉学根基和西学趣味，更为其留下丰厚的家产。
② 在 1904 年 4 月 26 日致友人生田葵山的信中，荷风坦言自己兼有时髦的"西洋崇拜"倾向，又有保守的江户趣味。『荷風全集』（第 25 卷）、東京：岩波書店、1965 年 5 月、第 14 頁。
③ 尽管在文化层面对中国心向往之，但《日乘》中，中国却并不是"恶习"意义上的缺席者，在论及军国主义暴政、"武断政治"时，荷风便常以秦始皇讽喻之。参见：1934.11.10（卷三：404）；1940.8.7（卷五：56）；1943.12.31（卷五：419）；1944.1.25（卷五：429）。
④ "虎门事件"指 1923 年 12 月 27 日，无政府主义者难波大助在麹町区虎门外狙击时任摄政王的皇太子裕仁（后成为昭和天皇）的暗杀事件。

一：344）1932年2、3月之间，前财务大臣井上准之助、三井财阀团琢磨先后遭暗杀（即"血盟团事件"）。在得知两案凶手皆为水户人时，他认为："水户人原本就嗜杀，自安政年间的樱田事变以来就不少见。凡事利弊相伴，时至昭和当下，水户人依旧嗜杀。总之，此乃水户儒学之余弊。"（1932.3.5，卷三：90）"血盟团事件"两月后又发生了"五一五事件"，《日乘》对此评论称："近年来暗杀事件频发，不逊于明治维新前后。……有人说，此番军人之暴行乃是效仿了意大利法西斯主义，我国现代社会大小事件无不模仿西洋，像模仿意大利法西斯这种事情毫不足怪。也有人说，暗杀乃我国古来之特技，并非模仿。"（1932.5.15，卷三：132—133）时值1932年，甲午中日战争以降频仍的对外征伐让荷风忧心忡忡："风闻日本陆军已将从'满洲'到蒙古的土地纳入囊中，威压俄国。但愿日本不要穷兵黩武，重蹈德意志帝国的覆辙。"（1932.4.9，卷三：112—113）1940年9月，德、意两国已从1930年代荷风警惕、恐惧与嘲讽的恶友①，成为了现实中日本的盟友。闻知三国结盟之讯，他愤然记曰："风闻日本与德、意两国缔结了盟约。（此间三行稍有剪裁，以下为栏外所补）爱国者们常言，日本有举世无双的精神，无需仿效外国。然此番却自愿卑躬屈膝，与侵略不仁之国缔结盟约，国家之耻莫此为甚。其原因虽不一而足，但我认为终究还是儒教衰灭的结果。（以上补）"（1940.9.28，卷五：74）由此不难窥知，荷风之所以反对日本加入轴心国集团，其道德基础乃是儒家"仁"的观念。1932年10月，在阅读到报纸上关于"'满洲'外交问题"的报道时，他列举动物界诸般实例，论证"弱肉未必会被强食"（1932.10.3，卷三：169—170），据此批评日本的"满洲"政策。战败后回望过往，荷风自解称：

---

① 参见：1936.11.27（卷四：112）；1937.11.7（卷四：224）；1939.5.10（卷四：377）；1939.8.28（卷四：404）；1940.4.30（卷五：32）；1941.1.25（卷五：135）；1943.3.31（卷五：336）。

"我并非世上所说的爱国者,亦非英美崇拜者,① 只是不禁会有怜悯被欺者、抑强救弱之心。"(1945.9.28,卷五:83)这些引文明示了荷风对强权侵略的抗逆、站在弱者一方并为之鼓与呼的悲悯,乃是出于儒家式的恻隐之心、仁爱思想和西洋式的人道主义观念。

如果说对德、意法西斯恃强凌弱之痛恶折射出的是这一观念的一面,那么对中、朝、法、荷、波兰等受侵略诸国的同情则是呈现出了另一面。从这个意义上来说,应对荷风"反战"这一复杂的观念作进一步辨析。首先,较之于国家利益和国际关系力量强弱对比的考量,他对侵略战争的批判是在文化和道义层面展开的。荷风对法国的游学生活、人物风度、文艺情致的怀恋、倾倒和认同,以及对法国文学的偏嗜是人所共知的。在风雨如晦的极端年代,法国文学也曾使其获得了难得的精神慰藉。② 同样地,荷风对战时法国之命运亦拳拳在念,极为在意周围人士、日本媒体对欧洲

---

① 荷风确非英美崇拜者,《日乘》中对自己没有实感的英国所论甚少,倒时见其对美国的批评。较之于法国,无论是对留美时期对部分美国学生不讲礼仪的回忆(1928.6.29,卷二:266),还是对留学时代美国新兴都市无雅致可言的评论(1932.9.11,卷三:163),荷风对新兴强国美国的人情、世风俱无太高评价。尽管在日记中他不断呼吁美国以战争的形式给日本以最深刻的教训,但依然会批评美国禁止古巴使用本国语言唱歌(1941.2.4,卷五:139),愤慨于占领日本的"美夷"挑逗日本舞女等恃强凌弱的做派(1949.10.3,卷六:309),这与其人道主义精神、自由意志是始终如一的。事实上,荷风对美国文化的反感也是溢于言表的,详见下条注释。
② 荷风对法国生活、人物、文艺情致的怀恋和倾倒,可参见:1919.9.24(卷一:142—143);1919.12.6(卷一:152);1922.2.13(卷一:224);1922.3.20(卷一:229);1926.12.20(卷二:89);1935.1.14(卷三:425);1943.4.17(卷五:340);1943.5.6(卷五:345);1944.8.25(卷五:480)等。荷风以"法国文学为中心"的阅读史,日本学者有充分的整理可资参阅:志保田務、赤瀬雅子『大正期作家の読書遍歴に関する書誌的研究――荷風の読書遍歴書誌』(その一―七)、『総合研究所報』第12卷第3号―第14卷第3号(1987.3.31—1989.3.31)。其中尤须强调的是,荷风对法国文艺的偏爱是建立在与英国、美国、俄国文艺之比较的基础上的。游学美、法期间,荷风发现,较之于托尔斯泰式的沉郁,法国悲剧的华丽更适合自己(致生田葵山,1904年4月26日);较之英国文学的宗教性,法国文学的典雅更适合自己(致生田葵山,1905年4月13日);美国戏剧偶见名伶,而法国的卓越则是整体性的(致西村渚山,1908年4月17日;致西村惠次郎,1908年4月17日);美国的文艺皆是对欧洲的照搬或模仿,尽管在工业、电气等方面几乎是全球第一,但"一见到实物,则诗兴荡然无存,全无写作之念"(致西村惠次郎,1905年4月1日)。『荷風全集』(第25卷)、東京:岩波書店、1965年5月、第15、18、31、125—126、96—97頁。由此可知,能否激发诗兴,是荷风异国观察的一个重要的(转下页)

战场尤其是德法战况的评论、报道倾向，为欧美反德军事力量的胜果感到振奋，尤其心盼法国获胜。① 此情就像在闻知德波开战后，他旋即"祈祷肖邦、显克维奇的祖国拥有胜利之荣光"（1939.9.2，卷四：406）一样。事实上，战时对法国的遥念中内隐着他对自由国度、文艺圣地沦陷之痛惜，毕竟早在明治末期，对荷风的文学立场、政治抵抗构成观念支撑的正是左拉、波德莱尔和福楼拜等法国文学巨匠。② 落实到与己相关的实践层面，荷风在德法之间的道义站位展现在对自家文学外译的抉择上：

> 1941.11.19：国际文化振兴会一位名叫黑田清的人来传话说，德国人 Oscar Beur③ 想翻译拙作小说《面影》，希望得到我的授权。我不希望拙作被德国人读到，因此礼貌地回绝了。（卷五：233）

（续上注）
维度，这是颇值得注意的视角。此外，鹿岛茂的看法也可作为一种参考，他认为："荷风对巴黎的憧憬，从某种意义上来说，受到了纽约的上流社会视线的影响并为之所同化，他们怀有巴黎憧憬，并以此审视自己纽约的同伴。……荷风到了纽约才发现，自己厌弃美国文化，或者说新兴的、发展中的文化，而被古典的，或者说已经完成并枯朽的颓废所吸引，是经由美国而形成的感受。"（川本三郎、鹿岛茂：「『近代』の誕生、『荷風』の成立」、第 100—101 頁）另外，荷风游学美国时期，彼邦的排日氛围恐怕也是其对美国印象欠佳的一个不容忽视的原因，参见：「木曜会宛」（1904 年某月）、『荷風全集』（第 25 卷）、東京：岩波書店，1965 年 5 月、第 11—12 頁。
① 参见：1939.10.18（卷四：416）；1940.5.16（卷五：34—35）；1940.5.19（卷五：35）；1940.6.19（卷五：43）。荷风深知，"欧罗巴全面停战之日，日本的社会状态也自会转变"，也就是说，关注欧洲战局，实则也是关切本国命运。（1941.6.15，卷五：176—177）
② 永井荷風：「フランス物語の發賣禁止」（『読売新聞』1909 年 4 月 11 日初出）、『荷風全集』（第 26 卷）、東京：岩波書店，1965 年 1 月、第 89 頁。
③ 根据荷风日记中记载推测，此人疑为奥斯卡·本尔（Oscar Benl, 1914—1986）之讹。本尔是德国的日本学家。1933 年，本尔在慕尼黑和汉堡学习法律，1935 年修习汉学。1937 年至 1940 年，又到东京帝国大学学习日本古典文学。返德后，他于 1941 年至 1945 年在汉堡大学日本语言和文化系担任研究助理，并于 1943 年以《世阿弥的艺术理想》获得博士学位。1941 年至 1945 年期间，本尔曾服兵役（包括担任国防军的翻译），1944 年他受雇于德国驻东京大使馆。1947 年返回德国，并于 1948 年，以日本研究著作《十六世纪日本诗学的发展》获得慕尼黑大学教职，1953 年被任命为杰出教授，最终于 1956 年任正教授，直至 1983 年退休。本尔曾翻译了包括吉田兼好的《徒然草》、志贺直哉的《范某的犯罪》、川端康成的《雪国》和《伊豆的舞女》、太宰治的《斜阳》、三岛由纪夫的《潮骚》在内的诸多日本古典和近现代文学作品，并撰写了若干有关禅宗和日本传统戏剧的文章。1944 年本尔曾任职于德国驻日使馆的经历为其与荷风的面识提供了时机。

1941.11.26：这次是文艺会馆出面斡旋德国人翻译拙著《面影》一事，复信回绝。我的作品还是被德国人盯上了，真是可怕又可悲。（卷五：235）

1942.4.2：又有一位在东京的德国人希望把我的旧著《两个妻子》以及《新桥夜话》中的《美男》一篇译为德文。若是法国人将其译为法文，我会喜不自胜。真是身不由己。（卷五：263）

1944.6.12：今天的演奏会上，有人介绍了一位年轻的德国人与我相识，他自称研究日本文学，想把我的旧作《隅田川》译为德文。（卷五：451—452）

1944.8.19：菅原君来聊天，他给我看了法译《牡丹客》之评论（NRF 1927年8月号的剪报）（荷风引述了法国评论家马塞尔·阿兰对其作品之评论，以下为其内容节译——引者注）我读了这部短篇，想起了德彪西的一支曲子。以如此单纯的手法却能表现如此悲壮之美，可谓艺术上极度洗练之作矣。（卷五：477—479）

1947.6.10：德国人库尔特·迈斯纳来信说想翻译我的旧作《较量》和《两个妻子》，并在汉堡出版。他曾在昭和十七、十八年左右翻译过《新桥夜话》中的一篇《美男》，我便回信答应授权于他。（卷六：198—199）

上述诸引文均未见删改。由此不难看出：一、出于对纳粹德国的强烈憎恶，1941年荷风对自己作品德译事宜一度敬谢不敏，但从其1947年6月的日记反推，1942年4月两部作品之德译最终得以实施，"身不由己"之叹正暗示了其天人交战的晦暗心境和无奈屈从的现实抉择；二、《日乘》

中，他明确记录了拒绝德译的回复，却未明确记下自己的迎拒抉择，面对彼时现实与后世读者之心态曲折，颇值得玩味；三、相比之下，他更关注、乐见作品在法国的译介，尽管因时局之故，对德国会"身不由己"，但对法国的爱恋则是毫不犹豫的；四、战后，对德国的憎恶和警惕因其战败始有缓解，对彼方的译介请求做出了慨允的姿态。鲜少涉猎德国文学的他，甚至在 1946 年开始通过英译和法译本接触德国文学（1946.11.8，卷六：159）。这就如同战后荷风对美国宪兵在日暴行的认知，唐纳德·金指出："荷风憎恶的对象始终是宪兵，而不是美国人。"① 能做出这般理性区分者，在民族主义情绪甚嚣尘上的战时和战后初期的日本并不多见。

当然，"世界视野"也是荷风的个人阅读史的一个主要特征，其读书趣味中的一个重要类型便是西人所著日本论，由前文所引志保田务、赤濑雅子的书志学稽考足见荷风涉猎之广，这为他对本国风物、文艺、学术、社会、政治的认知和判断补充了必要的域外视角，而其中自然不乏会心之见。例如，法国海军士官皮埃尔·洛蒂（Pierre Loti，1850—1923）对日本风土、生活的描述与自己归国之初的观感所见略同（1932.4.24，卷三：115—116）；英国公使傅磊斯的夫人玛丽（Mary Crawford Fraser，1851—1922）的《日本游记》对国会开设前壮士横行之痛批甚合其意（1935.10.27，卷三：505）；法国人安德烈·贝莱索尔（André Bellessort，1866—1942）在《日本日夜记》中对不笑时的日本人贪婪、阴鸷和不安之印象也与自己不谋而合（1936.3.10，卷五：33）。这种嘤鸣求友的姿态，使得荷风在艰难时世中获得了自我确认的世界视野。"以读攻毒"、"守脑如玉"、开放包容的姿态可以视作他面向污浊、暴戾、闭塞时代的对抗性阅读抑或补偿性摄取，而这种姿态几乎贯穿了《日乘》之始终。我们从其1919 年 5 月 12 日的日记中亦可略窥其意：

---

① ドナルド・キン著、角地幸男訳：『日本人の戦争：作家の日記を読む』、東京：文芸春秋、2009 年 7 月、第 116 頁。

受野间五造翁之邀,去帝国剧场听梅兰芳的《贵妃醉酒》。早就想听中华戏曲,今夜偶赏之,其艺术品质远在吾邦现时戏剧之上,格局宏大,可谓极有大陆风度,甚为感动,何也?我对日本现代文化常深感厌恶,而今更难以压抑对支那及西欧文物之景仰。此感素已有之,面对异邦优秀艺术,必会生此感慨。然居于日本现代帝都尚能安享晚年,只因有不严肃的江户时代艺术之故。川柳、狂歌、春画、三弦,皆是不可思议的艺术,值得其他民族一观。若要安稳无事地住在日本,须从这般艺术中寻得一丝慰藉。(卷一:129—130)

就像对自家文学世界地位的审视和省思(1935.1.14,卷三:425;1945.12.8,卷六:110)一样,在荷风对"日本现代文化"的认知背后始终隐置着一个宏大的世界坐标,个人创作、各国文学与文化价值皆可在此获得恰切的认知和冷静的估价。在民族主义风潮席卷一切的时代,世界文学中的永井荷风、世界格局中的日本,这种超脱单边民族情感或敌我二元认知框架的世界主义文化视野、世界公民意识殊为可贵。可以说,荷风与"现代日本"的对峙,也是其世界主义观念与日本国家主义风潮对峙的缩影。

视野关乎判断,而判断攸关责任。一般日本国民眼中在亚洲攻城掠地、英勇无畏的皇军在荷风世界主义视野透视下,就成了害人害己的"和寇"(1941.3.24,卷五:151;1943.2.3,卷五:318)和愚昧、冲动、狼奔豕突、一味破坏国际秩序的"老鼠"(1941.1.18,卷五:137;1944.5.30,卷五:450),一如其对进城"乡下人"的蔑称。事实上对于日本打着正义的招牌、侵略亚洲诸国之实质,荷风始终洞若观火,并"对如此傲慢无礼的民族以武力入寇邻国感到痛惜"(1941.6.20,卷五:179)。

慑于警宪力量,《日乘》中的诸多删改让今人难以准确把握其彼时彼处的观察与见解。转折发生在1941年6月15日,读过喜多村筠庭《筠庭杂录》后,他深为神泽杜口(1710—1795)不畏权势、秉笔直书的精神所鼓舞：

> 读过之后，心中大惭。今年二月我把《杏花余香》一文投给了《中央公论》。世人读了此文，方知我多年来有记日记之习，也不无想窥知我对时局持何意见、每日记录何事者。我担心出事，一天深夜起来删除了日记中愤愤不平之辞，还会在外出之际，将日记藏到鞋柜中。今读《翁草》一文，甚感惭愧，今日以后，我将毫无忌惮地记录心中之所想，以为后世史家提供资料。
>
> 此番日支战争，始于日军暗杀张作霖、侵略满洲。日军以"膺惩暴支"为名，开始侵略支那领土。长期作战后俄而又换了名目，祭出了"圣战"这般无意义的辞令。日本政府乘欧战之后英军不振，企图在德、意的旗帜之下侵略南洋。然此皆无知军人和残暴壮士之所愿，而非一般人民所乐见者。一般国民服从于政府命令，吃着米饭而不抱怨，那是恐惧的结果，是看到麻布联队叛乱之状而恐惧的结果。而今，他们打出忠孝的招牌讨好新政府，是因急于赚上一笔之故。日本人原本就没有理想，将追随强者安闲度日视为首要追求。对一般人民而言，这次的政治革新和戊辰革命别无二致。（卷五：176—177）

上述引文交代了删改日记之经纬，其间不难看出荷风曾有的畏惧，以及无畏的精神来源。值得注意的是，他对名实悖离的欺瞒行径，以及人性和国家行为中的伪善深恶痛绝，如其所言，"我生来就有洁癖，不喜欢这种表里不一的生活"（1936.9.5，卷四：87）。无论是对其叔父阪本翁[①]在贵族院大讲仁义道德、实则私德败坏的批判，还是对邻家家长对孩子偷柿子置若罔闻、而日本政府却成天高呼正义和人道的愤怒；无论是对出版界

[①] 荷风叔父阪本钊之助（1857—1936）出身于爱知永井家，后成为阪本政均之养子，俳号三桥，雅号苹园，官僚、政治家、诗人，作家高见顺之父。曾先后出任福井县知事、鹿儿岛县知事、名古屋市市长、贵族院议员和枢密院顾问官等职。

挂羊头卖狗肉风气的齿冷，还是对政治家假托社会公益之名满足私欲的嘲讽；无论是对日本假托和平之名、以国家名义作恶之实质的揭露，还是对战后美国人嘴上说着民政自由、而一旦对自己不利便忙不迭掩盖的丑行①皆以真率之气直指虚伪之风，不唯日本是责，这与其对明治近代化批判的逻辑是一以贯之的。

其次，较之于法国，尽管长期耽读中国古典，荷风对近代以降，尤其是同时代中国、朝鲜着墨并不多。在《日乘》有限的记录中，无论是对日本面对殖民地中国台湾和朝鲜的歧视、虐政，对朝鲜人要求民族自治的同情，还是对日本人屠杀中国人之批判，② 无不与荷风对弱小民族的仁爱之心、人道主义观念等平素主张始终如一。而在对日本侵略亚洲诸国的评论中，不难窥见荷风反战的基本观念：

> 1939.9.25：归途的电车里碰到两个醉汉。女车长见之，马上拿来一个沙袋，把沙子撒在（呕吐物）上面。沙袋貌似是其一直备在车里的。世界上任何一个城市都很难见到这般乘客，也绝对看不到做着这般准备的车。（以下三行大幅剪切）每次看到这般丑态，我都对这个民族的海外发展高兴不起来。（以上为栏外补写）（卷四：411）

> 1940.4.18：这（邻居奥地利人家）孩子近来与日本小学生交往，在我家门前扔球时，举止甚为恶劣。（此间大幅删除16行，以下为栏外补写）这一实例明确地告诉我们，接受日本式教育者皆野蛮粗暴。我对日本侵略支那、朝鲜感到不悦，就是担心这些恶劣影响殃及亚洲其他国家。（以上为补写）（卷五：84）

---

① 参见1926.1.4（卷二：7）；1929.9.19（卷二：360）；1932.10.3（卷三：169）；1936.9.5（卷四：87）；1943.7.5（卷五：361）；1946.4.6（卷六：132—133）。
② 参见：1918.5.4（卷一：91）；1921.6.2（卷一：198—199）；1939.1.28（卷四：356）；1939.4.7（卷四：371）；1941.2.4（卷五：138—139）。

1941.7.25：今晚听人说，日军已经侵入了法属印度和荷属印度，……若传闻是真，日军之所为无异于是趁欧洲战乱打劫的强盗，趁人之危大逞私欲，全无仁爱之心。这种残忍无情的行为很快就会影响到日本国内每个人的性行，似乎是在暗中教唆人们可以去做强盗。（卷五：192）

1943.10.12：去年以来，随着军人政府的压迫日甚一日，终不堪精神之苦，以至于不得不寻求慰藉之道。耶稣教讲的是弱者面对强者压迫而取得的胜利。此教不逞兵力却让欧洲全土信服，这与现代日本人侵略支那大陆、南洋诸岛的行径大异其趣。（卷五：391）

1944.1.2：痛论时势的信件与贺年卡一道纷至沓来，皆是陌生人所寄。概括起来，其大意如下：……以此次文艺杂志统统遭禁推测，似是将学术文艺视同无用之长物。视文学为无用之物，是在防止思想的变迁、阻碍文化之进步。现代日本无异于回到了欧洲中世纪的黑暗时代。不知如此愚昧暴虐之举是否真能成功。若成功，则国家将走向衰亡。断然实施这般愚行的国家单以武力便能治理得了支那、印度和南洋诸民族吗？（卷五：424）

前已论及，以1941年6月15日为分水岭，荷风决定不再删改日记。由上述引文即可清晰地看到此前此后的变化痕迹，补写的部分虽难以复原最初文意，但循其文脉不难推断，应是对"现代日本人"国民性和社会风习的强烈批判。在他看来，民间的恶习、劣行与国家层面缺乏仁爱之心的强盗逻辑是互为表里、互为因果的；而让其叹服的唯有"不战而屈人之兵"的文化和宗教力量，而非基于物力、战力压迫关系的丛林法则。面对侵略战争，对社会风习、世道人心、文艺审美、宗教信仰之在意，正是文学家的文明批判、社会批判、审美批判视角，是一种以文化之力否定暴力的取径。

事实上，这种基于生活体验与实感的内向批评在战时并不多见。加藤周一曾指出："在日本的知识分子身上，现实生活和思想是互相脱离的。因此，处在危机的情况下，思想便屈服于来自现实生活方面的要求。……一言以蔽之，脱离现实生活的思想，对于现实生活还概括不出超越的价值观念和真理观念。这就是知识分子对战争进行合作这一事实的内部结构。"① 在与此相反的意义上，生活、审美、思想贯通为一的荷风之反战便不难理解了。但同时亦须注意，这里的生活并非单指艰难困顿的战时生活。唐纳德·金认为，"对永井荷风而言，这场战争只意味着军部让其生活变得不便，舍此无他。曾经一直作如是观的荷风，在自己的房屋化为灰烬时，方知战争为何物"，"因为战争，荷风像乞丐一般，对他人所给的哪怕一丁点食物都满心欢喜。他憎恨让事态恶化至此的那些人，因此得知了战败的消息，荷风要庆祝一番"。② 同为"战中派"的唐纳德·金强调的自然是荷风的战争实感。战争所带来的生活之不便虽是荷风在《日乘》中反复记录的，③ 但若仅以此立论，显然低估、窄化了其战争认知的历史纵深和视野广度，及其批判和抵抗的长期性，这也是前述以过剩的战争意识切割《日乘》所带来的必然的遮蔽。

四、"规格外的爱国者"：极端时代的怕与爱、抵抗与妥协

不逐时流的乖僻、孤高，社交上的过度敏感、洁癖和执拗，加之对文

---

① 加藤周一著，杨铁婴译：《日本文化的杂种性》，长春：吉林人民出版社，1991年3月，第172页。
② ドナルド·キン著，角地幸男訳：『日本人の戦争：作家の日記を読む』、東京：文芸春秋、2009年7月、第115、119頁。
③ 参见：1941.4.11（卷五：158）；1941.5.23（卷五：171）；1943.6.11（卷五：272）；1943.7.30（卷五：369）；1944.3.21（卷五：437）；1944.11.3（卷五：500）；1944.12.26（卷五：509）。在战时艰难的生活中，独居且对饮食考究的荷风常靠友人接济肉禽蛋奶等生活物资。

坛、舆论界、出版界浊气日盛的绝望，除了屈指可数的几位挚友，1914年后荷风与周边亲友长期处于疏离甚或紧张的关系之中。① 尽管早在游学美国时期，这位文坛新人即已在致诸师友的书简中反复强调文坛生存中的政治手腕、权力因素的重要性，并为之感到忧心和焦虑，② 但归国后，丰厚的家资和不菲的稿费、版税确保了他衣食无忧、自立自尊的日常生活，而对权力的疏远、对清净文学创作生活的向往，更使其与以菊池宽为代表的主流文艺界和新闻界、出版界关系不洽，"可笑""可悲""断交""绝交"等字眼频现《日乘》，他企盼文艺的独立（1929.4.4，卷二：330），警惕商业主义和政治权力对文艺的不断侵蚀，抗拒权势者③的收编，甚至一度欲从文坛隐退。④ 盛名之下，谤亦随之。丰厚的家资、孤高的做派、沉湎花

---

① 除了与前述叔父阪本钐之助的紧张关系，荷风还与胞弟威三郎绝交，水火不容，并因母亲与威三郎同住，甚至在母亲病笃弥留之际拒绝前往探视，又因威三郎的存在而拒绝参加叔父葬礼。此外，对家中其他亲戚他也尽量避见。参见：1922.12.22（卷一：258）；1936.12.16（卷四：117）；1937.3.18（卷四：146）；1937.4.30（卷四：160—161）；1944.3.14（卷五：436）；1947.4.3（卷四：153）。
②「西村惠次郎宛」（1905年4月1日）、「生田葵山宛」（1905年4月26日）、『荷風全集』（第25卷）、東京：岩波書店、1965年5月、第96—97、14頁。
③ 除了自身拒绝菊池宽等文坛权力者的诱惑、收编外，另有两例。其一，荷风的精神偶像是其恩师森鸥外（1862—1922）。1918年他接到鸥外来信，得知其要"进入宫内省、出任帝室博物馆馆长，其后将完全脱离文笔生涯，悲哀之情莫名难抑"（1918.1.24，卷一：85—86），而据《日乘》记录，森鸥外逝前的"临终口授"中希望自己的离世毋与宫内省、陆军扯上干系（1933.12.17，卷三：293）。其二，1941年10月18日还在日记中记录"日美开战的传言愈发多了起来"的荷风在翌日去参谒了栗本锄云（1822—1897）之墓（1941.10.19，卷五：216）。幕末时期，栗本曾活跃在日法外交舞台上，成就卓著；明治政府成立后，誓忠于幕府的栗本拒绝了新政府的出仕邀请，过起了隐遁的生活。关于以上二人，荷风虽未展开进一步评论，但从中不难看出其对权力的淡漠态度。
④ 参见：1919.6.29（卷一：134）；1924.11.24（卷一：345）；1925.6.15（卷一：371）；1925.9.9（卷一：381）；1925.9.23（卷一：383）；1925.10.16（卷一：390）；1925.10.24（卷一：391）；1925.11.13（卷一：398）；1926.8.11（卷二：54）；1927.4.6（卷二：123）；1927.8.12（卷二：149）；1927.10.10（卷二：166—167）；1928.1.22（卷二：210）；1928.1.25（卷二：212、214）；1928.9.7（卷二：286）；1928.11.31（卷二：311—312）；1929.1.27（卷二：319）；1929.4.3（卷二：330）；1929.5.22（卷二：342）；1930.1.24（卷二：380—381）；1933.11.17（卷三：276）；1934.9.9（卷三：380—381）；1934.10.2（卷三：385）；1935.5.29（卷三：458）；1936.12.14（卷四：116）；1940.4.10（卷五：28）；1943.12.7（卷五：412）；1944.10.12（卷五：494—495）。当然，据其交代，从文坛隐退的直接原因乃"二二六事件"之影响（1942.11.24，卷五：297）。

柳巷的浪荡生活、对社会的"冷笑"①，加之文学创作中的情色题材，使荷风在赢得了众多读者、收获了巨大的名声之同时，其行止、道德也成了文坛、媒体甚至政客所瞩目的话题。《日乘》中一一记录了包括菊池宽、小山内薰等文坛朋侪对自己的酷评②——显然，他是介意的。

然而，不惮与文坛对立的荷风却并不是大无畏的。在1919年决计效仿江户戏作家的日记中，他已强调了"天下人心日渐凶恶，眼红富贵"，显然早在是时，荷风就已感受到了来自社会层面的"恶意"。如前所述，"大逆事件"在很大程度上决定了其隐遁避世的处世姿态，而随着军部的抬头及其暴政的深广铺展，《日乘》中时见抽签卜命之记录，在全面侵华战争下言论、思想统制的日益严酷，更使其对笔祸的畏惧日甚一日，③避祸自保遂成为谋身之策。应注意的是，荷风的时势判断和现实因应多受惠于文坛先辈的前车之鉴。1928年，他将政党腐败、大道不行的彼时比于幕府末年，认为全身之计唯有效仿安井息轩、成岛柳北，深藏功名之心，遁世自娱（1928.4.10，卷二：242）；1934年，把军部暴政相形于幕府，尤恐重蹈寺门静轩、为永春水之覆辙（1934.11.6，卷三：403；1938.10.20，卷四：319—320）；1935年，悟到要保全自己，须有江户人一般世事洞明的通透与洒脱（1935.5.10，卷三：451）。尽管早在1928年已然意识到"日后发表乘兴而作的闲情文字须当谨慎"（1928.7.11，卷二：273），生活中亦离群索居、深居简出、远离公众视线，但1930年代以降，文艺和言论审查制度的不断强化，媒体和右翼团体对其创作和生活的关注，文坛同行因言获罪的震慑，特别高等警察的无孔不入，树敌甚多并开罪于文坛权势者种种，

---

① 《日乘》1936年7月2日（卷四：73—74）中记录了《文艺春秋》刊文对他的酷评，批评其对社会抱以冷笑、对社会缺乏正义感，社会应将其埋葬；当今社会不应再允许其仗着财产为所欲为云云。经核实，此文实为：『昭和人物月旦・永井荷風』,『文芸春秋』1929年4月号、第149—150頁。
② 参见：1928.7.6（卷二：269）；1929.3.27（卷二：328）；1938.10.20（卷四：319—320）。
③ 参见：1938.9.6（卷四：307）；1940.10.24（卷五：88）；1941.1.27（卷五：137）；1942.2.21（卷五：256）。

加上军国主义的社会动员、"专制政治威胁到操觚者的生活"（1940.10.30，卷五：89—90），都让其对自身安危忧惧不已①——那是一个人人自危的时代。为此，谨慎自诫之余，荷风甚至一度蛰伏于花柳巷（1940.7.1，卷五：45）。

此外，尽管在1941年6月15日的日记中决定"今日以后，我将毫无忌惮地记录心中之所想"，但其后的荷风实则并未"毫无忌惮"。唐纳德·金注意到，"荷风日记所记录的事情，很多都只不过是传闻"②，但他似乎未意识到，风闻性记录在1941年6月15日后骤增乃是一种叙事策略的调整。细读此后的日记你会发现，凡涉及对时局、敏感人物的批判性观点，《日乘》常援引街谈巷议抑或师友（隐去姓名）在信件和明信片中的论调等嘲弄戏讽。较之于此前"直言—删改—补写"之曲折，隐晦的转述笔法显然是作者内心深处难以明言的畏惧心理、自保意识以及为后世留下史料的证言意识对冲、折中的产物。

事实上，现实生活中为了防止不必要的干扰和伤害（如被壮士殴打），虽心有抵触，但意识到时势之变的荷风依然会像常人一样，买好国旗和礼服以备不时之需（1935.2.3，卷三：429—430）；对于巡警和邻组的诗笺索求，虽不情愿，但大多遂其所请（1925.10.21，卷一：391；1944.7.18；卷五：468）；全面侵华战争爆发后，面对"大日本中央文化联盟"以"公爵岛津某"的名义发出的邀约，以及"旅顺要塞司令部"索求题字之约，虽屡屡悲鸣"焚笔之日不远矣""吾名为军人所知，可怕、可恶至极"，但依然带着畏惧之心从其所邀；③ 对日本诗人协会、文学报国会等组织强迫加入的做法，虽牢骚满腹、愤懑不已，但亦默从其计（1941.3.22，卷五：

---

① 参见：1934.7.23（卷三：366）；1934.10.22（卷三：393）；1934.11.10（卷三：304）；1936.3.27（卷四：37）；1936.9.23（卷四：94）；1939.8.3（卷四：397—398）。
② ドナルド・キン著、角地幸男訳：『日本人の戦争：作家の日記を読む』、東京：文芸春秋、2009年7月、第116頁。
③ 参见：1937.11.3（卷四：223）；1940.1.13（卷五：9），此二日记皆有修改和补写，因发生在1941年6月15决定不再删改日记之前，据这天日记的自述以及前两篇日记的文脉，推断应是事涉敏感人物和机构而做的处理和补写。

149—150；1943.5.17，卷五：346）；虽对军部要求重印自己被打上花柳小说标签的作品《较量》、用以赠送出征的士兵感到滑稽、苦涩，但亦未拂逆其意（1944.9.20，卷五：487）。对于有着洁癖的荷风而言，这恐怕已是其极限。由此不难看出，对于可能对个人生活安危构成实际威胁甚至决定作用者，他以相对圆融和顺的姿态，以不与权力正面对立、对抗的妥协态度，最大限度地换取了个人的现实安全与自由。同时，尽管《日乘》的论说虽不无面向后世读者表明心志、自我塑造的潜在意图，但在不曾积极投身时局、追名逐利的意义上，荷风已是战时日本文坛难得一见的异例。

同时必须指出，在考察战时日本文学家的观念与实践（无论是"协力"抑或抵抗）时，论者常局限于对研究对象"作为"层面的考察，而有意无意地忽略了"有所不为"的沉默层。但在极端语境下，底线意识却是不可或缺的，它意味着个人面对善、恶时的道德良知底线和实践限度。面对难以反抗的恶，缄默无为意味着拒绝成为其认同者的基数、行动上的帮凶。面对军国主义暴政之恶，荷风也会拒绝，兹举三例。

其一，拒绝赴中国战线视察的邀请。1938年2月27日，《日乘》记曰，"中央公论社佐藤氏来，劝我去支那战线视察"（卷四：254）。众所周知，全面侵华战争爆发后，近卫内阁曾召集各大媒体和出版机构"恳谈"，要求举国一致"协力"战争，特派员、"笔部队"遂应运而生，其中的主导者便是荷风甚为厌恶的菊池宽。揆诸现实，或汲汲于名利、或畏惧于权势，文坛赴前线视察、写作者一时间如过江之鲫。《日乘》中虽未言明其如何回复过访者之动员，但由后续日记不难推断此行最终并未成行。其二，拒绝将身后财产捐给日本文坛。由于对本国同行深恶痛绝，1936年荷风曾在日记中草拟类似遗书的文字，明确提出死后将个人财产全部捐赠给法国的龚古尔基金会（1936.2.24；卷四：29）；三年后又在日记中嘲讽了文坛设立的菊池宽奖等文学奖项，再次表明个人遗产处置将与日本文坛无关（1939.3.10，卷四：365）。尽管荷风逝后，这一心愿似未真正落实，但彼时彼世其拒绝同流合污的意志是决绝的。其三，在国家战时面临物质困局、不断有人宣扬将贵重之物上交或卖给军国主义政府之时，断然拒绝。在他看来，"与其轻易交到官员手里换点钱，莫如扔掉"，逡巡未几终将烟管上的金子扔进了浅草川（1939.7.1，卷四：390），因为他深知捐赠后也只能变成官员和军人肥私之资。① 由上可知，荷风对时代政治、文坛主流态度冷淡，不愿与之合作，成为支持军国主义暴政的分母。在战争末期，他对自己的淡漠态度有一番颇值得注目的自解："如今再对军部横暴心怀愤慨实乃是愚蠢至极，唯有置之不理。作为复仇之举，我们只能对日本国家采取冷淡漠然的态度。"（1945.5.5，卷六：30）

那么，荷风对国家的冷漠是否等同于"不爱国"呢？实际上时至战时，他与时代政治的一个重大的分歧正表现在对爱国的不同理解上。就像唐纳德·金所指出的："让荷风尤感不安的是爱国者们之恶趣味和幼稚的口号。"② 昭和以降，他便不断在《日乘》中批评民间假托"忠君爱国"之名徇私害国的种种行径，难以忍受有伤于艺术的爱国文化和宣传，忧惧有害邦国的国家主义狂热分子和宗教人士，并对菊池宽、三木武吉等政治投机文人竞选议员、掌控舆论之动向深感忧虑。③ 在此对立面上，1929年11月30日，外交官佐分利贞男④自杀翌日，荷风记曰："他多年来身任剧职，担负国家重任，遂不能全其天寿。念及于此，反观自己多病之躯，徒贪余命，瓦全之叹甚切。"（卷二：370—371）1943年8月11日又记曰：

---

① 参见：1939.4.16（卷四：372）；1940.8.31（卷五：64）；1940.12.5（卷五：116）；1944.9.7（卷五：482）。
② ドナルド・キン著、角地幸男訳『日本人の戦争：作家の日記を読む』、東京：文芸春秋、2009年7月、第20頁。
③ 参见：1928.2.13（卷二：220）；1928.6.26（卷二：266）；1929.2.11（卷二：321—322）；1935.7.25（卷三：472）；1938.10.8（卷四：317）；1940.11.25（卷五：104）；1941.1.26（卷五：135—136）；1941.9.10（卷五：207—208）；1943.7.5（卷五：360）。
④ 佐分利贞男（1879—1929），日本外交家，与荷风曾是一桥寻常中学同级生，曾在中国、俄国、法国从事外交工作，后历任外务省参事官、大使馆参事官、通商局长、条约局长等职，于1929年11月29日自杀。关于其自杀原因传闻很多，有一种说法认为是由于对日本对华外交的绝望。

"××××××××①二人送来了为捐献飞机集资的记事笺。世人皆知他们都是有前科的不良之民，国家存亡的危机终为这些不良分子提供了博名逐利之便。而吾人却没有机会对此次战争产生纯粹的感激之情，真令人浩叹无际。"（卷五：370）而在1941年4月9日的日记中又有如下记录："终日阅读帕莱的《万国史》。……美国人热爱美国的诚挚之情蔼然动人，在表达爱国之心的著述中，此可谓最佳之作。日本殆无此类出版物。"（卷五：158）由此不难看出一个疏离世事者的忧患之心。荷风愤懑于伪爱国、实害国的虚伪奸诈之行，他期盼蔼然、诚挚的爱国之心，敬慕务实谋国之士。

如第三节所述，荷风对日本帝国亚洲侵略的批判指向了对本国颓败的世道人心进一步恶化之隐忧，在群情激越的昭和初期，这一堪称异端的忧国姿态实则根植于明治时代。在发表于1909年的《新归国者日记》中，他严厉批评、嘲讽了狭隘的"爱国主义者"：

> 与其做辨庆那般强国之民，毋宁出生在被打了脑袋也可以毫无顾忌哭出来的国度。我绝非在诽谤自己的生身之国，不过是以人心之常，敬慕美好的事物。如果说国民的义务便是将祖国万事都赞美为至高无上的存在，那么，那些善男信女便是最佳爱国者。教育他们学习比较判断的知识，或许就变成了可怕而罪恶的教唆吧。②

这里，荷风强调的是基于"人心之常"自然生发的情感和自由无拘的选择，并明确提出了将"祖国"作为非绝对化的存在予以比较判断的认知

---

① 东都书房版此处处理为"政治家某某某"（永井壮吉：『永井荷風日記』第6卷、東京：東都書房、1959年4月、第169頁），而参考岩波新版《日乘》方知，此二人实指野依秀一、三木武吉。（永井壮吉：『新版断腸亭日乘』第5卷、東京：岩波書店、2002年1月、第389頁）。这篇日记出现在1941年6月15日荷风表示不再删改日记之后，然而岩波旧版《日乘》出现这般处理，证实了荷风顾及战后新形势，而对涉及人事问题的部分做了一定的处理，但这并不妨碍《日乘》中情与理的连贯表达。
② 永井荷風：「新帰朝者日記」、『荷風全集』（第4卷）、東京：岩波書店、1964年8月、第195頁。

倾向，当然，他也深知与"善男信女"相抗的现实风险。但1919年荷风还是在《晴日木屐》中正面地提出了自己的爱国主义观。他指出："我们的爱国主义，是将永远守护乡土之美、致力于国语之纯化和洗练作为第一要务。"① 这一以守护社会、乡土、民族语言与文艺之美为着眼点的呼吁，与极端时代那些以国家利益之名谋求私利的伪爱国论调泾渭分明。而后者泛化导致的激越氛围让其绝难在言论层面与之公然分庭抗礼，只得"龙蛇之蛰，以存身也"。

然而，在狭隘爱国主义浪潮中韬晦避世的宁静终被佐藤春夫的一篇文章所打破。《日乘》1941年5月16日载："听说佐藤春夫在某报上发表了一篇给我惹事的论文，没有比不明事理的乡下人和醉酒发狂者更麻烦的人了。"（卷五：170）遗憾的是，因为"听说"，荷风并未给出有关此文的具体信息。而在荷风逝世翌年（1960）出版的《小说永井荷风传》中，作者佐藤春夫专就此事做了一个极长的"自注"：

> 我的确在《时事新报》上发表了那篇评论。在抗议一切都按照规格行事的世相之后，我举了一个例子，旨在说明文学家爱国未必要去讨好军部，像荷风这样热爱祖国的风土、致力于国语纯化者皆是规格外的爱国者。他没读过我的文章，而是听了平井（程一）做了一定歪曲后的意思。荷风原本就是一个偏执狂，不会原谅年轻人对他的评论。尤其是虽说是规格外，但把他说成其最厌恶的爱国者惹怒了他。……但不管荷风高兴还是恼怒，我相信他就是热爱国土之美、旨在纯化和美化国语的规格外的爱国者。②

---

① 永井荷風：「日和下駄・夕陽 附 富士眺望」（『三田文学』1919年6月号初出）、『荷風全集』（第13卷）、東京：岩波書店、1963年2月、第387頁。
② 佐藤春夫『小説永井荷風伝』（新潮社、1960年5月初版）、『定本佐藤春夫全集』（第35巻）、京都：臨川書店、2001年4月、第332頁。

大野茂男考察了荷风与佐藤春夫的交游史，认为二人之嫌隙乃因《荷风读本》一书的版税纠纷而起（1936.6.7、6.9，卷四：69、70），又因后者战时的投机趋时行径渐行渐远。[①] 大野的考察为我们提供了一个基本的认知文脉，但围绕爱国之分歧的思想根由却未得到准确剖析。以下，我们来辨析这桩文学史公案。

事实上，佐藤春夫的回忆中存在着一个记忆的讹误。那篇讨论荷风爱国问题的文章绝无可能发表在《时事新报》上，因为该报已于1936年12月停刊。依其所述内容以及事发时间推断，此文应为1940年10月发表于《报知新闻》的《两种爱国型态》。是文中，佐藤在"自注"申辩中陈情之意固有之，然而另外一番陷荷风于险境的话却被其有意地遮蔽了：

> 爱国精神无二，但其表现形式却是千差万别。……我们大致能看到两种类型。一种是以本国之优长为傲，并醉心于其中者。这可以说是一种朴素的爱国者类型，通常的官员、军人、教育家等一般意义上的爱国者皆为此类。
>
> 与此相对，还有一种稍显乖僻的爱国形态。他们对本国的不平、不满，无疑皆出自至诚的爱国之心，这些不幸的爱国者乍一看就像在鞭挞自己所爱之物一般，会被误认为是不爱国之人。
>
> ……
>
> 永井荷风在任何意义上都算不上是新体制的人物，在任何意义上把他看作过去历史上的人物都是毫无问题的。我想，对荷风散人来说，就连在这里提及他的名字都是一件极其麻烦的事情。他是唯一能代表自由主义、个人主义时代的日本文学家，正因如此，也无疑是最难适应现代时势的文学家。他很有自知之明，颇得韬晦保身之术。……

[①] 大野茂男：『荷風日記研究』、東京：笠間書院、1976年3月、第138—139頁。

我实在难以理解这种极端的复杂性，有一次就把自己的印象坦诚地和盘托出，问道：先生为什么看起来又像爱国者，却又不像？听了我的愚问，他非常直截了当地答道：我极爱我国的一切人情、风俗、风土、民众，但对我国一切的知识都极度厌恶。我知道，不仅是他这一席话，其作品中的不少细节和主题都可印证其言。①

这番看似回护荷风之辞，实则将这位无声无息地蛰伏保身、希图被世人遗忘者（1940.9.26，卷五：73）有声有色地推向了舆论的风口浪尖——将对政治始终保持着"遥远的兴趣"而不曾与其贴身肉搏的荷风推向了"通常的官员、军人、教育家"、日本"一切的知识"生产者之对立面，甚至以其创作证明了这一倾向。在言论、思想统制日益严苛的政治语境下，这将为评论对象带来怎样的难堪与风险实不难想见。荷风所谓"给我惹事""不明事理"之怨盖因于此。然而，这仍是"事"层面的浅层认知。若结合《日乘》中关于佐藤的另一些记录，我们或许可以潜入到问题的"理"层面。自1931年11月8日第一次提及佐藤之名后，数年之间二人往来不断，其现实往来也未因1936年的版税事件而断绝，1937年《日乘》便有四次面晤的记录。而自1938年起面晤始减：

1938.8.28：午后佐藤慵斋（春夫）君来聊天。他说要跟几个文士一道乘军舰去汉口。（卷四：304）

1939.1.7（引述佐藤门人平井程一的信，其间提及东京市长倡导的"大都会艺术"）：汇聚旗下的都是菊池、吉屋、佐藤、西条这些乡下汉子，令人喷饭。（卷四：353）

---

① 佐藤春夫:「二つの愛国型」、『報知新聞』1940年10月23—24日。

1941.3.22（日本诗人协会来信强迫加入）：看了会员人名，从蒲原、土井、野口这些老人，到佐藤春夫、西条八十等年轻人都名列其间。在协会"宗旨书"中，处处可见肇国精神、国语净化诸般文字。……今天他们所谓的诗，无非是近代西洋韵文体的日译或其模仿之作，没有西洋近代诗歌，就不会有日本诗歌的诞生。其出现与肇国精神全无关系，反倒促使国语走向浊化。……说佐藤春夫的诗致力于国语净化真可谓滑稽透顶。……现在才开始谈什么国语整理、国语净化为时已晚。（卷五：149—150）

1941.5.16：听说佐藤春夫在某报上发表了一篇给我惹事的论文，没有比不明事理的乡下人和醉酒发狂者更麻烦的人了。（卷五：170）

1943.11.12：听说佐藤春夫身着右翼壮士般的衣服到人群中宣扬皇道文学。（卷五：404）

由前述引文不难看出：一、荷风对佐藤的反感与武汉会战以降佐藤甘为法西斯军国主义马前卒，并为之鸣锣开道的丑行似有直接关系，自此以后几无面晤；二、1919年前后荷风爱国观中的核心问题——国语纯化倡议，时过境迁后，在战时语境下被协助战争的诗人组织、曾经的友人佐藤春夫等，有意无意地嫁接于军国主义意识形态文脉而做了不当理解。事实上，在他看来，军国主义宣传口号正是让国语走向浊化的元凶，[①] 而这场运动的吹鼓手之一便是佐藤。他以荷风最为反感的方式所塑造的爱国者形象，实乃建立在"不正确理解"的嫁接之基础上，恐怕这才是二人交恶的

[①]《日乘》对"精忠""至诚""义勇奉公""武运长久""大东亚""共荣圈"的"大"与"圈""殉国精神""日本精神"等军国主义精神动员和宣传的核心词汇之滥用——嘲讽、指斥。参见：1934.5.31（卷三：350）；1941.6.11（卷五：175）；1941.7.15（卷五：187—188）；1941.9.7（卷五：207）；1943.7.5（卷五：361）；1944.10.11（卷五：493）。

深层逻辑。

战争中后期,"规格外的爱国者"荷风对军国日本的末路已有所预期。在他看来,"今天军人政府之所为颇似秦始皇政治。先是扑灭国内的文学艺术,继而必定会断然关闭剧场、烧毁债券,剥夺私有财产的。如此,日本就会灭亡"(1931.12.31,卷五:419)。1944年10月12日的日记引述了"某位忧国者"之言:"国家组织为上流和劳动阶级所占、中产阶级消亡之日,便是国运倾覆之时,日本前途黯淡。"(卷五:494)质言之,在荷风看来,文学艺术的灭亡、中产者的消亡便是国家灭亡的风向标,毋宁说于他而言,这正是历史教训以及战时生活实感不断传递、强化的认知。游学美国期间,对彼国工业实力、物力水平及其世界影响力的实际感知与理解,[①]更是其判断的直接经验依据。然而,由于言论环境的急转直下,他只得在日记及信任的友人圈子里直抒胸臆。据秋庭太郎考证:"这一天,报纸号外报道了日美开战的消息。(并非这一天之事)荷风在银座的咖啡店与杉野橘太郎闲谈时,突然大放厥词:'与美国开战真是太愚蠢了,必败无疑!'让杉野非常担心。这都是杉野亲口说的。"[②]杉野之言应可采信,因为荷风的悲观论调与其日记中的表述是高度一致的。尽管在日美开战之初的日记中,其笔调平静异常,但在战争末期的1945年3月6日日记中,他借助邻组配给葡萄酒之事直言:"这就像未搞清敌国状况而开战般愚蠢,可笑、可怜又可怕。"(卷六:17)当以乡土、国语之名爱护和守护的国家日渐沦落,最终变成一个斯文已丧、天下已亡的法西斯军国主义国家时,他的爱国、忧国之心终以这样一种倒错的形式展现了出来。

[①] 在1905年致友人西村惠次郎的信中,荷风直言,在工业、电器诸方面,美国有很多超越欧洲甚至独步世界的产品。参见:「西村惠次郎宛」(1905年4月1日)、『荷風全集』(第25卷)、東京:岩波書店、1965年5月、第97—98頁。
[②] 秋庭太郎:『考証 永井荷風』(下)、東京:岩波書店、2010年5月、第188頁。

五、"偏奇"人生:"近代的自我"、里仁为美与"为良心和后世写作"

明治时代是激进西化的时代,尽管永井荷风曾长期激烈批判明治近代化之形神不一,但那毕竟是日本近代史上的一段极具开放性、包容性的激情岁月。评论家桶谷秀昭指出,时至大正时期,日本"近代文明"开始发生"变质"。所谓"变质","并不是说这时有什么变了,什么都没变、也无法改变的内发性缺失状态,正意味着变质"。① 就在明治风度日渐随风消散、日本社会的开放性逐渐丧失的大正中期,永井荷风开始了《断肠亭日乘》的写作。

在这部留给"后世史家的资料"中,他怀着"为时代作证"的自觉意识,对日本剧变的世道人心、时代政治,从审美、道德和社会的层面展开了持续的、一贯的批判,让我们据此得以管窥大正、昭和时期荷风的精神史,甚至以此文本为透镜,理解彼时"政治权力—社会生态—个人世界"之间、"日本—世界"之间多元交错的复杂关系。社会人口结构的剧变、世道人心的颓废、军阀政治的崛起和政党政治的腐败——"现代日本"的全面堕落使文明批评家荷风愤懑不平。而面对现实的无力感,使他更为认同江户戏作家们的游戏心态及抉择,最终也迫使其选择了相同的姿态——背对日益严酷的社会、政治环境,压抑介入激情,走向隐遁、缄默。可以说,《日乘》正是与可怖的时代潮流难以构成对话关系的荷风以"为鞋柜写作"的姿态面向后来者喊话的文本。为此,战争末期,在美军轰炸东京的炮火中,荷风拎着装有日记的手提包不顾一切地仓皇逃出,唯愿以此心史"留与世人"。(1944.12.3,卷五:504)

在1917年3月致友人籾山庭后的书简中,荷风即已坦言:"我们彼此

---

① 桶谷秀昭:「『断腸亭日乘』覚書——文明の変質と感受性の運命」,『海』1974年4月特大号,第187页。

都生于父祖积善之家,每天无需靠稿费过活。聊为堪遗后世之作,也无愧于良心。"[1] 遗世独立、对良心与历史负责的写作姿态,是在《日乘》起笔写作(1917.9)之初便已有的自觉。唯此,才使荷风得以从商业利益的牵绊、文坛政治的掣肘、群情激愤的裹挟中超脱而出,保持一个独立而清醒的自我和强韧的主体性,以其不变因应世间万变。川本三郎在与鹿岛茂的对谈中指出:

> 无论是颓废、恋爱还是贫民窟,荷风总是与其保持着距离,这是近代的一个条件。从这个意义上来说,荷风是有着彻底的"近代的自我"的作家。……一天将要结束之时,必定将自己的体验如同他人之事一般写成作品,日复一日,才能与之保持距离。……常有人说他从一开始就是以发表作品的意识来写日记的,但这不是唯一的原因。(《日乘》)是完全为了自律、为了防止陷入颓废、为了彻底的读者视角、为了确保自己的位置写作的日记。[2]

从这个意义上来说,将日本、"此时"甚至将自我相对化的背后乃是彻底的"近代的自我"。

与大部分选择热情投身时代政治洪流、博名逐利者相比,荷风的冷静判断还得益于其开阔的世界主义文化视野和崇古趣味。礼崩求诸外,乐坏访诸古。游学美、法的经历和对域外文史的补偿性涉猎使其得以在更广阔的认知视野中确认自我的本土观察立场,并能将"现代日本"的文艺格调、文明状况、国力水平乃至政治得失进行历史化和相对化的考察;而对中国文化、江户政治的深刻理解又使其得以在日本法西斯军国主义浪潮中

---

[1]「籾山庭後宛」(1917年3月)、『荷風全集』(第25卷)、東京:岩波書店、1965年5月、第60頁。
[2] 川本三郎、鹿島茂:「『近代』の誕生、『荷風』の成立」、『ユリイカ』1969年3月号、第106—107頁。

发现、辨析东亚遗毒和欧洲影响,这让他穿透了激越的时代情绪和魅惑的宣传口号,看清了日本侵略亚洲诸国的不义本质,区分了日本在这个世界的真正敌友。

另须注意,文学家荷风的日常抵抗与战时反战之坚定、一贯,和他将生活感觉、生命体验、审美趣味与人物评骘、社会观察、政治批判贯通一处的认知倾向密不可分。荷风强调"人心之常",看重形神如一。所谓"理一分殊",在他眼里,世间万象凡有伤于"美"、有悖于"仁"者即为自己、(文化、道德意义上的)日本乃至人类之敌,无问亲疏。①《论语·里仁》曰:"里仁为美。择不处仁,焉得知?""现代日本"世道人心的颓败、军国主义的暴政皆因有悖于此,日本成了他无法认同的国,而被荷风唾弃。

当然,江户趣味的诗性视野也是利弊两端的。"江户儿"荷风对明治以降军阀政治的崛起及其社会影响的认知与警惕,与戊辰战争对东京都市文化、日本政治权力结构的改变有着潜在的历史关联,永井家的幕臣背景乃是荷风"方法以前的方法"②。然而,他对明治以降日本政治权力的运行逻辑、政党-军队-国民多边关系的理解和判断却有着文人论政的暧昧和感性,作为"局中人"难以揭示出天皇制国体对近代自我之觉醒的致命羁绊。甚至可以说,对天皇这一政治实体做出宗教式"诗性幻想"的荷风式神秘主义倾向,正是日本近代悲剧的精神起源,这也是今人所当深思者。话虽如此,若以此求全责备、讨论其所谓"历史局限性"无疑将落入"历

---

① 正如唐纳德·金指出:"尽管荷风自家房屋被毁,但他并不恨美国人,他所恨的常是开启了这场战争的军国主义者。"(ドナルド・キン著、角地幸男訳:『日本人の戦争:作家の日記を読む』、東京:文芸春秋、2009 年 7 月、第 83 頁)
② 在接受上野千鹤子和小熊英二访谈时,鹤见俊辅先提出了其战争体验的一个基本的前提,即他的家庭出身。他指出:"这是与我的思想和行动'方法以前的方法'相关的,说它是原点也好、是制约也好。即使是谈战争、战后,要说明我为什么会在某一时刻选择了某种方法,就要先讲讲这些。我想对此有所自觉会比较好。"(鹤见俊辅、上野千鹤子、小熊英二著,邱静译:《战争留下了什么——战后一代的鹤见俊辅访谈》,北京:北京大学出版社,2015 年 6 月,第 1 页。

史的辉格解释"之陷阱。实际上，文人论政的暧昧与感性也并未妨碍荷风对现实做出正确的判断和不合作的现实抉择，在变动性逐渐丧失、社会政治渐趋一元化的时代，超脱利益牵绊形成"近代的自我"，带着世界主义视野和以史证今的眼光尝鼎一脔、洞明实质，并非难事。

上述一切皆关乎判断，而判断又关乎抉择、行动与责任。在战时严酷的政治、社会环境中，永井荷风并未对现实给出"有为"的批判，而是以无为、缄默的姿态拒绝主动与军国主义政治权力合作，以一种相对圆融的姿态艰难地捍卫了知识人的良知底线。曲折记事而不曲笔，蛰伏避祸而未折节。荷风终以其不逐时流、不屈强权的"偏奇"[1]，守得天明，成为一束照亮昭和前期历史暗夜的理性、智性与人性之光。

（本文分两部分分别刊载于《外国文学研究》2021 年第 6 期和《山东社会科学》2022 年第 3 期，《高等学校文科学术文摘》2022 年第 3 期长文转载）

---

[1] 1920 年 5 月 23 日荷风移居麻布新居（1920.5.23，卷一：170），以"偏奇"名室，既谐音建筑之装饰使用了"油漆"（ペンキ），其训字"偏奇"在汉语中意谓"特出而异于流俗"，足彰心志。

大佛次郎战败日记中的 "神风" 与荷风

　　1944 年 9 月 18 日，镰仓是一个难得的晴天。嗜书如命的作家大佛次郎（1897—1973）约上了友人到横滨的旧书店闲逛，在一家店里发现了不少令他垂涎的好书，其中包括英译的三卷本《堂吉诃德》。询价后，书店老板当即表示这些书只换不卖。当得知心仪之书须以永井荷风（1879—1959）的作品相易时，求购者不禁感叹，"荷风也因战争被抬高了身价"。[①]在菲律宾战场战事正酣、日本国内兵荒马乱、市民因疏散而流离转徙的非常时期，荷风文学之风行让大佛颇感讶异。40 天之后的 10 月 28 日，他记录下了阅读荷风的心得与发现：

　　读过《好色大鉴》和《独眠》，就明白了荷风成名的原由，这些作品最终都只是证实了我的感受——他的文学乃"背阴处之艺术"（戏仿荷风作品《背阴处之花》）。荷风在当代（战时下）读书界独领风骚这一事实，将政治把人逼到背阴处之现状展露无遗。日本孕育不出让人对未来心怀希望的文学，而又有什么能给人带来力量和光明呢？泛滥的战争文学也几乎没有带来振奋士气的力量。世上那些所谓的统治者却没察觉到这一怪现状。

　　人们从乏力的荷风那里获得了慰藉。当此之时，作者和读者都是没有意志的。[②]

　　这固然可以理解为大佛对永井文人相轻式的非议，但若再结合 11 月

26日其对信奉"人间本位主义"的"小说之神"志贺直哉（1883—1971）之酷评，你会发现事情并不简单。他说："在二乐庄，大哥一直在谈志贺。他居然对那么自私的人钦佩得五体投地，我真是服了。……志贺的世界中只有狭隘的洁癖和高贵。可这种人又能创造出什么呢？他就像革命前的贵族一般，自私自利，精于算计。"③

岁寒见后凋。尽管1945年战败后，永井荷风、谷崎润一郎、正宗白鸟和志贺直哉等战时屈指可数的"沉默者"广受推重，但别忘了这些不汲汲于时局、拒绝协力战争的"不合作者"曾被视为异端，处境艰难，其中自然也包括来自于文坛同行的猜忌与排挤。当然，大佛的这些恶评并未付之公表，而是写进了自己的《终战日记》中。按说，文人之间的臧否党伐并不稀奇，何况又是在作家的私人园地中。问题是，遭讥讽者何以是永井与志贺。事实上，对两位文坛同行的责难虽看似"花开两朵"，但其根殊同，因为他们都站在了大佛所激赏的神风特攻队之对立面。大佛对志贺的批判与对特攻队的褒扬出现在了同一天的日记中：

> 听说他（志贺直哉）曾讲过，神风特攻队不敬神灵的做法不久之后必遭天谴。又听说，他让孩子们去学动物学，研究人与人之间何以相互残杀。他似乎不知道在动物学的世界中相互残杀是自然之事。如果真像传言所说的那样，志贺或许真有高洁如玉的人格，可一旦进入其世界就会像走进了死胡同。那些不假思索的追随者真是荒唐可笑。（……）《暗夜行路》这部杰作已宣告了志贺时代之终结。（1944年11月26日）④

---

① 大佛次郎：『終戦日記』、東京：文芸春秋、2007年7月、第24—25頁。
② 大佛次郎：『終戦日記』、東京：文芸春秋、2007年7月、第61頁。
③ 大佛次郎：『終戦日記』、東京：文芸春秋、2007年7月、第97頁。
④ 大佛次郎：『終戦日記』、東京：文芸春秋、2007年7月、第98頁。

太平洋战争时期，神风特攻队发起的首次攻击发生在 1944 年 10 月 25 日，也就是大佛批判永井荷风的三天前。这一日，在莱特湾，大量的日本战机撞向了美军船舰。大贯惠美子援引了服部省吾关于特攻队战果的研究，数据显示此次对敌攻击的"撞击成功""几乎成功"的比例分别为 20.8% 和 16.7%，两项指标较之于平常"利用飞机攻击"的成功率（11.6% 和 5.7%）看似有了大幅跃升。然而，数据虽美、声势虽大，但除了提振士气、抚慰本国民心，特攻行动实效甚微——除了一艘美军油船被"回天"鱼雷击沉外，其他受到攻击的三四百艘敌军舰船大都只是"受伤"。① 而这一切恐怕是守着收音机收听大本营虚假战报的大后方作家们始料未及的。

在 10 月 28 日的日记中，大佛次郎将神风特攻队那些"19 到 24 岁的年轻人"带给自己的巨大震撼当作批判永井的参照系：

> 听着《海行兮》，我内心深受感动。……日本的历史将由这些人书写下去。他们给人一种不可思议的、振奋人心的力量，难以言表。……较之于惯常的意义，他们让我们深深地感受到何谓"行动的世纪"。在惯用的意义上，它指的是缺乏统一性的各种事实之泛滥；而这里却存在着一种贯穿其中并支撑其发展下去的强大意志。②

昭和时代的著名军歌《海行兮》，歌词原作者乃奈良时期的著名歌人、曾主管"防人"的政治家大伴家持，1937 年作曲家信时洁受日本放送协会（NHK）之托为词谱曲，这首歌后即成为国民精神总动员强化时期的经典曲目。词曰："将赴于海，沉尸无悔。将赴于山，尸骨生苔。死惟君侧，义无退回。"（钱稻孙译）在太平洋战争时期，大本营播报战果但凡论及"玉碎"、迎接战殁者遗骨时必播此曲。10 月 30 日的日记中，大佛兴奋地

---

① 大贯惠美子著，石峰译：《神风特攻队、樱花与民族主义——日本历史上美学的军国主义化》，北京：商务印书馆，2016 年 10 月，第 194 页。
② 大佛次郎：『終戦日記』、東京：文芸春秋、2007 年 7 月、第 60 頁。

写道："在收音机中听到，神风特攻队在莱特湾再次出击。真有鞍马天狗出现之感，让人欣喜。"[1] 不难看出，在太平洋战场陷入全面被动、国民意气颓丧之际，神风特攻队带给国民力量感、光明感、意志力和震撼人心、甘为天皇效死的全体主义精神，而这些都让大佛次郎心潮澎湃。在11月29日的日记中他特地记了一笔："听说丰田司令长官在致神风特攻队诸君的信中将'诸子'称作'诸神'。"[2] 似乎在特攻青年们"神格"光辉的映照下，在"背阴处"颓靡、乏力、无希望、无意志的永井荷风，以及提倡个人主义的精神贵族志贺直哉等文坛耆宿，都显得黯淡无光甚至面目可憎。

1944年至1945年间，大佛曾耽读托尔斯泰（1828—1910）的《战争与和平》等作品，并对其教诲——决定战争的不是"兵力和地位"，而是"全体的士气"——深有共鸣（1944年9月12日）。[3] 以托翁为标尺，1940年曾作为文艺春秋社报道班成员来到中国宜昌战线的大佛认为"日本的报道班成员写不出、也不被允许写这样的作品。因此只能写些寡淡而缺乏震撼力的报道"（1944年11月14日）[4]。不过，在他看来，即便是这位世界文学巨匠也难以处理神风特攻队题材："真想让他来写写神风特攻队的那些青年，（他们所做的事）彼嘉·罗斯托夫是做不到的。"（1944年11月6日）[5] 大佛次郎的"神风崇拜"逻辑背后浮现出这样一个价值链条：报道班成员写不出《战争与和平》那般战争文学巨著，但神风特攻队员的精神气质却远远超越了志贺直哉等白桦派同人的人道主义精神导师托翁之想象。

1944年10月29日，作家伊藤整（1905—1969）也同样在日记中盛赞特攻队乃"日本民族最高精神力之象征"，但他接下来的话却有些意气消沉——"若如此都无法取胜的话，便是对所谓人类意志力的否定，只能认

---

[1] 大佛次郎：『終戦日記』、東京：文芸春秋、2007年7月、第64頁。
[2] 大佛次郎：『終戦日記』、東京：文芸春秋、2007年7月、第104頁。
[3] 大佛次郎：『終戦日記』、東京：文芸春秋、2007年7月、第19頁。
[4] 大佛次郎：『終戦日記』、東京：文芸春秋、2007年7月、第85頁。
[5] 大佛次郎：『終戦日記』、東京：文芸春秋、2007年7月、第78頁。

为人类将进入物质生产力的黑暗统治之中。"① 大贯惠美子借用马克思的说法，将神风特攻队的行动称作"幻影"（phantasmagorical）："法西斯国家鼓吹牺牲的重要性，并创造一种缥缈的幽灵，向青年灌输为君王、国家捐躯是多么美丽。"② 将特攻精神审美化的行为，实则是在物资极度匮乏、战局全面被动、国力损耗殆尽的背景下，靠精神力量弥补物质之缺，以作困兽之斗的军国主义意识形态产物。就像军令部在珍珠港事件前举行的、1941年10月24—25日的联络会议上所预知的那样——"最终胜利要看国际形势和日本国民的精神力量"。③

事实上，从1938年开始，美国相继对日本实施了各种制裁，包括飞机零部件的"道义禁运"（1938年7月1日）、禁止出口工业设备（1939年6月4日）、严控金属、航空燃油和润滑油的对日出口（1940年7月底）、禁止出口钢铁和废铁（1940年10月16日），尤其在1941年7月28日日本占领法属印度支那之后，美国立刻冻结了日本在美国内的所有财产，实施石油禁运，随后英国和荷兰也加入了对日制裁的行列。1940年，日本负责统一和监管资源调动的企划院对日、美两国的工业产量进行了全面的调查和比较。结果显示，"美国的石油产量是日本的500多倍，生铁20倍，铜块9倍，铝7倍。再加上其他产品，比如煤炭、汞、锌和铅，美国的平均工业产量是日本的74倍以上（而陆军的估计为20倍）"④。然而，在1941年10月27日的内阁会议上，企划院总裁铃木贞一（1888—1989）虽对战时的物资供应表示忧虑，"却没有公布这些数据。多年以后，当铃木93岁时，他解释了原因：'我当时很沮

---

① 伊藤整：『太平洋戦争日記』（第3卷）、東京：新潮社、1983年12月、第144頁。
② 大贯惠美子著，石峰译：《神风特攻队、樱花与民族主义——日本历史上美学的军国主义化》，北京：商务印书馆，2016年10月，第215页。
③ 堀田江理著，马文博译：《日本1941：导向深渊的决策》，北京：新华出版社，2020年5月，第233页。
④ 堀田江理著，马文博译：《日本1941：导向深渊的决策》，北京：新华出版社，2020年5月，第235页。

丧，……似乎他们已经决定开战。我的任务只是拿出支持这一决定的数据。但在我内心，我不想开战。'"①

也就是说，这场国力悬殊的战争，自其开始便可预知结局。不必说铃木贞一，就在这次内阁会议召开两个月前的8月27日，聚集在首相官邸"总力战研究所"的研究生们在经过为期6周的数据研究并模拟各种外交和战略形势后得出结论："如果日本与美国开战，日本必败无疑。如果爆发战争，日本很可能在初期几场战役中占据上风，但随后将拖入僵持战，日本将看到自己的资源不断消耗并最终用光。"② 战争的后续发展几乎完美地演绎了这群年轻人的判断。油料的短缺使得日军飞行员的训练受到严重影响，直至取消。所谓"神风特攻"实则是石油匮乏的背景下为了节省返程油料的无奈之举，也是为搏一胜从而与美国进入和平谈判的一种战术安排。1945年战局进一步恶化，"特攻精神"亦随之泛化。《写真周报》1945年新年号便直白地号召全国国民赓续"特攻精神"："我们的战意已化为一亿神风""今年一定要官民一致，集一亿人之力提高松根油③产量！"④

战争所导致的物资短缺也使得国民生活日益困顿，甚至香烟都已按"支"配给，作家们亦概莫能外。1945年3月6日和8日，高见顺（1907—1965）就在日记中抱怨物价飞涨而稿费依旧，"家里没钱，想去赚点钱，但靠写作迟早活不下去"，结果不得不四处借贷、求职以维持生计。⑤ 在新潮社和光生中学打两份工的伊藤整，在1944年10月12日的日记中坦陈自己通过种植红薯、玉米、南瓜等农作物尚可"自给自足"，⑥ 然

---

① 堀田江理著，马文博译：《日本1941：导向深渊的决策》，北京：新华出版社，2020年5月，第235页。
② 堀田江理著，马文博译：《日本1941：导向深渊的决策》，北京：新华出版社，2020年5月，第167页。
③ 松树根蒸馏后获取的轻质油，可供飞机用。
④ 太平洋战争研究会编：『「写真週報」に見る戦時下の日本』、東京：世界文化社、2011年11月、第210頁。
⑤ 高見順：『敗戦日記』、東京：中央公論新社、2005年7月、第121—123頁。
⑥ 伊藤整：『太平洋戦争日記』（第3巻）、東京：新潮社、1983年12月、第129頁。

而，直到 10 月末还在盛赞特攻队的伊藤，事实上早在 6 月 19 日的日记中便已清醒地观察到"铁、石油、铝的产量逐渐决定了战争的局势，美国采取的是一手按住日本，一手痛打德国的无耻方式，可以认为那便是他们的危险之处，总之，是其物力致此，物力才是可怕的"①。

朝不保夕的生活、节节败退的战局让人们感到家国前途黯淡。从这个意义上来说，神风特攻队既是败局已定的帝国海军黔驴之技，也是包括作家在内的一个个日本国民对战局扭转的热切期待所倒逼出的"强心剂"。诚如大贯惠美子所指出的，"特攻队员或是受上司，或是受基地的环境，或是为整个社会气氛所逼迫"，特攻队员是"不可理喻的日本人极端'他性'的典型画像"。而所谓"极端'他性'"便是通过非人道的、为国家"自愿"赴死的自杀式袭击呈现给敌人与后来者的。②

而所谓的"自愿"自然是官方的虚假宣传。作家大冈升平在《莱特战记》中坦陈："那时所谓的志愿是表面文章，驾驶着性能恶劣的练习机发动的特攻，都是被迫去干的。"③ "特攻虽说原则上出于自愿，但实际上是没法说'不愿去'的。飞行员的人选也是，上级将校跟资格老的飞行员负责选人，都是让连正规训练也没受过的预备士官或见习生这样的青年驾着旧飞机或教练机去特攻。"④

大贯惠美子也发现："在这幅景象的背面，我们却看到这些特攻队员面对命运的痛苦，并力图掩饰痛苦。在领导了莱特湾攻击的关行男身上可以看到这一点。"⑤ 关行男（1921—1944）是首批神风特攻队中"敷岛队"的队长，在莱特湾海战中，他率领的战机编队首次击沉了敌方舰艇。但对

---

① 伊藤整：『太平洋戦争日記』（第 3 巻）、東京：新潮社、1983 年 12 月、第 37 頁。
② 大贯惠美子著，石峰译：《神风特攻队、樱花与民族主义——日本历史上美学的军国主义化》，北京：商务印书馆，2016 年 10 月，第 217、190 页。
③ 大岡昇平：『レイテ戦記』、東京：中央公論社、1974 年 9 月、第 284 頁。
④ 鹤见俊辅、上野千鹤子、小熊英二著，邱静译：《战争留下了什么——战后一代的鹤见俊辅访谈》，北京：北京大学出版社，2015 年 6 月，第 79 页。
⑤ 大贯惠美子著，石峰译：《神风特攻队、樱花与民族主义——日本历史上美学的军国主义化》，北京：商务印书馆，2016 年 10 月，第 218 页。

于身居后方、与战事有隔膜的作家大佛而言，神风特攻队只是一种非人化、精神化、符号化、审美化的抽象存在，他们的牺牲只意味着击沉敌舰的数量和战斗的胜败，却无关特攻队员的生命。更讽刺的是，对后者生命之关注甚至还是敌军俘虏影响的结果，因为在他们看来"用神风特攻队杀人，不但可惜且难以为继，美军只用机械杀人"（1944年11月22日）。① 3天后，大佛"去常设馆看了（取材自）神风特攻队出发的新闻电影。电影过于简单，甚至来不及感动。关大尉以下各位貌似都不甚勇敢。登机出发之时给人一种强力之感，但那似乎是飞机带来的感觉，不知何故，我竟深深感慨于人的脆弱和不足取"（1944年11月25日）。② 终于，在写实性的新闻电影中，大佛依稀看到了"诸神"光环下黯淡的"人性"。

螳臂当车，神风特攻队的微薄之力自然难挽败局。在国力悬殊的状况下，殒命的特攻队员只是军政愚蠢决策的无谓牺牲品。对于这一切，掌局者们原本就是心知肚明的。或因此故，就在日本投降次日，海军中将，也是神风特攻队的始作俑者大西泷治郎（1891—1945）留下了向"神风特攻队员的英魂"致歉的遗言后，切腹自杀。时局中的作家们虽未必了然，但到战争末期，他们至少可以看到官方宣传与战败实情之间的巨大裂痕——时间证明了一切。1945年8月5日，大佛次郎在日记中谈道："在特攻队因连升两级而奏达天听的佐佐木曹长在投掷炸弹后，迫降吕宋岛后依然活着。但情况在奏达天听时却变成了他自爆飞机，生还无望，……这真是宣传之下的特攻队之反面悲剧。"③ 意味深长的是，两天之后，他又谈到了一年前曾因"乏力"而被其嘲讽的永井荷风，而这次，他却成了后者的辩护人：

前些日子，永井龙男重读了荷风的作品（《争芳斗艳》等作），并

---

① 大佛次郎：『終戦日記』、東京：文芸春秋、2007年7月、第93頁。
② 大佛次郎：『終戦日記』、東京：文芸春秋、2007年7月、第95—96頁。
③ 大佛次郎：『終戦日記』、東京：文芸春秋、2007年7月、第316頁。

表示难以相信他的文学像人们称赞的那么好。这个时代让永井君这么明理的人，也不自觉地以严厉的眼光审视事物。……多少有些认真的人都在不觉间失去了宽容之心。……在认真的人们那里，文学不容游戏。这一倾向很明显，失去了游戏性质的文学只能成为官样文章，从而失去了动人的力量。写作者也是无力的。①

大佛对永井龙男（1904—1990）之荷风论的评断恰如对一年前的自己之检省。在这里，荷风的游戏文字从乏力变得有力，国策文学、官样文章始于有力而终于无力。一年之间，大佛次郎实现了文学价值观的逆转，而令其醒悟的代价之一却是神风队员们的生命，这真是令人不禁唏嘘。杀君马者道旁儿，大佛次郎、伊藤整们便是以鼓噪、喧嚣、期待将年轻人们送上绝路的"道旁儿"。一年之后的大佛更不会想到，对于荷风之风行，统治者们非但不似其所言"没察觉到这一怪现状"，反而正是重要的幕后推手。在这只"看不见的手"的干预下，"荷风"竟在不意间成为纾解出征军人苦闷的麻醉剂和镇魂曲。就在大佛旧书店之行的两天之后（1944年9月20日），荷风即在日记中对统治者大加嘲讽，而涉事之作正是后来被永井龙男所贬抑的《争芳斗艳》：

3点多时，岩波书店编辑局工作人员佐藤佐太郎来访。他说军部要求重版岩波文库的几种书籍，拙作《争芳斗艳》被应允印行5 000册。政府自今春起禁止表演歌舞伎戏剧和花柳界之业，半年不到，却又允许让被打上花柳小说标签的拙著重版，以赠出征士兵，这是何等的滑稽。②

---

① 大佛次郎：『終戦日記』、東京：文芸春秋、2007年7月、第320—321页。
② 永井壮吉：『断腸亭日乗』（第5卷）、東京：岩波書店、1981年1月、第487页。壮吉为荷风本名。

战时的荷风对军人政府操控政局、愚弄国民的行径洞若观火，始终冷眼观之，不愿与之同流。而对神风特攻队这般泯灭人性之事，尊崇个人主义的荷风在日记中未置一词也并不奇怪，因为早在1941年6月，他便已看破了这场战争的谎言：

> 日支之间的这次战争始于日军暗杀张作霖并侵略"满洲"。日军以"膺惩暴支"之名开始侵略支那领土，但是因穷于应付长期的战争，突然改变名目，祭出了"圣战"这个无意义的词汇。……然而，这完全是愚蠢的军人和暴虐的莽夫们之企图，而非一般人民所乐见的。一般国民服从政府的命令，吃着米饭而毫无怨言，那是恐惧的结果。……原本日本人就是没有什么理想的，他们最希望能追随强者，安闲度日。[1]

狂潮退却，硝烟落定后人们惊觉，在战时喧嚣的国策文学、战争文学背后，艰难抵住黑暗之门的正是永井荷风、志贺直哉等不愿投机趋时、不愿被驯服、冷眼旁观时局的倔强个体。在政治重压之下，他们以冷清的守望、不合作的沉默使气若游丝的文学之尊严一息尚存，从而为战后文学留下了一支难得的血脉。

(原载《读书》2021年第10期)

---

[1] 永井壮吉：『断腸亭日乗』（第5卷）、東京：岩波書店、1981年1月、第177頁。

麦克阿瑟的靴子

——"开除公职"处分与尾崎士郎的时局因应

1946年1月4日,作为《波茨坦宣言》的具体落实,驻日盟军总司令部(GHQ)发出了"开除军国主义者公职"以及"解散超国家主义团体"的指令,要求将"以文笔、言论,对好战的国家主义和战争展现出积极态度的代表性人物"从其公职上予以开除。这意味着自1945年8月15日以来让日本文学家们或惧或盼的麦克阿瑟的靴子在政策层面落了地。

有人畏惧首先是因为有人期盼。让那些战争时期曾为法西斯军国主义张目的文学家们始料未及的是,他们最先迎来的不是GHQ的政治处置,而是文坛内部的道德审判。以原无产阶级文学阵营为班底成立的新日本文学会在1945年12月率先自主提出了文学家的战争责任问题,而更大的波澜则是文坛的后浪们掀起来的。自1946年1月1日起不到一年的时间里,《近代文学》同人中的激进青年荒正人、小田切秀雄和佐佐木基一在其创办的小报《文学时标》上,先后将40位日本文坛名人押上了"文学和法庭、人性和理性的法庭"[①]逐一批判,创刊号上对于高村光太郎之追责甚至比GHQ的指令还早了三天。与此同时,借助着GHQ开除公职指令的政治威势,在1946年3月29日新日本文学会东京支部成立大会上,兼有《近代文学》同人和新日本文学会成员双重身份的小田切秀雄起草并提交大会表决通过了一份25人的责任者名单,并提出了要"将这些人作为文学世界中符合罢免公职条例者"[②]。尽管主张艺术至上的中左派《近代文学》同人与延续了1930年代革命斗争路线的新日本文学会其后纷争不断,但在对"战争责任者"的认知上却存在着广泛的共识,40人名单与25人名单中重叠者包括菊池宽、高村光太郎、武者小路实笃、佐藤春夫、保田与重郎、龟井胜一郎、林房雄、久米正雄等十三位。

尽管文学界声势浩大的追责对官方形成倒逼之势，但"GHQ在开除公职指令的文坛适用度考量上大费周章。……在此期间，开除指令事实上已让财界、政界地动山摇；而在GHQ看来，文学家不过是言论界一部分著述者中的一小部分而已"。③ 认定工作之迟缓让激越的文坛论罪者们颇感焦虑，1947年5月，中野重治在一篇代表了日共中央基本立场的文章中，就公开谴责"日本政府在保护战争责任者""在盟军总司令部的敲打下迟迟不愿给出开除公职者名单"。④ 1948年2月，有媒体披露称，关于开除文笔家公职的问题，将"首先追究单行本作者，无署名的也会被追究，月底将公布第一批名单"，⑤ 而当月26日永田町的一场离奇大火却恰恰烧到了"中央公职适否审查委员会、诉愿委员会"等部门，开除公职相关资料亦遭损毁，让人颇感蹊跷。所幸各县调查员手中尚有"资格审查"相关文件副本，而"异议申诉"材料则须再次提交⑥，或因此故，公示名单延宕至3月21日和30日才分两次揭诸报端。除了林房雄、岩田丰雄、浅野晃、中河与一四人与文坛两派名单重合，其他人或是非共识人选（上田广、尾崎士郎、丹羽文雄），或是从未出现在前述名单中的人物（北村小松、山中峰太郎、山冈庄八、石川达三）。名单似乎既虑及了日本文坛关切，又不无GHQ自身的主体考量；既对激进呼声给出了迟来的回应，又将实际打击面控制在了极小的范围之内——这一保守姿态和施政策略几可视作战后

---

① 小田切秀雄：「四十年前の情熱——『文学時標』の多少の存在理由に関連して」，『復刻版文学時標・回想』，東京：不二出版、1986年12月、第1頁。
② 小田切秀雄：「文学における戦争責任の追求」，『新日本文学』第3号（1946年6月）、第65頁。
③ 本田秋五：『物語戦後文学史』，東京：岩波書店、2005年8月、第78頁。
④ 中野重治：「批評の人間性——文学反動の問題など」，『新日本文学』第6号（1947年5月）、第5頁。
⑤ 「文筆家の公職追放」，『朝日新聞』1948年2月8日（朝刊）、第2面。
⑥ 「『追放』書類も焼く、総理庁焼く」，『朝日新聞』1948年2月27日（朝刊）、第2面。

盟军对日占领与改造的缩影。

不难想见，从政策出台到罪责查证再至指名公示，两年多里变数甚大，加之议罪尺度的弹性，公示名单又规定了一个月的异议申诉期，凡此种种皆为被指名者留下了不小的活动空间，石川、丹羽和岩田三人便藉申诉逃过一劫。然而，并非所有被指名者都会如此幸运，比如尾崎士郎（1898—1964）。

战后初期，岁月峥嵘。尾崎的弟子、曾为其师立传的文学史家都筑久义感叹说：“昭和二十年（1945年）8月15日到昭和二十三年（1948年）5月期间，是既成文坛所有人都在上演着密告、谋划、背叛、追随和丑恶闹剧的时代。……尽管文学史不会告诉我们这些真相，但混乱的时代还是展现出了当文学家——不，毋宁说是人——身处困厄境地时，是何等的丑恶和脆弱。"① 在凶险的政治空气中，尾崎士郎是脆弱的。他的战时过往会为举报者提供大量的素材，只是让其自身都颇感讶异和尴尬的是，具体到举报一事，自己与素未谋面、地位上亦有云泥之别的麦克阿瑟之间竟有"一靴之缘"。在去世前一年发表的《一个文士的自白》中，尾崎提及自己战败之初从一家小饭店老板娘那里听到的流言，"听说每天都有大量投诉您的信件寄到麦克阿瑟司令部，而且全都是日本人写的"，"投诉的内容当然千差万别，但重点却是我（尾崎——引者）偷了属于麦克阿瑟私人之物的靴子"。据其回忆，此事大致的经纬是：1942年马尼拉陷落后，作为应征入伍来到此地的宣抚班员，自己从进入麦克阿瑟官邸、扣下了疑似其长靴的同僚那里偶得此物，并穿在脚上四处招摇，以至军中皆知，尾崎甚至还亲自撰文谈论此事，文章经由军部报道部送交报社，后被改题为《靴子留下的爱与恨》发表在M新闻上。战后由于其个人吹嘘、加之街谈巷议间的讹传，此事最终被演绎成符合C级战犯标准（偷盗或抢夺美国人之财物者）的犯罪行为，民意汹涌之下引起了GHQ的关注，但他最终还是通过

---

① 都筑久義：『評伝尾崎士郎』、名古屋：ブラザー出版、1971年12月、第302页。

疏通关系和解释申辩获得了彼方谅解云云。① 迟暮之年的回忆自然是云淡风轻、望尽天涯路；但有些往事回忆起来不免让人难堪。比如1942年尾崎以《麦克阿瑟的靴子》（就写作、发表时间及其内容推断，应为前述"爱与恨"一文）为题写作的那篇"报道班员手记"，就指名道姓地对珍珠港事件后因实力悬殊和指挥失当等故败退澳大利亚的美国远东军司令极尽戏谑羞辱之能事：

> 在日本人眼里，会觉得这只是一双形状略显奇特的靴子；但对菲律宾军队而言，这似乎就是保全中将颜面之物。尽管如此，当逃往澳洲的麦克阿瑟之名即将被人从地球上抹掉之时，唯独他的靴子却被在战场上连士卒都算不上的一介宣抚班员"尾崎某"踩在脚下，中将也放弃了自己的声威，真是世事无常，让人痛心。②

战时日本"打击鬼畜美英"的意识形态宣传，在这则逸闻奇谭中被以一双长靴为噱头，脸谱化演绎为睥睨傲视的日本凡夫"尾崎某"与丢盔弃甲的美军中将间的奇妙因缘。当然，战时将麦克阿瑟之长靴踩在脚下的尾崎绝不会想到，战后，这位败逃者会叼着烟斗君临日本，而那长靴竟会化作达摩克里斯之剑悬在他的头顶。街谈巷议自然不足为据，但发表于报端、广泛流传的《麦克阿瑟的靴子》总是抹不去的无声证言。

当然，更让他忧心的还不是民间传言，而是那份官方名单和通知书。据都筑久义的考察，尾崎士郎的开除公职通知书上给出的理由是，"经鉴定，《文学部队》《战影日记》《文学论》《与林房雄对话》等作品影响力甚大"。③ 可见，查证方是严格按照文笔家著述的标准为之定责的。面对制

---

① 尾崎士郎：『尾崎士郎全集』（第12卷）、東京：講談社、1966年11月、第58—65頁。
② 尾崎士郎：「マッカーサーの靴」、文化奉公会編：『大東亜戦争陸軍報道班員手記：バタアン・コレヒドール攻略戦』より、東京：大日本雄弁会講談社、1942年7月、第245頁。
③ 都筑久義：『評伝尾崎士郎』、名古屋：ブラザー出版、1971年12月、第303頁。

裁，尾崎在回忆中声称"别人频频来劝我和林君（林房雄——引者），但由于手续繁琐，陈述异议与诉愿都未曾正式进行，但我也不是特别固执己见"。① 忸怩背后看似是文人尊严与自救意识的交战，但相关程序"未正式进行"实则别有隐情。较之于"程序"，他似乎认为"权力-关系"更具现实性。处分解除多年后，尾崎在与高桥义孝的对谈中，大曝当年自己运动权贵的糗事。据介绍，他运动的第一个对象是后来的东京都副知事住田正一，却因对方索贿30万日元而未如愿；后来又想到在菲律宾战场从军时，曾与现任"中央公职适否审查委员会"委员长牧野英一之子有故交，遂前去试探，却再次碰壁：

> 后来，我去诉愿委员会见了牧野（英一——引者），并告诉他，我想去见你，但找你的人太多了，没见成。……在我开口谈事之前，牧野便说："这次开除公职的事情，最初原本并没把文化人考虑进去。但是人数怎么也凑不够，就必须算进去了。放进来的话就得划一条线，这样一来，你无论如何都在线里面了。你做过很多事，也很积极，这不就足够了吗？"被他这一说，我就明白了，说了句"够了"就回家了，然后就被开除公职了。②

在另一篇回忆中，他又补充了牧野的一些话："但就我而言，会尽可能考虑作家生活及其他问题，并在此基础上尽可能努力减少开除的人数，但是尾崎先生却一直都在红线之上啊。"③ 从牧野的言语中不难想见在两年多的时间里GHQ与日本政府、官方与民间漫长而复杂的博弈过程。牧野心中自然也明白尾崎来意，虽说是儿子的旧识，却并未给他申辩机会，且交

---

① 尾崎士郎:「おでん屋志願」、『文学界』（1955年8月号、特集戦後文学の十年）、第114頁。
② 尾崎士郎、高橋義孝:「対談　男なら」、『中央公論』1956年7月号、第302—303頁。
③ 尾崎士郎:「おでん屋志願」、『文学界』（1955年8月号、特集戦後文学の十年）、第114頁。

谈之中流露出了不难察觉的冷酷、讥讽和确定。

"你做过很多事,也很积极,这不就足够了吗?"牧野的话表述含糊而态度却毫不含糊,而尾崎黯淡的一句"够了"也意味对因果的默契了然,"权力-关系"之路已无转圜余地。话虽如此,他却并未束手就缚,而是选择在"程序"上做最后一搏。"得知公示名单之后,尾崎周围的朋友都活动了起来,以《每日新闻》出版部长千岁熊吉和坂口安吾为中心,大家都劝他准备'陈述异议'。"① 常得尾崎照拂的坂口非但以"尾崎秘书"的名义伴其出入 GHQ 战犯事务所,1948 年 4 月 12 日更专门撰文为之申辩称,军人向来轻视迎合型人格,而有着英雄崇拜情结的尾崎之所以深受军方赏识、器重,是因"尾崎文学的趣味与军人趣味相合,与军人所指导的当时之趣味相合","他的思想中毫无军国趣味",作为"那个时代的文坛王者",他"有着不屈于军部的骨气和节操"。② 不迎合而是恰巧"相合",无非是强调其无主观"积极"作恶的动机,却轻易地绕过了查证追责者所突出的"著述"及其"影响"。这番出于私谊的无罪辩护与尾崎自辩形成了某种微妙的互文关系。在 1948 年 5 月 20 日写给为其开除公职问题前后奔走③的山崎一芳(战后日本第一部麦克阿瑟传记的作者)的信中,他表示,在宣抚班时自己曾难忍数百名报道班作家被强召入伍、折腾到面目全非,为此数次与军方抗争,守住了文学家的立场;只是"我不了解战争的动机,也没有余裕考察大战的性质,我的行动只是想尽一个国民的全部义务"。④ 而对其师心怀同情的都筑久义在《思想的科学》上看过尾崎最终呈递的自辩书后表示,"虽然最开头的部分不无诡辩之处,但其以庶民身份参战之辩以及作为文学家的自我批判部分让人颇有好感"。尾崎写道:

---

① 都筑久義:『評伝尾崎士郎』、名古屋:ブラザー出版、1971 年 12 月、第 303 頁。
② 坂口安吾:「迎合せざる人——尾崎士郎の文学」、『日本経済新聞』1964 年 3 月 3 日、第 16 面。
③ 尾崎士郎、高橋義孝:「対談 男なら」、『中央公論』1956 年 7 月号、第 303 頁。
④ 尾崎清子編:『尾崎士郎書簡筆滴』、東京:株式会社インパルス、1969 年 8 月、第 235—236 頁。

在国家直面命运存亡的危急之际，我相信虽身为文学家，却也应当履行一个国民应尽的义务。直至今日，我依然不改此念。对于战败，作为文笔家我有责任，无论开除公职令的结果如何，即便对其内容大都认可，我也已经脱离了所有的文学集团，一心谨慎蛰居，这些在我的日记感想集《谪居随笔》中都有所体现。不妨明言，这都是我自发的反省，毫无任何可让外界指责的行为。换言之，自我反省之下，我没有发现自己有被开除公职的具体理由。

连都筑都感到实属诡辩的开头部分暂且不论，上述这段自述与致山崎之信中的表述依然难脱"诡辩"之嫌。一则，反军不等于反战，况且所谓"反军"亦并无实据；二则，尾崎不会不知，GHQ 的追责并不诛心，不问创作动机、意图，更勿论战后悔过的决心与行动，只突出作为事实的鼓吹侵略战争之战时著述及其政治影响，追究的正是"以文笔、言论，对好战的国家主义和战争展现出积极态度的代表性人物"。

若论文学成就，尾崎士郎自然算不得大正、昭和文学界的"代表性人物"，而坂口安吾却视之如"那个时代的文坛王者"却又是为何？恐怕是因为权力。在珍珠港事件爆发前与高见顺之间展开的"文学非力说论争"中，尾崎公开宣称："直到今天还有人在一些地方使用御用作家、投机作家这样的词，但今天的作家中真有具备御用作家这般能力的人物吗？如果有在这种复杂的政治力量中还能投机的作家，我为日本文学感到可喜可贺。"[1] 事实上，他也活成了自己所期许的样子。据曾任《中央公论》总编的黑田秀俊回忆："随着太平洋战争的发展，尾崎士郎的势力逐渐壮大了起来。尾崎的风格与艺术手法深得军部信赖，他与军方要人，尤其是松村秀逸少将（大本营陆军报道部长）交情甚厚。当时，尾崎家中常聚集着十多个编辑和意气风发的年轻作家。他们的总头目尾崎，甚至颇有取代曾

---

[1] 尾崎士郎：「文学無力説——決意について（一）」、『都新聞』1941 年 8 月 6 日。

经的菊池宽、从大森的一角威压文坛之势。"① 战时风头之健直逼文坛掌舵人菊池宽的尾崎在战后自辩时却自降身价,以"一个国民"自认当然不会得到认可。文学成就不算一流的他应深知,开除公职通知书上所言之"影响",便是个人难以销毁、抹杀的涉战著述与军方政治权力背书两厢作用之结果。

操弄了犹大的总督永远不会、也无法承担责任,最终承担一切罪责的必定是一个个寄生于权力的、"平庸之恶"的遂行者。人是健忘而又善辩的动物,尽管《麦克阿瑟的靴子》被《尾崎士郎全集》的编者川端康成、广津和郎等生前好友有意弃之不录,但历史却帮他(们)记住这一切。战时支撑了尾崎文坛江湖地位的军国主义政治权力在战后遭到整体性清算,躲过了民间的海量举报,顶过了文学界的道德批判,但发表和出版的著述总是抹不掉、赖不掉的,法律对他的裁决虽迟而终至。

战争责任追究的风潮对战后日本各界之撼动和影响既广且深。战败之初,当许多人(甚至包括武者小路实笃这般名作家)都以自己被军国主义宣传所欺骗为借口拒绝承担责任之时,伊丹万作犀利地指出:

> 若无其事地说出"我被骗了"的国民,恐怕还会被骗很多次。不,他们现在无疑已经开始被别的什么谎言欺骗着了。若被骗过一次,那么为了不再次受骗,自己就必须认真地反省和努力,非此则人类将无法进步。从这个意义上来说,追究战犯固然重要,但对现在的日本更重要的是,首先要真正理解全体国民被欺骗到底意味着什么,并开始努力地去解剖、分析和彻底地改造被欺骗的脆弱自我。②

伊丹强调的是将来自外部力量的战争责任追究问题内化、主体化的思

---

① 黒田秀俊:『知識人・言論弾圧の記録』、東京:白石書店、1976 年 1 月、第 225 頁。
② 伊丹万作:「戦争責任者の問題」、『映画春秋』創刊号(1946 年 8 月)、第 35 頁。

想过程,非此则无法超越具体的政治问题、从而转化为有效的历史经验。尾崎的开除公职处分于 1950 年 10 月(时年 52 岁)解除。6 年后回首往事,他的一番反思可谓颇得三昧:

> 我也曾思考过日本的动向,文化人只看浮在表面上的那些漂亮东西是不行的,一定有着什么将他们发动起来的东西,必须去判断那伟大的、离谱的、看不见的动向。把握不了这些,文化人的存在也就没什么意义了。说些吊儿郎当的话,做不责任的事,那还算什么文学!我在想,战时我们干得那么出色,却导致了多么不幸的战争啊!文化人为什么不把这一问题作为自己的问题来思考呢?①

战败 10 年后的尾崎不再为自己对战争性质之无知而诡辩,而是强调文学家的主体责任,强调将战争"作为自己的事情"去"思考"和"判断",这甚至让人想到阿伦特临终前在打字机上留给这个世界的最后一个标题——"Judging"。判断关乎责任,阿伦特所说的"平庸之恶"所强调的正是丧失思考能力所犯下的极端罪恶。若非着意凝视那"伟大的、离谱的、看不见的"发动者及其意图,那么"你越努力,别人越不幸"的悲剧便会不断上演。当然,如果说对 1948 年以"一个国民"之立场为自己辩护的尾崎士郎来说,谈阿伦特还太早,那至少读读为其奔走和辩护的挚友、战时独守着孤独甚至逃避兵役的不合作者坂口安吾战败之初发表的名文《堕落论》,"满纸荒唐言",实则一句话——做个"人"吧,毕竟人性本真、可知可感的日常生活才是战时那"伟大的、离谱的、看不见的"发动者之透视镜和解毒剂。

(原载《读书》2023 年第 1 期)

---

① 尾崎士郎、高橋義孝:「対談 男なら」,『中央公論』1956 年 7 月号、第 302—303 頁。

帝国宣传的莫比乌斯环

——战时、战后火野苇平的政治悲喜剧

　　1948年春日里的一天，曾因战争文学而暴得大名的火野苇平收到了一通来自总理大臣的挂号公文。公文判定，"根据昭和二十二年敕令第一号"①，认定火野"符合该令第四条的备忘录"规定的条件，并认为其作品"强调日本民族的优越感，肯定了战争，特别是太平洋战争，致力于高扬战意，其影响既广且大。基于以上原因，不得不认定该人是迎合军国主义并协助了宣传者"。②结果是，火野被暂定为因战争责任问题而将被开除公职的作家之一。

　　作为对此严峻事态之应对，就像其他所有涉事者一样，这位芥川奖得主也开始为脱罪而积极奔走、运动。在1948年4月致内阁总理大臣芦田均的"异议申述书"中，他以近万字的长文力陈其无罪立场，并向"中央公职适否审查委员会"寄呈了包括被审查方揪住的《向战友倾诉》《广东进军抄》和《陆军》在内的、1931年以降个人著书33册备考，声称"自日华事变前至今，我作为作家的品格""平日之所思"皆历然其间。在这份围绕个人著述展开的自辩中，3本问题作自不待言，曾合计出版300余万册、让其在战时名利双收的"士兵三部曲"自然也是绕不过去的。火野称：

　　　　"士兵"三部曲由英国人路易斯·布什译为英文（也曾由现劳动大臣夫人、议员加藤静枝在纽约□译出版）并流布于英美，彼方也出现了赛珍珠（Pearl S. Buck）等撰写的诸多批评文字，他们都认为我

的所有作品都是站在人道主义立场上写作的。这些作品若有军国主义色彩，是不可能见容于民主主义国家的。三部曲也被□译为法语、俄语、西班牙语、荷兰语、德语、意大利语等诸国文字。③

括号中出现的加藤静枝曾嫁于石本惠吉男爵，1919年22岁的她追随丈夫赴美，故而在1939年5月纽约Ferrac Rinenartinc出版的英译本中，出现了"石本静枝男爵夫人"的译者署名。1944年11月，与石本惠吉离婚后的静枝嫁给了1948年成为芦田均内阁劳动大臣的加藤勘十，后改名为"加藤静枝"。在1946年4月的众议院议员选举中，静枝接受了GHQ的邀请，作为日本社会党党员以最高票当选，与同时当选的丈夫一起进入政界。在致芦田首相的信中，火野祭出了"火野-静枝-加藤-芦田"这一关系链条，不无将个人的罪责与盟军治下的日本政界要人之声誉巧妙关联一处的算计，其自辩非但有着清晰的对话对象（责任审查主导方的美国人）和目的指向（强调人道主义而非军国主义倾向），更隐含着"以子之矛攻子之盾"，甚至拉人下水、垫背的弦外机锋。

待罪上陈自然旨在喊屈鸣冤，但心中郁结、块垒总也要寻处浇灭。身为作家，如此难得的素材岂能错失，于是便有了述说革职前后人事际遇以及个人复杂心境的中篇小说《被革职者》（『追放者』）。1950年10月13日，火野的革职处分方得解除，同年12月的《改造》旋即刊出了该作，翌年1月创元社又跟进出版了同题小说集。作者骨鲠在喉的倾诉欲以及战后文学市场对这位话题作家之期许由此都足见一斑。在这部以实名躬身入

---

① 「ポツダム宣言の受諾に伴い發する命令に関する件に基く公職に関する就職禁止退職等に関する勅令」（昭和二十二年一月四日勅令第一號）、法務府特別審査局監修：『團體規正・公職追放関係法令集』より、團體規正・公職追放関係法令集刊行会、1950年2月、第27頁。
② 火野葦平運営委員会編：「火野葦平展」（北九州教育委員会、1994年1月、非売品）、第17頁。
③ 山岸郁子：「〈資料紹介〉火野葦平の公職追放仮指定に対する『異議申立書』と『証言』」、『語文』（136号、2010年）、第168頁。

局的作品之后记中，火野苇平有一段颇显纠结的表述：

> 战败后的革职，虽是摧毁我的铁槌，但在这苦恼之中我所获得的领悟的确让我前进了半步。……但我确信自己知道了一些之前不知之事，也管窥到了些黑幕中的东西。……便毫不隐瞒地写出了《被革职者》。……关于这部作品，讨论原型问题这类话题就有些不近人情了，因为我所写的并不是报告文学，而是小说。①

既已宣称"毫不隐瞒"，又何必自称"小说"而非"报告文学"，忸怩之外，颇有些言不由衷。而欲揭黑幕，就不可避免地会涉及具体的人事关系，为防好事者务实求真、相关人士对号入座，火野也颇费了一番心机。作品中，中山省三郎、岩下俊作、刘寒吉等与火野相善的人物皆以实名真事的面目登场，而以友石五郎、牧隆之助、民谷顺等化名登场的人物则被塑造为两种丑角类型——他们或是在革职运动前后不断调整个人言论立场以迎合战后"民主主义"的文坛、政坛的"变色龙"，或是在火野被革职一事中落井下石或袖手旁观者——并以"人性"之名对其做出了文学报复。当然，作品也并未回避战时战后毁誉参半、让其从天堂坠入地狱的"士兵三部曲"，两位英译者也分别以路易斯·布什之实名和"浜崎隆子女士"之化名被作者带着鲜明的"敌友观念"（第123、140页）进行了扬抑褒贬。而由前述"异议申述书"中的自辩不难推知，该作中的浜崎即是现实中"现劳动大臣夫人、议员加藤静枝"。

"女士在美国时，曾将我的《麦与士兵》译为英文并在纽约出版。当时她还是某位外交官的男爵夫人，后来离开了那个人，我去见时她已是浜崎国务大臣夫人。"（《被革职者》，第127页）这个细节的交代并非可有可无，在该作中，大多数在政治立场上被作者嘲笑的"变色龙"的丑角都是

---

① 火野葦平:「後書」、『追放者』、東京：創元社、1951年1月、第253—255頁。

爱情上的不忠贞者。当火野为了脱罪来到国务相官邸求见夫人并寻求其证言时，却遭对方严词拒绝。浜崎表示："我与负责革职工作的事务局也关系密切，但若轻易出手，就会引发严重的政治问题。……请你考虑大局，放弃让我为你写证言的念头。"她还抱怨说，自己因翻译了火野作品而遭到各方责难："人们批评说我翻译了那种军国主义的作品，我也因此受到了酷评和损失。"（第129—130页）在1955年《文学界》策划的"战后文学十年"特辑中，火野又以《人性之镜》一文旧事重提，只是"浜崎たか子女士"变成了"K女士"，同时又丰富了一个细节——K氏以要去见麦克阿瑟的夫人无暇多谈为由，发出了委婉的逐客令。① 自己作品的英译者同时亦是GHQ的红人，在火野看来这自然是不容错失的人脉，但孰料结局如斯。

按《被革职者》和《人性之镜》中的描述，向静枝与布什两位英语译者求援发生在1948年3月下旬文坛战争责任者暂定名单公布之后。静枝的脆拒让火野备感屈辱，他觉得自己就像一个待人恩惠的"乞丐"（第129页），而这种挫败感在另一位英译者布什（L. W. Bush）那里得到了意料中的宽解。《被革职者》描述称，在火野登门拜访后，布什认为，"你是被误解而遭革职的，这真让人遗憾"（第125页），并慨允其所求。但这份证言在火野1948年4月提交芦田均的申诉中并未得见，反倒出现在1949年的"特免申请"材料中。根据这一年推出的第390号政令，被在1946年1月4日发布的文笔家战争责任追究"备忘录"中暂定为"军国主义者以及极端国家主义者"（G项）、又在1948年受到实际处分的涉事人，可以申请"特别免除"，这等于又给了火野等战争责任者一次脱罪机会。只不过，此番依然需要提交个人申诉、有力者的证言以及三份日英双语的"调查表"。"特免申请"申诉材料与证言现藏于设在北九州市若松区的"火野苇平资料馆"，我有幸从"火野苇平资料之

---

① 火野葦平：「人間の鏡」、『文学界』1955年8月号、第117—118页。

会"会长坂口博先生那里得览相关文献的文字版。布什在其证言中称，"私见之下，玉井有着崇高的信仰和坚毅的性格，即便在最为险恶的逆境中依然不曾变节"，并搜集、摘编了英国报刊上的五则评论文字为证。此举对布什而言顺理成章——他不仅是火野相交十多年的朋友，也是战时《麦与士兵》等四部战争文学的英译者。而太平洋战争爆发改变了这位在日英国人的命运，他以英国海军大尉的身份走上战场，在香港沦为战俘后又被辗转送往日本内地多个收容所，甚至被迫去掏粪，战后方才获释。《被革职者》中的这段人物介绍（第124页）也基本可从布什著作的作者简介中获得证实。① 而就在火野提交了"特免申请理由书"的10天后，《朝日新闻》刊出了一则题为《为了回应布什的友情，火野苇平翻译了〈虏囚之歌〉》的消息。② 布什彼时已任"英国电影协会驻日代表"，该诗集讲述了其3年6个月的在日房囚生活，然而诗集的日译、出版却发生在火野为脱罪而再次奔走、运动之际，二人之间投桃报李的密切关系以及新闻媒体的报道时机都颇耐人寻味。

讽刺的是，尽管太平洋战争爆发后，布什成了身份上政治不正确的"敌国人"，身名俱损，不仅被俘，连其翻译的火野作品也不得不由日本人井上思外雄重译，③ 但在此之前，他却是一位彻头彻尾的亲日派，积极活跃在日本帝国的外宣战线上。在火野苇平看来，"他对日本之爱，在程度和深度上不逊色于曾经的小泉八云和皮埃尔·洛蒂"。④ 1938年3月、10月布什两次作为"外国人记者团"成员来到"北中支战线"为日本侵华高

---

① 火野葦平：「序——ありがたい外国人」、ルイス・ブッシュ著、明石洋二訳：『おかわいそうに——東京捕虜収容所の英兵記録』、東京：文芸春秋新社、1956年8月、第3—4頁。
② 「ブッシュ氏の友情に　火野葦平氏が『捕われの歌』を翻訳」、『朝日新聞』1949年5月17日（朝刊）、第2頁。
③ 火野葦平：「解説」、『火野葦平選集』（第2巻）、東京：創元社、1958年11月、第435頁。
④ 火野葦平：「序——ありがたい外国人」、ルイス・ブッシュ著、明石洋二訳：『おかわいそうに——東京捕虜収容所の英兵記録』、東京：文芸春秋新社、1956年8月、第3頁。

唱赞歌，"一直致力献身于介绍事变下的日本精神"，他相信"大和魂"中蕴含着佛教精神并在 1939 年 2 月将宣扬此说的高神觉升之《日本精神与佛教》译为英文。① 另外，1939 年研究社推出的《英译 土与士兵》版权页上刊登了《英译 麦与士兵》（普及版）的广告，文曰："本著的英译早已是国内外翘首以盼之事，此番作为亲日英国人而夙有令名、曾作为中支战线视察外国人记者团之一员而赴支那的山形高校布什教授在其夫人兼子的协助下终得完成。敝社兹能以此名著之出版，表达英语报国之微意，深感欣慰。"② 战时日本情报统制宣传指导的核心人物清水盛明强调外宣工作"必须要得到有能力的外国人之协助，如有可能一开始就把我方的文章发给他们，让其编集比较合适"。（《战争与宣传》，详后）如此看来，此时的布什已是奋战在帝国外宣工作战线上一颗洋螺丝钉。更不可忽视的细节是，在美国人撤出日本、战后十年再回首战时岁月时，火野坦承，1949 年 5 月布什在证言中胪列的 1940 年 1 月间集中刊于英国杂志上的那些评论文字实则皆是其"伦敦知己们的话"。③ 而太平洋战争前曾活跃在日本外宣战线上、后又被日本所俘受尽屈辱的"国际友人"战后却又因私人情谊，将这些战时出于自己之手的文化外宣文字搜集起来，作为证言提交给了战时英国的同盟者、战后负责审判战犯罪行的 GHQ，替日本的文坛战争责任者脱罪，公与私、敌与友、过去与当下在命运跌宕之间发生了奇妙的交错。

由前文广告中所谓的"英语报国"不难看出，研究社推出的英译本实乃贯彻了战时日本鲜明的文化外宣意图。事实上，火野战争文学之外译并非译入国需求导向的文学事件，而自始至终都是日本军方强力指导和推动的结果。五味智英的论文《日中战争时期清水盛明政治宣传战略与火野苇

---

① 「佛徒の夫人と協力　『大和魂に佛教精神あり』と山高教授が英訳出版」、『朝日新聞』1939 年 2 月 9 日、第 2 頁。
② 火野葦平著、L. Bush 訳：『土と兵隊』、東京：研究社、1939 年 6 月。
③ 火野葦平：「人間の鏡」、『文学界』1955 年 8 月号、第 117 頁。

平》系统地考察了清水盛明领导下的陆军情报部（兼任内阁情报部）之外宣战略，及其与火野苇平战争文学外译工作的接点。文章指出，早在1938年，有着新式宣传思想的清水便已在一次题为"国防与思想战"的演讲中强调，"对英国和美国，政治上的宣传是必要的，但与此同时，采取对他们而言容易接受的方法也很必要，越是战时就越须在对外宣传工作中采取柔和的方法。对于这种文化宣传方式，他们便会不加批判地吸纳并立即向我们靠拢"。基于这一认知，在日本国内创下了120万册销售记录的《麦与士兵》显然是绝佳的外宣素材。原大本营陆军报道部长秋山邦雄在1948年4月提供的"证言"中称，"火野在士兵和一般国民中收获了超常的人气，这让我们想到以后可以利用他为军方的宣传报道做些有用的事"。[①] 于是，清水领导下的陆军省情报部和内阁情报部不仅在内宣层面推动了火野战记的单行本出版、电影化、戏剧化、广播化、歌谣化、舞蹈化、唱片化的全方位改编，要求相关方面夹带时局宣传内容；还与火野本人直接探讨了《麦与士兵》的海外译介事宜，而作者在致妻子的信中表示"我非常高兴，军方也非常高兴"。[②]

表面上看，《麦与士兵》英译本在美国似乎同样取得了满堂彩。静枝的友人[③]威廉·亨利·钱伯伦（William Henry Chamberlin）在为《麦与士兵》英文版撰写的序言中盛赞该作是堪与雷马克的《西线无战事》相提并论的"书写世界大战的杰作"，"他的这本书远超同类'战争文学'书籍的特点在于，书中完全没有任何宣传战争的成分"。[④] 而更让日本读者兴奋的恐怕还要数1938年新科诺贝尔文学奖得主赛珍珠的正面评论，她认为"该

---

① 山岸郁子：「〈資料紹介〉火野葦平の公職追放仮指定に対する『異議申立書』と『証言』」，『語文』（136号、2010年）、第180頁。
② 五味智英：「日中戦争期における清水盛明のプロパガンダ戦略と火野葦平」、『文学研究論集』第52号（2020年2月）、第67—70頁。
③ ヘレン・M・ホッパー著、加藤タキ訳：『ヘレン・シヅエ百年を生きる』、東京：ネスコ／文芸春秋、1997年3月、第153頁。
④ Corporal Ashihei Hino. Trans by. B. A. ISHIMOTO.（1939）. *Wheat and Soldiers*. Farrar & Rinehart, Inc, New York. pp. vii.

小说没有任何宣传色彩"。① 有了诺贝尔奖得主等文坛重镇的加持和鼓噪，日本国内媒体也纷纷跟进报道该作（实为《土与士兵》的全译与《麦与士兵》的压缩译本）在彼邦读书界引起的巨大反响。以"对祖国的忠诚和对我的美国朋友们研究兴趣的感念""主动尝试了这项工作"②的译者石本静枝在写给《改造》的文章中概括、援引了日本主流媒体的报道倾向称："事变以来不太报道日本事务的美国媒体纷纷报道说，此书以其全文贯流其中、不容侵犯的人道主义精神向讲求人道主义的美国人倾诉，这将极大地消除美国人对日本之误解。"同时，她又以身在美国的海外视角观察到："让人高兴的是，这的确命中了舆论国家美国的舆论鹄的。"③ 而这似乎也是清水盛明宣传战略的胜利，他一直强调在外宣工作中"对民族心理的研究、宣传对象的研究是极为重要的"。（《战争与宣传》）

然而，静枝面向国内媒体的报道实则是对美国舆论有选择性的呈现。实情却是，"与静枝和钱伯伦的预测相反，一般的美国人和批评家只把该作理解为军国主义的'自我宣传'。大部分批评家无视了钱伯伦的序文，开始去非难男爵夫人。在1939年的时间节点上，日本的外国人社会依然相信'日华事变'可以通过外交手段解决，相信日美关系能回到正常轨道。但实际上，美国人的反日情感已普遍、迅速高涨，对被蹂躏的中国人之同情以超过反日情感的速度增长了起来。"④ 批评家菲利普 J. 贾菲（Philip J. Jaffe）就针对英译者前言和钱伯伦关于该作"非宣传性"的论调一针见血

---

① 「バール・バック女史も讃嘆　『偉大なる戦争文学・麦と兵隊』」、『東京朝日新聞』1939年6月3日（朝刊）第11頁。赛珍珠的原话是："当日本人向我们讲述他们在中国发动的这场战争时，他们没有表现出我们所认为的那样鼓吹宣扬、傲慢夸大、自我辩解。"See Pearl S. Buck, *A Soldier of Japen*, *The New Republic*, 1939, p. 134. 更值得注意的是，赛珍珠在文中批评了日军在中国的非人暴行，但这些批评文字都被日本报纸有意无视、删除了。
② Corporal Ashihei Hino. Trans by. B. A. ISHIMOTO. (1939). *Wheat and Soldiers*. Farrar & Rinehart, Inc, New York. pp. xii.
③ 石本静枝：「アメリカの『麦と兵隊』」、『改造』1939年8月号、第178—179頁。
④ ヘレン・M・ホッパー著、加藤タキ訳：『加藤シヅエ百年を生きる』、東京：ネスコ・文芸春秋、1997年3月、第153頁。

地指出：

> 日本士兵的信条是以为天皇战死为荣，对于任何熟知这一点的人来说，日本政府没有阻止这部小说的发行，原因是显而易见的。
>
> 从负面意义上看，官方的反对也不可能存在。的确，在小说一个很短的段落中，火野表达了他对所有战争的愤慨。但他正在从事的这场战争，原因为何？他又何以身在中国？对此，火野下士从未质疑过。看到一个垂死的中国女人怀抱着哭泣的婴孩，他可能会难过，但这纯粹是出于一种个人情感。
>
> 《麦与士兵》并非是另一部《西线无战事》。它本身并不具备后者作为社会反战文本所包蕴的力量，纯粹是一本针对日本消费者的战争宣传品，且深谙宣传之道！①

虚假宣传不等于事实。回首往事，加藤静枝坦陈："从美国读者那里，完全看不到对这部士兵物语的宽容。……我的翻译遭遇了'不买运动'，书也卖得不好。"② 火野在《被革职者》中表示"听说英译本在美国卖了二三十万本"（第127页），复又在自辩中宣称，"我的作品若有军国主义色彩，是不可能见容于民主主义国家的"，这也恐怕只是因媒体鼓噪而形成的个人幻觉与误判。

《麦与士兵》的外译是战时日本外宣战略的重要组成部分，是一场在军方推动下，法西斯军国主义政治权力与作者、译者乃至海外文化市场的合谋，它服务于日本帝国的政治战略。单就作者本人而言，1948年5月25日火野苇平被指定为战争责任者的"指定理由"中所谓"不得不认定该人

---

① Philip J. Jaffe "Asia: Words and Soldiers." The Virginia Quarterly Review 15.4（1939）: 640.
② ヘレン・M・ホッパー著、加藤タキ訳：『加藤シヅエ百年を生きる』、東京：ネスコ／文芸春秋、1997年3月、第156頁。

是迎合军国主义并协助了宣传者"之判断可谓精当公允。作为一颗外宣系统中的螺丝钉，强调自己的性格、文学追求自然也无可厚非，但在非常年代、极端语境之下，为法西斯军国主义的工作积极提供"接口"，并乐于在其系统中发挥作用和影响则另当别论。面向英美等西方国家的外宣工作又在剔除了批评文字之后，通过媒体的书评译介、鼓噪转为积极的内宣物料，英文译者的知友们因私谊而撰的宣传文字被译介回日本国内时被包装、理解为海外读书界的普遍积极反馈。于是，帝国宣传系统由内宣、外宣，以及"外宣转内宣"所营构起的、内外交互又不断循环的莫比乌斯环便成型了，日本国民就在这样一个闭塞的循环结构中对内盲目乐观、对外群情激愤，在一片虚假繁荣中感动了自己、冲击了世界。在日本的火热和在西方的遇冷，不变的是《麦与士兵》，不同的是迥异的政治语境与精神状态下的读者。当然，对于这种不以对象国实际文化需求为指向的、夹带帝国意图的外译工作，异域读者未必买账，试图以此缓解英美等西方国家对日情感、判断与政治选择的文化努力也终以珍珠港事件的爆发而彻底宣告失败。

（原载《读书》2023 年第 10 期）

战败日记的"读法"

——兼谈有关战争记忆的劳动分工

2005年《蒋介石日记》由其孙媳方智怡交由斯坦福大学胡佛研究所保存并公布,13年后姜文在其自导自演的电影《邪不压正》中拿此事开了个涮。电影中,前朝武人蓝青峰与汉奸朱潜龙的对白制造了一个广为流传的梗:"正经人谁写日记啊!"而其理由则在于——"谁能把心里话写日记里?"导演对老蒋日记中心境、情感、观念表达的真实性极尽揶揄。生为战后世代,姜文(1963—)与蒋介石(1887—1975)之间有着超过四分之三个世纪的代差,加之1949年之后两岸波谲云诡的政治变迁、身份地位的云泥之差,不要期待两者能共享某种相通的历史语境、政治空气和生活实感,观众大可不必当真,因为苦哈哈地当真的往往只有两种人——学者和同时代的过来人。

在姜文们看来,日本人大概多"不正经"。野坂昭如就曾说,"日本人似乎比其他地方的人更喜欢写日记",他坚信日记中"即便会有修饰并混杂着摇摆,但单凭文字所无法传递出的真实还是会浮现出来。个人的、客观的事实即便不能变成文字,'真实'也会被传递给读者"。[①]他所欲强调的恐怕正在于可能隐藏在"事实真实"纸背的"情感真实"。在战争等一些极端年代,言论统制使自由表达的空间受到严重挤压,"迫害产生出一种独特的写作技巧,从而产生出一种独特的著述类型:只要涉及至关重要的问题,真理就毫无例外地透过字里行间呈现出来。这种著述不是写给所有读者的,其针对范围仅限于值得信赖的聪明读者"。[②]野坂与施特劳斯都在提醒我们,"真实"存乎作者的写法,也取决于读者的读法。每部日记都在等待一个对其抱持同情之理解的读者，要么是生逢其时，我在故我思；要么是愿者上钩，我思故我在。真诚、明睿自是基础，旨趣、眼光也很重要——解读者以何种姿态、带着怎样的关怀、选择了哪些文本、意图回应什么、与谁对话等问题皆不可等闲视之。

战后至今，记述战时日本政情、世态与人心的战争题材非虚构文本在彼邦多有刊行。其中，与带着"此时彼世"眼光写作的追忆文本、经验谈不同，战争日记、战败日记以及《莱特战记》《大和战舰的末日》等战记作品则是旨在呈现"彼时彼世"的实感文本、体验谈，后者在相当程度上避免了当下价值观念有意无意的渗入与污染，对于理解战争时期日本人精神史有着难以替代的价值。落实到文学领域，战后至今日本文学家战败日记的整理与出版已有年矣，而对其做整体性、对象化的阅读却还是晚近的潮流，其中领风气之先者当推野坂昭如（1930—2015）。2005 年，这位"30 后"作家将其在 NHK 上的讲座内容辑为一册刊行，《读"终战日记"》（NHK 出版）的腰封文字一半告白了一个历史在场者与其所阅读对象之间的情感距离——"对我而言，这不是'阅读'，而是将那个时代重新活过一遍的、略带辛酸的工作"；一半交代了一位古稀老人追问历史的少年视角——"大人们是如何思考那个时代、又是如何活下来的？"带着这种疑问，作者聚焦于广岛核爆直至战败的最后十日，讨论中野重治、山田风太郎、海野十三、高见顺、渡边一夫、永井荷风、大佛次郎、伊藤整、藤原贞、德川梦声、木户幸一（除后两者外均为文学家）在各自日记中之所思。论及写作旨趣，野坂坦言：

> 亚洲、太平洋战争导致了严重的损失和牺牲，并给他国造成了伤害。而我们却将追究其原因与责任之重任全都交给了外国人、特别是

---

① 野坂昭如：『「終戦日記」を読む』、東京：日本放送出版協会、2005 年 7 月、第 14 頁。
② 列维·施特劳斯著，刘锋译：《迫害与写作艺术》，北京：华夏出版社，2012 年 1 月，第 19 页。

美国人。当时自然是无奈之举，但原本尘埃落定后就必须由日本人来探寻那场战争的原因，讨论当时政治的错误，追究真正意义上的战争犯罪者是谁。该反省的反省，该谢罪的谢罪，全力避免这种危及国民生存的事态再度发生。……战争尚未结束，至少重新审视战争是必要的，将战争记忆传递下去是已垂垂老去的战争体验者之义务。①

在战后60年的历史节点上，野坂昭如以战败日记为媒介，带着作为战争体验者的少年视角和战后知识人的主体性介入姿态，意欲探知战时"大人"们之所思，强调面对亚洲诸国，日本的战争责任、战争记忆不应随着战争之终结而风化。这种拒绝遗忘、不忘自我追责的积极姿态，与高桥哲哉在同年出版的《战后责任论》中所聚焦的、以"日本不处罚（impunity）战争罪犯的问题"② 为核心的战后责任问题形成了隔空呼应，代表了战后日本左翼知识人面对战争责任的自省立场和面对战争记忆时责无旁贷的赓续自觉。

野坂说："日军士兵常会在战场上翔实地记录每天的生活，美军则将其作为重要情报加以利用。"③ 其中一位重要的利用者，便是战后在美日两国名声大噪的日本文学大家唐纳德·金（Donald Keene，1922—2019）：2009年，金出版了《日本人的战争：读作家日记》（角地幸男译，文艺春秋社，英文版翌年在美出版）。较之于战时尚携幼妹在国内流离失所的野坂，珍珠港事件爆发后旋即加入美国海军从事翻译和情报工作、随军身经数战的金则是名副其实的"战中派"。在战争前线，他所要处理的文书中就包含了日本兵的日记。在金看来，"这些日记描述了写完最后一行恐怕便注定葬身于太平洋的环礁抑或海中的人们之苦难，读来让人感动。我发

---

① 野坂昭如：『「終戦日記」を読む』、東京：日本放送出版協会、2005年7月、第211—212頁。
② 引自高桥哲哉著，徐曼译：《战后责任论》，北京：社会科学文献出版社，2008年6月，第20页。
③ 野坂昭如：『「終戦日記」を読む』、東京：日本放送出版協会、2005年7月、第14頁。

现，阅读它们比读任何学术或者一般书籍都更能让人接近真实的日本人"。① 事实上太平洋战争爆发后，美国战争信息办公室（OWI）下属的"外国士气分析部"（FMAD）就希图通过阅读 5 000 多份英译的日军日记以把握其民族心理。② 可见，除情报功能外，日记还被认为是观察极端语境下敌国人情、社会乃至日本人心理的绝佳媒介。从两国开战直至美国的对日占领，金在书中以日美关系之动向为叙事基轴，借助文学家日记管窥"在日本历史的重大时期日本人之悲喜"，以求理解那个特殊的时代。③ 但事实上，以作家日记为观察孔，使得此书更接近于一部战争时期日本文学家精神史，这自然与作者战后的文学趣味、专业选择不无关系。金在书中交代，他与伊藤整、高见顺相熟，与永井荷风、平林泰子亦有半面之交，尽管和山田风太郎未曾谋面，却与之同年出生并拥有相近的阅读史。④ 虽与所论诸人（本书出版时皆已谢世）不无年资悬隔，但金似乎还是愿意择取同时代的平视视角，强调与讨论对象之间的联结感，带着美国人的关切试图在共有的战争史情境中逼近某种历史解答。

在唐纳德·金于枪林弹雨中随军奔袭、野坂昭如在颠沛流离中痛失幼妹时，后来成为昭和史研究大家的保阪正康（1939—　）还是个未谙世事的幼童。他坦言，"1945 年 8 月日本成为战败国时，我年仅 5 岁 8 个月，对战争几乎没有什么记忆。"⑤ 玛丽安·赫希以"后记忆"（postmemory）来指称那些没有经历过事件本身、但在成长过程中深受其影响的人所产生

---

① ドナルド・キーン著、角地幸男訳：『日本人の戦争：作家の日記を読む』、東京：文芸春秋、2009 年 7 月、第 8 頁。
② Boswell, Sharon. 1996. Interview with George Taylor, May 16, box 10, folder 24, gt., quoted in Price, D. H. 2008. *Anthropological intelligence: The deployment and neglect of American anthropology in the Second World War*. Duke University Press, pp. 172.
③ ドナルド・キーン著、角地幸男訳：『日本人の戦争：作家の日記を読む』、東京：文芸春秋、2009 年 7 月、第 7、9、226 頁。
④ ドナルド・キーン著、角地幸男訳：『日本人の戦争：作家の日記を読む』、東京：文芸春秋、2009 年 7 月、第 8 頁。
⑤ 保阪正康著，冯玮、陆旭译：《昭和时代见证录》，上海：东方出版中心，2008 年 4 月，前言第 2 页。

的一种对精神创伤之想象或理解。① 事实上，对于当下非亲历者的我们而言，对那场战争的遥望则多为此属。职是之故，与人谈及战争，当被问及年齿时无需敏感、愤怒，这可能并非某种挑衅，而只是指向了"后记忆"产生的体验、经验依据。"后记忆的重要特性之一便是必须借助社会、文化性质的，而非个人亲身经历的'集体记忆'，记忆研究称其为'语义记忆'（semanticmemory）。灾难亲身经历者的灾难叙述要传承给后代，并在后代中形成后记忆，必须在社会中存在一种能保留灾难记忆并为此记忆提供意义指向的语义环境。惟有这样的语义环境才能为曾经发生在个人身上的具体事件提供了一个可理解的语境。语义记忆需要借助叙述的形式，如文学作品、回忆录、口述史、日记、历史记叙。"②《作家们的战争》是保阪正康2010—2011年连载于《星期天每日》中的历史随笔之总成。作为历史研究者，作者通过大量阅读作家战败日记、战记所欲介入、干预的正是这种语义环境和语义记忆。因此，虽论述对象与野坂昭如、唐纳德·金多有重合，但旨趣实有不同。

书虽冠以"作家们"之名，可保阪的关怀所系却只限于那些"诚实面对自我并与时代格斗的作家们以怎样的思想度过了战争时期"（第292页）。这一立意根源于对军国主义政治权力肆虐时代众多知识人随波逐流、妥协变节之反思，作者拒绝将此理解为个体意义上的勇气抑或操守之亏，而是指出"无论是国家还是个人，绝不允许侵犯表达之自由，这一姿态应是作家的基本态度"（第296页），而这也是书中所论以各种姿态固守所信（甚至包括了德富苏峰这类反面执拗者）的十位作家不同程度上的共有特征。对他最为关注的四人，保阪更是以对话者姿态对其笔记原稿、历史遗迹进行了深入调研、访查——流连于荷风旧居以求其逸心，伫立在山田母

---

① 桥本明子著，李鹏程译：《漫长的战败：日本的文化创伤、记忆与认同》，上海：上海三联书店，2019年8月，第32页。
② 徐贲：《创伤与怀旧并存的极权"后记忆"》，参见https：//www.aisixiang.com/data/52387.html（访问日期：2024年5月18日）。

校以感其忧困，在大冈原稿的删改中揣摩其踟蹰，在与大佛养女的交谈中探知其心迹。而他之所以对军国主义批评者桐生悠悠（书中未论及）、清泽洌和永井荷风①心怀敬畏，正是因为他们与坚信"臣民""圣战"的武者小路实笃、为东条英机"战阵训"之解释贡献心力的岛崎藤村，以及转向后在大日本言论报国会和文学报国会中发光发热的诸多知识人不同，在战时极端语境下坚守了"市民"（而非"臣民"）之自立姿态（第295页）。正反对比烛照出战时极端语境下独立不屈者之理性光芒，也直观地告白了解读者保阪正康的基本立场。

《作家们的战争》作为保阪本人主导的"奔向昭和史之大河"系列第11集而推出，这已明示了此书"以文证史"的取径，而作者的史学修养又赋予了其文学阅读以宏阔的历史视野。值得注意的是，保阪在书中展现出了自觉的世代意识。如果说永井荷风的《断肠亭日乘》是带着留给"后世史家的资料"②（1941年6月15日）之自觉而写作的，那么事实上多数日记则有待于读者自带后来人的位置感解码其中深意。在《战中派不战日记》中保阪既感知到山田风太郎欲向后世传递理性、智性具有穿透现实之力的信念（第38页），又读出了山田看破军阀无知并预知战争必败之时、选择彻底抵抗而欲遗"不合作者"之清誉于下一代的潜在意图。相比之下，这种世代意识更为集中而清晰地表现在对大冈升平战记的阅读中。看到大冈等日本兵在东南亚战争前线的凄风苦雨，他为自己生为无需为吃饭而忧愁的世代感到庆幸（第189—190页）。但同时也意识到，"大冈与我父亲同龄，正因如此，我才会思考下一代人应当如何阅读和传播这部作品的问题"（第199页），并就此指出，"这场战争对于现在和将来的日本人意味着历史教训之累积，若缺乏这一视角则战争将毫无意义。它比讨论战争之正误、义战与否乃至是否具有侵略性质等都更为重要，并向我们提出

---

① 保阪正康：『作家たちの戦争』、東京：毎日新聞社、2011年7月、第292—295页。以下引述较多，随文标注页码，不另注。
② 永井壮吉：『断腸亭日乗』（第5卷）、東京：岩波書店、1981年1月、第177页。

了这样一个问题：应以何种姿态在历史中继续讲述这场战争"。（第 216 页）

自觉的"下一代"（第 281、285、287 页）和"接着说"意识，又进而决定了保阪正康通过辨析真伪以继承历史记忆的学术使命感。何为"伪"，有时它表现为改窜，有时则表现为示人以"客观面目"之遮蔽，一个典型案例便是日本防卫厅战史研究室主编的战史丛书。2016 年底，作为"国家社科基金抗日战争研究专项工程"之一的"日本《战史丛书》翻译工程"立项，主事者计划将全部 102 册由日文移译为中文，并展开相关研究。这一基础性译介工作将为中国学界了解战时日本对华谋略、亚洲扩张战略及其相关政策背景提供重要的文献支撑，功德无量。但关键问题仍在于对这些史料的"读法"与用法。大冈升平曾对战史丛书直言针砭道，"因为输掉了战争，所以防卫厅战史室始终未能公开出版战史。然今虽已出版，其中所述皆非实情。直到今天，毋宁说正是到了今天他们才更要欺瞒"，并指出这套丛书所呈现的只是"军方领导者"视角的"记录"而已。为此，大冈经广泛的文献调查和实地踏访而写作、出版了自己的《莱特战记》（第 203—204 页），作为对政治欺瞒的文学抵抗。身为昭和史研究的权威，保阪更直言战史丛书的实际主导者正是当年大本营的作战参谋们（第 205 页）。如此看来，参谋们不仅曾经主导了那场战争的走向，更意图在战后主导塑造有关战史的片面、虚假记忆，以逃避自己的战争责任（第 205 页）。今人须警惕的是日本军方领导者的单方面视角对战史解释的垄断与遮蔽，若不加甄别地全盘接受，则必被其所误。

列维·施特劳斯（Leo Strauss）援引《格列佛游记》中慧骃国（Houyhnhnms）马民们的观念提出了"马的逻辑"，并洞察到"一句话若被政府首脑不断重复，且从未遇到驳难，其真理性就绝对不容质疑"。[①] 从这个意义上来讲，来自底层、民间的实证文本、体验文本便补充了另一个

---

① 列维·施特劳斯著，刘锋译：《迫害与写作艺术》，北京：华夏出版社，2012 年 1 月，第 17 页。

不可或缺的历史思考维度，史证之义在此表现为"以兵纠军""以民正官"。对于今天的读者而言，若只知官军而不知兵民，则很难建立起对战史的全面理解。如果说日记的作者身在局中难免"当局者迷"，但经历了历史的检验、时间的淘洗、大量史料的发掘和公布，能否拨云见日地建立起一种清醒冷静的历史认识恐怕就不是能力、而是意愿的问题了。为触摸真实的昭和史，保阪正康采访包括原日本企划院总裁、甲级战犯铃木贞一，以及东条英机之妻东条胜子、田中角荣、后藤田正晴在内的4 000多位历史见证者，展现出面对历史真实、历史记忆的探求热情与学术赤诚，"昭和史之大河"也因无数涓涓细流之汇入而逐渐面目清晰。

布拉特（David W. Blight）曾指出，20世纪末到21世纪初，世界范围内经历了人类历史上第二次"记忆潮"（memory boom），"许多记忆都与20世纪发生的历史灾难、创伤和'社会罪恶'有关，因此也都特别关乎如何看待人道灾难、受害者、加害者责任、集体记忆、记忆和反记忆的冲突等问题。与此同时，特定制度下的商业利益正在与民族主义结成不神圣同盟，积极地对灾难和创伤记忆进行'无害处理'，并将这种记忆转化为一种光明神话"。[1] 而在日本，问题出现得更早些。加藤阳子就敏锐地观察到："在20世纪70年代，美化自己经历的倾向变得显著起来。不过仅仅30年，日本和日本人似乎将过去忘记了，这让中井（英夫）先生的内心受到了冲击。他说那时候觉得既然如此，那就必须将自己和周围的战友对于战争的厌恶、憎恨结集成册并出版。"[2] 中井愤怒地表示："大家对那些全然不顾世界发展的大势、将显而易见的侵略战争说成是圣战的欺瞒，难道不会觉得恨之入骨吗？即便一本社会科学的书都不去看，就凭自己的体肤感受、以灼烂的皮肤不就能感知到他们是错

---

[1] 徐贲：《灾难创伤和集体记忆》，引自徐贲著：《（增订版）人以什么理由来记忆》，北京：中央编译出版社，2016年1月，第1页。
[2] 加藤阳子、佐高信著，张永亮、陶小军译：《战争与日本人》，北京：东方出版社，2017年10月，第65页。

的吗？"① 这便是战争体验者面对"光明神话"的愤怒。

帕特里克·格里说："作为历史学家，我们的工作常常（如一个欧洲学者所喜欢说的）是做过去的看门狗。如果人们错用过去，我们就得在夜里吠叫，有时候还得撕咬，不过别指望会被喜欢。没人喜欢看门狗，可是看门狗很重要。"② 话糙理不糙。在《权力的游戏》中，布兰大概就是人类记忆的硬盘和历史的看门狗。而在夜王大军压境、鬼怒鸣门（戏用三岛由纪夫为唐纳德·金所取日文名）之际，柔弱的他最终穷途末路、不得不在心树下直面死亡威胁。若非艾莉亚·史塔克反常理地骤然开挂、突破重围、手刃夜王，人类记忆将难以为继。然而，这部剧制造了一个让人费解的恐怖结局——一个在野的历史记忆者、叙述者最终却登峰造极，在各种力量的博弈下走向权力之巅。离开了心树、成为统治者的布兰会有怎样的心术，历史记忆、历史叙事在权力阴影下又会遭遇怎样的命运，也就不难想见了。在誓灭人伦的异鬼威胁与统驭七国的铁王座诱惑之双重挤压中，若不能做一个历史学家，或可以自立的市民姿态做一个时代与自我的忠实记录者；若觉懒于记录庸常或惮于披沥闻见，至少可以做一个野坂昭如这般带着疑问的观察者、唐纳德·金这般同时代人的诚恳阅读者或保阪正康这种可靠的经验传承者，不必担心制造偏见，这些都是健全的历史记忆接力之所需，也是我们关于"记忆的劳动分工"③。非此，则终将被夜王的异鬼大军扼住咽喉，抑或被瑟曦的鬼火炸弹终结一切，谁也逃不掉。那时，别再指望会有一个从天而降的艾莉亚。

（原载《读书》2025年第1期）

---

① 中井英夫：『中井英夫戦中日記　彼方より（完全版）』、東京：河出書房新社、2005年6月、第279頁。
② 帕特里克·格里演说，罗新译：《历史学家的道义责任》，参见 https://www.oir.pku.edu.cn/info/1037/2765.htm（访问日期：2024年5月25日）。
③ 阿维夏伊·玛格利特著，贺海仁译：《记忆的伦理》，北京：清华大学出版社，2015年1月，第48页。

"叛逆者"的哲学
——鹤见俊辅的"方法"论及其思想、政治选择

一、"方法以前的方法"

1973年11月6日,日本"公共外交先驱者"、作家鹤见祐辅的告别礼拜在东京普连土学园讲堂举行。"除了亲属以外,贵格会信徒、越平联人士、官员、律师、作家乃至举着太阳旗的右翼白发老人也共聚一堂。这个光景好像正映照出鹤见祐辅的人生。"[①]事实上,在长女鹤见和子看来,作为职业政治家,父亲的功绩几乎为零,却"笨手笨脚偏爱做"。如此说来,对于逝者及其家人来说,告别仪式上的"点睛之笔"应是宫内厅使节捧着"勋一等瑞宝章"的出现,这似乎是对祐辅一生的至高褒奖,也是这位出身平民的政治家生前热望之荣光。然而,让在场亲友和为此事前后奔走的议员们始料未及的是长子鹤见俊辅(1922—2015)的反应——本应起身恭迎的他却岿然不为所动,"虽然脸色未变,但他对故意撞上这一仪式的时间派来使者这件事感到愤怒"。[②]《鹤见俊辅传》的作者黑川创生动呈现的葬礼剧情,可谓是鹤见父子一生性情、际遇与政治选择的绝佳写照。

尽管对祐辅的政治人生并未用力提携,但在其背后,岳父后藤新平(1857—1929)在日本政界的人脉资源与影响依然是不可小觑的。可以说,从后藤到鹤见父子是政治家褪色、思想家凸显的三代人,当然,这不仅是际遇,也是"选择"。在接受小熊英二和上野千鹤子采访时,俊辅明言,家世背景对自己而言乃是其思想与行动"方法以前的方法"。他强调,"对我来说哲学的原型就是我自己的家庭关系,我跟我父亲、我妈妈的关系。

这已经是我的思想的根了","说它是原点也好，是制约也好。即使是谈战争、战后，要说明我为什么会在某一时刻选择了某种方法，就要先讲讲这些"。③ 可以说，家庭原本就是最小单位的政府、是国家的某种投射和隐喻，对于这一政治家族来说更是如此。对于俊辅而言，明治、大正时期的政界大鳄后藤新平的长袖善舞毕竟只是朦胧稀薄的幼时记忆，但父母的作用则是具体可感的。当祐辅直接挪用了伊藤博文原名"俊辅"为其长子取名时，他不会想到自己过剩的精英野望却成了后者一生不可承受之重负。

不同于在贵族院中拥有永久席位的后藤新平，在子女眼中，鹤见祐辅表里不一的伪善性格，实则是政治资源先天不足、只能在公共空间中抢占风头的大正"选举政治"之产物。1928 年，鲁迅在为其自译鹤见祐辅的《思想·山水·人物》所作的题记中有这样一段话："作者的专门是法学，这书的归趣是政治，所提倡的是自由主义。我对于这些都不了然。只以为其中关于英美现势和国民性的观察，关于几个人物，如亚诺德，威尔逊，穆来的评论，都很有明快切中的地方，滔滔然如瓶泻水，使人不觉终卷。听说青年中也颇有要看此等文字的人。"④ 这段评述极有分寸——既避免了对其政治倾向的武断定论，却又提示了原作者的兴趣、关切与文风，从中也不难感知到祐辅政治演讲的感染力、煽动力。但事实上，祐辅主张的"新自由主义"正是一套让人"一言难尽"的观念，是在日本国家利益与自由主义之间的微妙平衡，在太平年代尤可左右逢源，然而随着昭和日本与国际社会龃龉日甚，这套有违同一律的话术揆诸现实，便显得左支右绌，祐辅最终走向国家主义的结局也不难想见。1938 年，当坚持左翼抵抗立场

---

① 黑川创著，夏川译：《鹤见俊辅传》，桂林：广西师范大学出版社，2021 年 7 月，第 389 页。
② 黑川创著，夏川译：《鹤见俊辅传》，桂林：广西师范大学出版社，2021 年 7 月，第 389 页。
③ 鹤见俊辅、上野千鹤子、小熊英二著，邱静译：《战争留下了什么——战后一代的鹤见俊辅访谈》，北京：北京大学出版社，2015 年 6 月，第 3、18 页。
④ 鹤见祐辅著，鲁迅译：《思想·山水·人物》，北京：人民文学出版社，2007 年 7 月，第 1 页。

的日共系戏剧家佐野硕在意识到"纳粹德国和日本的勾结进一步加深的话，世界就会陷入更加危险的境地"，从法国远赴美国，寻求与这位"自由主义"的家族近亲合作时，已不可能如其所愿。①

在日本政治史和思想史研究中，"转向"一般特指昭和初期以来，在《治安维持法》与官方权力的压制下，共产主义者、社会主义者放弃之前的思想信仰的事态。1933年，后藤新平家族的近亲、日共早期领导人佐野学（1892—1953，佐野硕叔父）与锅山贞亲（1901—1979）在狱中发表"转向"声明，这一标志性事件对日本的左翼运动产生了巨大而深远的影响。在《战争时期日本人精神史》中，俊辅却以作家伊藤整为例，讨论了战时自由主义者的转向及其战后反思，② 其背后则应是对其父政治人生的深刻感知与剖析。他将对"转向"的思考从特定时空、特定群体的案例推向了更为普遍的层面，将其定义为"由于国家强制力行使的结果，造成个人或个人所属集团发生思想上的改变"。在俊辅眼中，父亲的政治活动与家庭生活之间存在着奇妙的二律背反：在家庭内部，无论战时还是战后，他一直是子女之明显左翼倾向见解的支持者；而一旦出了家门，他以政治家身份处世，却又对军队及其权势不断妥协。③ 作为政治家、思想家的父亲这种政治与生活割裂、言行不一的举止，构成了俊辅在战后所推动的"转向研究"之问题意识原型。战争的终结却并不意味着"转向"问题在思想与政治层面已获得了解决，它也并不是一个独属日本的政治和思想问题，作为一种思想资源应该为今人所共享，至今亦值得我们反复回到历史现场予以追问和省思。然而不同于他人，无论是佐野学或是鹤见祐辅，这两位代表了日本马克思主义者和自由主义者转向的两大旗帜性

---

① 黑川创著，夏川译：《鹤见俊辅传》，桂林：广西师范大学出版社，2021年7月，第90页。
② 鹤见俊辅著，高海宽、张义素译：《战争时期日本精神史》，长春：吉林人民出版社，1991年3月，第21—22页。
③ 黑川创著，夏川译：《鹤见俊辅传》，桂林：广西师范大学出版社，2021年7月，第362页。

人物都真实地存在于俊辅的家族之中；职是之故，对他而言，"转向"的问题不唯是单纯的思想史课题，更是其生活、生命中绕不过去的人生命题。"转向研究"在俊辅一生中的地位举足轻重，以至于在被小熊英二问及一生之代表作时，他首推集体合作的《转向》三卷——尽管那并不是他的独著。①

较之于父亲的表里不一，母亲爱子却是一位"极其严格，从未嘴上说着理想，自己却躺着偷懒。她是全心全意地坚持言行一致、自我奉献的正义人士"②，同时又是一位绝不容许撒谎的人。就如同俊辅在《我的母亲》中所坦陈的那样："如果很真诚，她最终又什么都可以原谅，这可能并不能算是完善的思想，但对我来说却是精神的故乡。"③ 小熊英二据此敏锐地洞察到，在转向研究中，俊辅对以撒谎变节者的不宽容可能是母亲人格潜移默化的结果。④ 纵览《鹤见俊辅传》不难发现，在言行一致、乐于奉献的意义上他后来的人生与母亲的行事风格极为相似。尽管如此，母亲的严厉的管教风格让他意识到被爱是一件辛苦的事，在其对立面，自己试图保有做坏事、做坏孩子的自由；同时也让他对以"正义"为名的加害性产生了警惕，尤其当它与"权力"集于一身更可能引发严重后果，这使其一生都远离宗教性质的组织和团体，⑤ 在《期待与回想》中他将此称为"作为恶人的自我定位"⑥。

---

① 鹤见俊辅、上野千鹤子、小熊英二著，邱静译：《战争留下了什么——战后一代的鹤见俊辅访谈》，北京：北京大学出版社，2015年6月，第178页。
② 黑川创著，夏川译：《鹤见俊辅传》，桂林：广西师范大学出版社，2021年7月，第17页。
③ 鹤见俊辅、上野千鹤子、小熊英二著，邱静译：《战争留下了什么——战后一代的鹤见俊辅访谈》，北京：北京大学出版社，2015年6月，第13页。
④ 小熊英二著，黄大慧等译：《"民主"与"爱国"——战后日本的民族主义与公共性》，北京：社会科学文献出版社，2020年8月，第700页。
⑤ 鹤见俊辅、上野千鹤子、小熊英二著，邱静译：《战争留下了什么——战后一代的鹤见俊辅访谈》，北京：北京大学出版社，2015年6月，第15—16页。
⑥ 小熊英二著，黄大慧等译：《"民主"与"爱国"——战后日本的民族主义与公共性》，北京：社会科学文献出版社，2020年8月，第721页。

二、越界漂泊、战争经验与"不自由的制服"之发现

父亲最终把"反对日本文部省的教育方针""反对日本社会""有了所有成为混混的品行"① 的鹤见俊辅送到了美国,这位在家庭和国家双重意义上的叛逆者考进了哈佛大学。在小熊、上野对鹤见的访谈中,美国留学的经历被采访者一带而过,这是一个颇为奇妙的断裂,而缺失部分则可以由黑川创的论述补全。

黑川在描述俊辅的哈佛留学生活时,特别提到了他与该校远东语言系主任叶理绥(Serge Elisseeff,1889—1975)教授的过从,并将二人交往描述为同为漂泊者的情感靠近。相较因俄国革命而流亡世界各地的真正的漂泊者叶理绥,俊辅自然算不上"漂流民",他身边还有姐姐和子,和终生亦师亦友的重要存在——经济学家都留重人(1912—2006)的守护和指导,他之所以会走上强调通过生活验证思想之真理性的实用主义哲学道路,也与后者的建议直接相关。在我看来,这一选择中还有个可能被忽略的因素,那就是父亲祐辅的潜在影响。无论在黑川创的传记抑或与他人的对谈中,祐辅似乎都被其子俊辅或后来者们调侃、描述为一个政治投机者,一个利用自己的权力和资源为亲族谋取利益的人。事实上,祐辅有文直言,"书斋生活是有着这样的自以为是的缺点的,而在东洋,却比英美尤有更多的危险,所以要收纳思想家的思想,应该十分注意。还有,一面因着社会一般的切望,书斋生活者应加反省;而一面也应该造出使思想家可以更容易地和现实社会相接触的社会来。"② 而俊辅最终却离经叛道,走上了反思其师卡尔纳普(Rudolf Carnap,1891—1970)实用主义哲学的道路,其催化剂正是走出书斋、告别"第一病"之后的战争经验。就像小熊英二指

---

① 黑川创著,夏川译:《鹤见俊辅传》,桂林:广西师范大学出版社,2021年7月,第72页。
② 鹤见祐辅:《书斋生活与其危险》,收入鹤见祐辅著,鲁迅译:《思想·山水·人物》,北京:人民文学出版社,2007年7月,第84页。

出的那样，既有的研究者过分强调青少年时代经历对鹤见思想形成的决定性作用，但事实上"决定了其战后方向的也是战争经历"。① 1942年6月，他乘坐日美交换船离开美国返回日本，随即加入了海军，再次海外漂泊。忆及往事，俊辅表示，"日本已经快要战败了。那在战败的时候，我要呆在战败的一方那里"，然而，让他始料未及的是，"在战时日本那三年，就好像自己在异国他乡生活一样"，②待到东京遭遇美军轰炸时，甚至觉得"日军才是敌人"③。

从军经历让俊辅意识到其在美国所受的学术训练与现实状况之间发生了严重的偏离，"把自己作为方法"的实践，让他开始对在哈佛习得的知识体系产生了动摇。他从逻辑学者卡尔纳普那里学到的是建立在精确的逻辑实证主义基础上的哲学，它始终是将解决了的问题作为对象，精选可证伪的命题。然而诸如"如果那个时候自己没有做那样的事情，情况就会和现在不一样吧……"或"如果……的话，就不会……吧""如果是自己的话，能做什么呢"这类"状况中"的反事实条件命题，则不在其虑中。而从军经历（例如军队中被命令杀人）、两性关系给俊辅带来的诸多真切的悔恨体验，却让此类问题不再是一个纯粹的、悬空的哲学问题，而是一个个拷问生者良知、令其焦灼的现实困惑。就如黑川创所言，"在围绕战争的诸种现实中，没有与这种精确性相呼应的东西"。在俊辅看来，毋宁说哈佛大学神学院怀特海教授一次演讲中被其听漏的那句结语或许才是真谛——"Exactness is a fake"（精确是谎言）④，借用怀特海的话来说："重要的东西并不是存在于明确无疑的教义里，而是暧昧、混沌的存在。"

---

① 小熊英二著，黄大慧等译：《"民主"与"爱国"——战后日本的民族主义与公共性》，北京：社会科学文献出版社，2020年8月，第699页。
② 小熊英二著，黄大慧等译：《"民主"与"爱国"——战后日本的民族主义与公共性》，北京：社会科学文献出版社，2020年8月，第703页。
③ 鹤见俊辅、上野千鹤子、小熊英二著，邱静译：《战争留下了什么——战后一代的鹤见俊辅访谈》，北京：北京大学出版社，2015年6月，第21、73页。
④ 黑川创著，夏川译：《鹤见俊辅传》，桂林：广西师范大学出版社，2021年7月，第101页。

另一方面，卡尔纳普的命题分类法得到了康德分类法的支持。俊辅也曾一度沉迷于模仿康德分割善与真，然而哲学"圈外人"都留重人却提示他，"是我的话，就从恶出发"。① 无独有偶，1945 年 12 月，一位名叫塞尔兹尼克的美国占领军伍长带着曾师从卡尔纳普的未婚妻耶格的论文《初生者的哲学》找到了俊辅。这篇论文本身便是对实用主义哲学演进脉络的一次批判性重审。耶格援引了早期实用主义哲学倡导者威廉·詹姆斯（William James，1842—1910，也是俊辅毕业论文的研究对象）在宗教分析中使用的"初生者"（onceborn）和"重生者"（twiceborn）两个概念，前者过于强调基于健全心态的宗教侧面，成为否定或无视其中暗含的罪的人；而后者成为要求宗教考虑恶的存在之人。在耶格的脉络中，詹姆斯显然属于后者，而其批判对象杜威（John Dewey，1859—1952）则是前者。不难想见，一向以"恶人"自居的俊辅对耶格产生了认同，他最终将此文刊登在了《思想的科学》创刊号上。② 事实上，无论耶格还是俊辅，对于"恶"的自觉都与那场席卷全球的战争有着显在的关联。堕落、邪恶不再是单纯的哲思对象，而是时时迫近、无可逃避、可知可感的日常，它要求局中者"毫不犹豫"地做出抉择——战火中没有道德完美主义存续的空间。在东南亚战场上，对俊辅最大的考验、也是让其哲学获得"重生"的现实契机或许就是性和生死。由于青少年时代的两性经验使他对凭恃国家（state）、军队之"力"与女性发生关系（sex）的行为心怀抵触。尽管在个人层面他可以通过克己之道勉强维持内心秩序，但在雅加达的海军武官府，一旦被上级命令帮忙"找个女人"，他只能照做；当被命令"杀了他"，他只能二话不说杀掉对方。他深知，"虽然是想要拒绝服从命令决心自杀，但在战争中每天都在恐惧度日，说不定会屈服于这种恐怖、听从命令呢"③。当

---

① 黑川创著，夏川译：《鹤见俊辅传》，桂林：广西师范大学出版社，2021 年 7 月，第 100 页。
② 黑川创著，夏川译：《鹤见俊辅传》，桂林：广西师范大学出版社，2021 年 7 月，第 175—176 页。
③ 鹤见俊辅、上野千鹤子、小熊英二著，邱静译：《战争留下了什么——战后一代的鹤见俊辅访谈》，北京：北京大学出版社，2015 年 6 月，第 29 页。

然，他不仅是阿伦特笔下"平庸的恶"之施行者，时而也会沦为"恶"的加害对象。在军队中将俊辅当作不容赦免的私刑对象者多是坚信战争信念的年轻人、优等生，这让他深刻地感知到这些充满上进心的"纯粹"之人或"正义"之士对于没有满足其标准的人来说，意味着何等的暴力。正如小熊英二所指出的那样，"这一问题（他人带来的压迫感——引者）从和他母亲的关系来说是切实的"①。而在军队里暗中保护了他的却是那些没有出头之日的老兵——作为军人，他们自然是劣等生。从军经历让俊辅意识到了"纯粹""正义"的加害性，意识到善与恶、加害与受害、正义与非正义这类二分法的虚妄，意识到这些人为制造的概念不过是一套"不自由的制服"，甚至在他眼中，美国对于日本而言也始终是个难以精确界定善恶的国家。

此外，对卡尔纳普的反思，还有一个重要的机缘——阅读泰戈尔（Rabindranath Tagore，1861—1941）的论文集《人生的亲证》，这是俊辅在昭南岛（占领新加坡后，山下奉文为此地取的名字）旧书店中的意外收获。在此书序言中，泰戈尔指出，从印度传统教义体验中浮现出的有生命的语言，其意义永远不会被某一逻辑阐释体系详尽无遗地阐释清楚，只能通过每个人的生活经历不断予以说明，并在新的发现中增加它们的神秘。泰戈尔的这种接近于无限的认知连锁论有效弥合了符号论与现实世界之间的裂痕，这种哲学意义上的"重生"刺激他在从爪哇返国前，即已着手写作其最初的小书《哲学的反省》的书稿。② 与泰戈尔的相遇，使俊辅从"被造出来的人"逐渐走向了"创造的人"。

战后的1950年，鹤见俊辅出版了其第一本大作《美国哲学》，旨在重构"实用主义"。他批判性地继承了皮尔士、奥托、霍姆斯等人的哲学观

---

① 小熊英二著，黄大慧等译：《"民主"与"爱国"——战后日本的民族主义与公共性》，北京：社会科学文献出版社，2020年8月，第704页。
② 黑川创著，夏川译：《鹤见俊辅传》，桂林：广西师范大学出版社，2021年7月，第153—157页。

念，探索实用主义的"日本自生"之路，强调可错、开放、介入、行动、联动，将"每个人的哲学"视为工作目标，号召"各行各业涌现出的讨厌哲学的同人，一起将错误变成正确，成为打倒哲学运动的有生力量"。当然，这其中甚至也能看到1941年俊辅美国留学期间所读到的弗朗西斯·奥托·马西森（Francis Otto Matthiessen）及其作品《美国复兴》的影响。在此书中，除了秉持文学精英主义的庞德之外，俊辅还关注到"爱默生、梭罗、惠特曼三人，都强烈主张他们的作品与民众日常的对话中的连续性"。战后这位哲学的解构者饬力主导创办的《思想的科学》杂志、倡导的"庶民列传之会"工作和生活记录运动、领导的"转向"共同研究、参加的"无声之声"游行、"越平联"运动皆可视为其哲学重生后的日本实践。

三、"寻求与世界重新结合的方法"

对实用主义的反思，并不意味着全面的脱离，俊辅的基本哲学立场——"彻底的唯名论"（不会将名称与实体混为一谈）便受惠于实用主义和语言学的认识论。对父亲祐辅"新自由主义"话术始末之观察、对战时日本所宣扬的"东亚解放""东亚共荣"实质之认知、对协助战争的各派在战后竞相认领的"民主主义"招牌之嘲笑，实则都是支撑这一观念的思想资源。值得注意的是，"不自由的制服"也指向了"国家"甚至"世界国家"。战后日本面临的首要问题便是如何重建日本、如何重建日本与世界的联系。

实际上，在俊辅自美返日的交换船上，发生过一次千人左右的大规模"转向"。事情起因于当时有一女学生因知道在美国有直接拒绝服兵役的运动，因此在返日的交换船上问军人日本是否也可以谈论这类话题，结果被换乘前毫无国粹主义思想的留学生们群起而攻之。俊辅意识到：

经过两个半月的航行，我们终于抵达了横滨。集体中，人还是这些人，谁也没有换，但下船时与上船时完全判若两人。出发时和到达时完全不同，是1500人的动态社会学的实例。

这是从一个国家跨越到另一个国家的航海之旅，亦是跨越两种文化的航海之旅。……大部分人包括学生都从一种语言切换到了另一种语言。①

当然，这种语言的转换不仅是从英语转换为了日语，可以说，这便是学生们集体换了一身名曰"日本"的"制服"。这也让他深刻意识到，"转向"并不单单是曾发生在上一代政治家、知识人身上的历史问题，也是会随时发生自己身边、同代人之间的现实问题。而同行者中却有一位让他深感钦佩和启发的异类——数学家角谷静夫（1911—2004）。乘船途中，俊辅迎来了自己20岁生日，角谷为此向海里投了一个漂流瓶以示纪念。他没有使用英语抑或日语，而是将自己发现的定理写了下来、放进了瓶子，并表示若能与火星人交流，他就在地面上画个大大的三角形，把表示毕达哥拉斯定理的符号也写进去。这让人想到恩斯特·卡西尔（Ernst Cassirer）在《人论》中的说法："几乎没有一个句子——数学的纯形式的句子或许例外——不带有某种情感或情绪的色彩。"② 鹤见发现，角谷及其写下的定理便是超越了政治立场、民族认同且不被特定语言体系束缚的存在。就像小熊英二指出的那样，毕达哥拉斯定理、日常用语都超越民族多样性，是人类共通、共享的。③ 肇端于明治时期的日本近代民族主义发展到昭和前期，已在军国主义政府的着意操控、强化下登峰造极，学术界、思想界

---

① 小熊英二著，黄大慧等译：《"民主"与"爱国"——战后日本的民族主义与公共性》，北京：社会科学文献出版社，2020年8月，第703页。
② 恩斯特·卡西尔著，甘阳译：《人论》上海：上海译文出版社，1985年12月，第37—38页。
③ 小熊英二著，黄大慧等译：《"民主"与"爱国"——战后日本的民族主义与公共性》，北京：社会科学文献出版社，2020年8月，第714—715页。

也参与到了各式文化及国民性独特论、国体优越论的知识生产中。1945年日本战败、军国主义破灭，1946年4月，俊辅出版了战时即已着手写作完成的《哲学的反思》。书中，他在批判了战时泛滥的"符号使用法"、殖民地压迫之同时，提出了自他联结所必要的"同情"——在承认别人与自己不同的基础上，与其发生共鸣，进而产生连带感。他也是在这一意义上高度评价了在日本吞并朝鲜前，便要求韩国统监伊藤博文要尊重其民族信仰的苇津耕次郎，以及在1922年出版的著作《朝鲜及其艺术》中呼吁停止对朝鲜的凌虐、尊重其自由的柳宗悦。[①]

如小熊英二所言，与毕达哥拉斯的三角形一样，俊辅眼里的"大众"也只是"'大千世界共同存在的诸多因子'的别名"，它不受语言、国籍、民族、阶级、信仰等的规定和羁绊。他试图以战时日本对亚洲诸民族的压迫为批判对象、树立一种包容开放的国际精神、同情心和同理心，据此确立"与世界重新结合的方法"，找到一条经由民族主义通向国际主义的道路。事实上俊辅倡导"越平联运动"、援助美军越战逃兵、发起营救韩国诗人金芝河的运动等都在这一"超越国界的市民"之观念的延长线上。我将此视为一种联结世界的求同"接口"，它不仅试图为日本确立战后重建应有的"人本位"取向，也为其提示了一条重返国际社会的宏阔道路。当然，在这一点上，俊辅似乎更接近于竹内好——他们强调的都是变革的"内发性"。或许正是在这一立场上，他更为看重谷川雁（1923—1995）这种虽未有域外留学经验、却因久居日本而积累出的国际精神，而对丸山真男那种试图从外部引入"普遍思想"来启蒙"内部""落后大众"之精英姿态难以认同。

同时亦需注意，俊辅晚年对杜威的再认识中，有一个有趣的细节，他发现"在西方哲学史上有一席之地的诸位大家中，杜威是极其接近普通人

[①] 黑川创著，夏川译：《鹤见俊辅传》，桂林：广西师范大学出版社，2021年7月，第410页、426页。

的哲学家"①；而在《梦野久作——迷宫中的居民》一书中，他引述了梦野久作（1889—1936）与其子龙丸的一段对话："龙丸，好好看看，这是大黑天真正的样子。但是，这不仅仅是大黑天。这是日本过去天皇真正的样子。日本的天皇，本来也是百姓农夫。你好好记住这个。"② 这显然是一种为哲学权威、天皇祛魅的"反精英"倾向。借用其友竹内好的话来讲，就好比唱片的 A、B 面，"对于不想听上面的旋律，而想听下面的旋律的人来说，反过来就有另一个中心"③。反精英、去中心固然可以破解精英神话、国家神话，然而，在其对立面的"再中心化"是否也打造了另一个神话？至于其结果，20 世纪后半叶的东亚史乃至世界史早已给出了答案。

近年来，鹤见俊辅的著作在国内已有译介，他的主要作品《战争时期日本精神史》《战后日本大众文化史》等都已被译入中文读书界。有趣的是，俊辅的本业是实用主义哲学，他的代表作之一的《美国哲学》等却鲜见问津者，显然，他并不是作为一位美国哲学研究者被理解的，而是作为一位活跃在战后的日本思想家被接受的，这本身便是一个值得注意的问题。俊辅的一生似乎总是站在边缘消解中心、以恶反观善、以大众挑战精英、以"黑社会道义"破解"理性判断"、以经验重审"超自然"（木田元将哲学式思考称为"超自然性的思考"④）、以生活省思哲学。他并不是一个建构者，在战争与革命的"短 20 世纪"，他始终是主流、正统、精英、权威、强者的叛逆者和挑战者。哲学家即为爱智者（philosopher），据说以此自称的苏格拉底就对那些以"智者"（sophist）自居的人甚为反感。从

---

① 黑川创著，夏川译：《鹤见俊辅传》，桂林：广西师范大学出版社，2021 年 7 月，第 437 页。
② 黑川创著，夏川译：《鹤见俊辅传》，桂林：广西师范大学出版社，2021 年 7 月，第 439 页。
③ 黑川创著，夏川译：《鹤见俊辅传》，桂林：广西师范大学出版社，2021 年 7 月，第 418 页。
④ 木田元著，路秀丽译：《反哲学入门》，北京：中信出版社，2011 年 10 月，第 15 页。

这个意义上来说，俊辅的一生实则就是在哲思与生活、观念与行动、抽象与具象之间循环往复、不断追寻的一生，直至"老耄"。年轮对他而言也并不构成自我圣化的资本抑或认知更新的屏障，"他有一种智性野心，试图将'老耄'作为一种方法，通过记录日日的碎片，再次参与新的冒险。现在的自己，或许在那里能够遇到尚未意识到的自己"。① 这不正是一种彻底的哲学家姿态吗？正是由于他带着生命体验和批判性反思的视野，不断将实用主义哲学、符号论观念应用于对日本战时、战后现实生活中并予以检视和省思，才能发展出像他在中国出版的两部论著中所展现的对日本文化、社会的独特理解。

受萧轶兄之邀为黑川创的《鹤见俊辅传》撰写评论，于我而言，虽难当此任却也乐而从之。然而展卷读罢，却发现问题并不简单。黑川创是一位自其父辈起便与俊辅交厚的小说家，书中的一张照片摄下了1965年尚不足4岁的作者执父之手参与京都"越平联"第二次集会的幼小背影，书包上以英、日文写着"我们是无辜的／我们不知道"。② 知人论世是知识人精神史研究的重要前提，在直到2015年俊辅去世的半个多世纪中，作者与传主之间始终保持着亦师亦友的亲密关系。从生活到行动，从个人到家族，从家族再到国家，黑川以大量的史料，带着同情之理解，以小说家所独有的文学才华写作了一部可读性极强的传记，我们可以从中窥见鹤见俊辅个人史和以其家族人事网络为纽带铺展开来的日本百年史。同时亦须注意，黑川固然抓住了俊辅人生中的两个重要关键词——生活与行动，并基本以此结构篇章，但作为一个重要思想家，俊辅与每个时代议题、思想界敌友之间复杂交错的知识联结也是断不容忽视的。从这个意义上来说，小熊英二的《"民主"与"爱国"》中关于鹤见俊辅的相关讨论，以及他与上野

---

① 黑川创著，夏川译：《鹤见俊辅传》，桂林：广西师范大学出版社，2021年7月，第410页，第448—449页。
② 黑川创著，夏川译：《鹤见俊辅传》，桂林：广西师范大学出版社，2021年7月，第351页。

千鹤子两位提问者对俊辅的访谈——《战争留下了什么》皆可拿来并读，事实上本文也只是一篇如此写作的读书札记。在这本访谈录的后记中，上野描述了访谈现场的情形——两位有备而来且话锋犀利的访客与俊辅的"对话中常常出现充满苦涩凝滞的沉默。鹤见先生仰面向天，挤出话来讲"。这种刺到痛处、直指盲点的紧张感，对理解战后日本的思想生态是不可或缺的口述史文本。我想，拥有黑川创和小熊英二这两位知己，鹤见俊辅是幸运的。

（原载公众号"燕京书评"2021年9月10日，《世界文化》2021年第12期全文转载）

弱者的抵抗

——从宫崎骏的《红猪》到雅斯贝斯的《罪责论》

今年（2023年）是黑色幽默文学的开山之作《第二十二条军规》（*Catch-22*）作者约瑟夫·海勒（Joseph Heller）百年诞辰。该小说之所以被世人铭记，是因为其呈示出一系列悖论式的寓言。比如，根据"第二十二条军规"，只有疯子才能获准免于飞行任务，但这一特权须由本人提出申请；而一旦提出申请，恰恰证明你是一个理性的正常人，结果还是在劫难逃。同时，军规还规定，飞行员飞满25次任务即可退役回国；却又强调，你必须绝对服从命令，否则就不能回国。据此，上级可以不断给飞行员增加飞行次数，而部下却不得违抗。最终，小说主角约塞连决计逃亡中立国瑞典，以摆脱这一反复而无休止的死循环，逃离这个变相强制、拒绝异议的制度化疯狂。

海勒将故事的舞台设定在二战背景下驻扎于地中海皮阿诺萨岛上的一支空军部队；而在宫崎骏的笔下，就在十几年前距此地不算远的某处，一战意大利空军退役王牌飞行员马克·帕哥特（Marco Pagot）则以告别人身的方式跳脱了战争的圈套——既然不能改变丑恶、暴戾的外部世界，索性改头换面、隐姓埋名，"凭栏一片风云气，来作神州袖手人"（陈三立：《高观亭春望》）。他通过诅咒将自己变成了一只猪，易名波鲁克·罗梭（Porco rosso，意为"红色的猪"），揖别人间之意甚绝。倾心于他的吉娜保留着其常人时代的照片会使誓不为人的波鲁克感到不快，前同事菲拉林邀请其重返空军之时，也被他断然拒绝："要我变成法西斯，我宁愿当只猪。"他不愿为民族、国家而只想为赏金去飞，只想在亚得里亚海过自由放浪的生活。这种逸出了民族-国家框架、"帝力于我何有哉"的无政府主义倾向显然无法见容于当局,以猪面示人的他终因叛国不合作罪、偷渡罪、思想颓废罪、无耻懒惰罪、陈列猥亵物品罪遭到跟踪、通缉。这还不算,在还完了飞行艇的贷款后,银行职员劝诱道:"要不要买点爱国债券,为民族做点贡献?"波鲁克回了句:"这些都是你们人类的事儿。"在到军火老板那里补充弹药给养时,老板感慨:"不是又要改朝换代了吧?你们的行为都要变成非法的。"他则淡然回答道,"猪是没有国家和法律可言的。"至此,则非但民族、国家大义早已不在虑中,那种置身事外、冷眼旁观的姿态简直是在讽刺对方,"生而为人,你很抱歉"。如果我们能明白,只要还在民族-国家框架内思与辨,人类不同群体之间因彼此冲突而导致的巨大灾难就不会终结,那么你就会理解这位"个猪主义者"超然孑立之决绝,以及其保有说"不"之自由的坚定。

人们常将《第二十二条军规》和《红猪》都视为代表性反战作品,可每个人心中的"反战"似乎也会略有不同。作为被侵略一方,你的反战可能是因为受到了生命财产的直接侵害或民族尊严的损害;而若作为侵略一方,战争导致的统制加剧、物资匮乏、自由受限等"杀敌一千,自损八百"的境况也会让你不堪生活之苦、道德之问。但身份认同、民族情感、生活实感都会让我们的认知和判断难以从执拗的敌我之辨、加害-受害的二元关系中超脱而出,即便对于涉战双方的后来者而言,对于战争的沉思中也总有些难以驱除、磨灭的民族主义情绪,而这种情绪常会妨碍有关战争实质的原理化思考。同样是在意大利,逻辑学家皮耶尔乔治·奥迪弗雷迪以嘲讽的口吻警示我们:"愚蠢是没有终点的。如果有,其中之一应该就是相信战争有什么崇高的动机:种族、宗教、政治、意识形态、哲学,甚至道德。如果没有这些动机,就很难说服傻瓜和自以为不是傻瓜的人心甘情愿且热情地参与战争。"[①] 事实

[①] 皮耶尔乔治·奥迪弗雷迪著,姚轶苒译:《人类愚蠢辞典:揭穿人类社会自欺欺人的263种愚蠢现象》,北京:北京联合出版公司,2018年10月,第123页。

上，政治家们常用理想主义的术语谈论外交政策，却以高度现实主义的方式行事。时代的堕落往往就是从语言的腐败开始的，战争宣传中也总会伴随着一些鼓吹己方正义性和道德性、渲染敌方邪恶性和非法性的煽动口号，更少不了面向本国内部强调为国捐躯之道德义务和伦理价值的标语。然而，就像1931年爱因斯坦为《纽约时报》撰文指出的那样："国家的建立是为了人，而人的生存不是为了国家……我认为保护个人，并且使他们发展成为有创造才能的人是国家的最高使命。"[①] 在激进的仇外氛围中，人们常常忘记，自己只是棋子而非执子之人，为赢得战争，自己常常只能被牺牲掉性命。战场上牺牲任何的百万分之一，对于其个人及其家庭来说就是百分之百。《第二十二条军规》中的约塞连便是战友中的先觉者，他跟同事查普林抱怨，不断被增加飞行任务后，如若反对，卡斯卡特（其上司——引者）就会以真正的爱国者都会自豪地去执行任务为由对其进行道德绑架。在奔赴轰炸任务的路上，期待赢下战争同时保住性命的他还不忘提醒亲密战友克莱文杰，他们之所以还在飞并非出自什么高尚理由，只是因为卡斯卡特不断增加其任务量，而会害死自己的就是敌人，不管他来自哪个阵营，甚至包括自己人。这一领悟发人深省。无论是曾为法西斯效力的意大利飞行员波鲁克，还是与法西斯作战的美国兵约塞连，他们都在战争中看破了政治权力以民族之名和爱国之义压抑、损害"人"的本质，从而从积极抑或被动的战争卷入者转变为不被理解的己方阵营批判者甚至背叛者。

在与劲敌美国人卡迪士决斗前夜，波鲁克向爱慕他的菲尔讲述了自己变身为猪前的一次惨烈的空战。在这次和刚与吉娜完婚的老战友贝尔里尼并肩出战的任务中，双方遭遇后旋即猛烈交火，波鲁克被三个驾驶技术高超的敌军飞行员围困，难以顾及队友安危。在队友全部阵亡而他亦处于生死线边缘时产生的幻觉中，波鲁克看到双方阵亡者不分敌我皆在各自战机

[①] 爱因斯坦著，富强译：《爱因斯坦自述》，北京：新世界出版社，2012年1月，第234页。2005年德国政府将此言镌刻在政府大楼上。

上默然升腾远去，蔚为银河之观，而战友贝尔里尼亦在其列。情急之下，他冲着战友大喊："贝尔里尼，不要去啊，吉娜一个人该怎么办，让我替你去！"逝者难追，醒来时，波鲁克发现自己已是己方唯一幸存者。听了这个故事，菲尔与波鲁克之间有了如下一段对话：

菲尔：天上的神明还不想带你走吧？

波鲁克：我当时还以为神明就想这样让我一个人继续在空中漂流呢。

菲尔：才不是呢，因为波鲁克你是好人！

波鲁克：好人是那些死了的家伙。再说，谁知道那儿是不是地狱？

这让人想到了雅斯贝斯二战后出版的重要作品——《罪责论》。此书中，雅斯贝斯将罪责问题区分为四类：法律罪责、政治罪责、道德罪责和灵魂罪责。在他看来，刑事与政治罪责的审判主体分别是法院和战胜国权力和意志。而在战后的战争责任追究中，最为棘手的实为后两者。雅氏认为，"我必须为我个人行为承担道德上的责任，同时也为所有行为——包括政治任务和军事行动在内——承担道德义务。不要拿'我必须服从命令'当借口，罪行就是罪行，哪怕是奉命行事（虽然根据面临危险、受胁迫和恐吓的程度，可以酌情减免责任），每个行为都应该接受道德的评判"；而其审判主体是良心。① 事实上，服从命令只是战时军政人员须面临的伦理困境；而常人却常以自己被骗作为作恶的口实。以日本为例，战后不少知识人都声称协力战争之行乃是因判断力不足而被法西斯军国主义宣传所蒙蔽的结果。朋霍费尔说："十分肯定的是，愚蠢是一种道德上的缺陷，而不是一种理智上的缺陷。"② 从这个意义上来说，以愚昧与受骗为由

---

① 雅斯贝斯著、寇亦青译：《罪责论》，上海：上海译文出版社，2023年10月，第6—7页。
② 迪特里希·朋霍费尔著，高师宁译：《狱中书简》，成都：四川人民出版社，1997年11月，第7—8页。事实上，此处"道德缺陷"应译为"人为缺陷"。

推卸道德罪责是难以成立的，更何况是那些以智识获得世人敬重甚至特权的知识人。

而作为一位空军飞行员，拒绝为意大利法西斯效力甚至化为猪身、誓不回头的波鲁克之选择，显然是难以以单纯的道德维度考量来作为实践指针的。在雅斯贝斯那里，人类之间存在着更为深刻的责任层面——灵魂罪责，这是所有人的罪责。他指出：

> 一个人对世界上一切的不公——尤其发生在身边的、自己知道的罪行——都有感同身受的责任感，即所谓人类的整体意识。如果我不做力所能及的事以制止罪行，我就会产生负罪感。如果我不牺牲自己去制止他人的谋杀行为，而仅仅在旁观，我就有了某种无法从法律、政治和道德上得到恰当诠释的负罪感。罪行发生后，我还活着，这个事实已经构成了我无法消除的罪责。

而灵魂罪责的审判者是上帝。[1] 鲁迅先生所谓"无穷的远方，无数的人们，都和我有关"，[2] 所试图传递的恐怕正是这样一种来自灵魂的、形而上的罪责意识。如果说刑事罪责、政治罪责、道德罪责都指向了具体责任人之"已然"，那么雅氏罪责论述中最为深刻者恰在于对形而上的罪责这一非我的未然状况之自觉与敬畏。恶能否从一念变成现实，常常取决于人们面对恶行、暴行的态度与行动。即便感到无能为力，依然无法免除我们灵魂上的罪责感，而非责不在我，"哪管他洪水滔天"。事实上，"战争最后一年的夏天"发生的惨烈空战便出现了波鲁克一人独生的结果，从这个意义上来说，虽始终关心但最后却拒与战友之妻、众人垂涎的吉娜相结合恐怕不仅是因为——像一些评论者所言那般——二人处于敌国立场，因

---

[1] 雅斯贝斯著，寇亦青译：《罪责论》，上海：上海译文出版社，2023年10月，第7页。
[2] 鲁迅：《"这也是生活"……》，《鲁迅全集》第6卷，北京：人民文学出版社，2005年11月，第624页。

为变身为猪、远离战事的波鲁克早已超越敌我；但即便如此，他始终要面对逝去的战友之灵魂与神明的审视。

在战后日本文学界的战争责任讨论中，《近代文学》同人将托马斯·曼与罗曼·罗兰推为战争中值得敬重、无需承担战争责任的抵抗者。在埴谷雄高看来，此二人之抵抗所以成为可能乃根源于"欧洲有欧洲式的一致权威，——例如到上个世纪为止，是神的存在，而且在观念里，神是全人类的神。人常常不得不站在法院的审判庭上，必须经常通过反省自己到底在神的面前做了什么而生活下去"；并反思说，"不断地被置于法庭上，其内心中有着个人作为'人'须当如何的思考义务，那是罗曼·罗兰、托马斯·曼等那些活动得以实现的基础，而我们欠缺的正是那种人性的自觉、要过不屈辱的生活之自觉"。① 在《罪责论》尚未译介到日本的 1946 年，《近代文学》同人（例如荒正人和埴谷雄高）基于其基督教信仰而提出的反思以及对神的敬畏，恰与雅氏之论不谋而合。较之于法律和政治罪责之大以及道德罪责的切身性，雅斯贝斯所显示出的超越时代之深刻，正在于形而上的罪责所提示的人类超越原子化生存、在面对非"我"者时的同理心、共情心，并召唤抗拒不公不义之自觉与行动。不过，这也为那些没有基督教信仰的国家提出了一个棘手的课题——在刑事、政治和道德之外的灵魂层面，没有了对神的敬畏，普遍的罪责感何以可能。

《红猪》是以两位传奇飞行员波鲁克与卡迪士的决斗结束的。原本绕到对手战机后制造了几次绝佳射击机会的波鲁克却并未开枪。旁边观战的曼马由特队空贼头目告诉菲尔："红猪是不杀人的。……红猪肯定想打到卡迪士的引擎就结束比赛。"事实上，反战，在个人良知与行动的底线层面上或许就是如此朴素的三个字——不杀人。1966 年，日本思想家鹤见俊辅曾在其参与领导的反越战市民运动团体"越平联"（全称"给越南和平！

---

① 荒正人、小田切秀雄、佐々木基一、埴谷雄高、平野謙、本多秋五:「文学者の責務」、『人間』1946 年 4 月号、第 158—159 頁。

149

市民联合",1965—1974)的一次演讲中说道:"'不去杀人'是我反战的根本原则。"战争末期从美国回到日本加入帝国海军的鹤见,"身处应是'敌国'的美国时战争爆发了,但回到日本后却发现,其实对自己而言日本才是'敌人的国家'。……因为不相信日本的战争目的,我不想跟敌人战斗、不想去杀人。"战后的鹤见用了很长时间逐渐建立起一种信念,"不论有什么样的恐怖、什么样的理由都不被迷惑,能一口气地、一下子地去说'我杀过人。杀人是不好的'"。话虽如此,但面对小熊英二的提问,鹤见也坦承"(不)杀人"的问题"战后也一直困扰着我。我会想,那当时如果对我下达了'杀敌'的命令,我会怎么做呢?虽然是想要拒绝服从命令决心自杀,但在战争中每天都在恐惧度日,说不定会屈服于这种恐怖、听从命令呢。"[1] 个人良知底线上的理性应然,与国家间对抗、极端状况下之实然总是存在着这般断裂。

面对这种极端语境,天人交战之下实则难有良策。变成一只猪在现实意义上终不可得,于是逃亡他国似乎成了弱者唯一的抵抗选项。爱因斯坦在《主权的限制》一文中强调"强迫服兵役形成了有害的国家主义,我们必须与它作斗争;最重要的是,国际主义必须保护拒服兵役的人。"[2] 然而,就像鹤见俊辅所坦陈的那样:"对我们这些'战中派'来说,当逃兵是件很了不得的事。因为日本的军法规定发现逃兵可以当场击毙。我以前也想逃跑,但做不到。"[3] 从这个意义上来说,我想,鹤见俊辅和小田实等发起的"越平联"和援助逃兵运动,显然是基于一种作为战争局外人的形而上的罪责意识。据鹤见回忆,1968年1月,美国核动力潜艇"企业号"停靠佐世保,小田实本打算租一架直升机飞到航母上撒传单而未遂,于是

---

[1] 鹤见俊辅、小熊英二、上野千鹤子著,邱静译:《战争留下了什么——战后一代的鹤见俊辅访谈》,北京:北京大学出版社,2015年6月,第28—29页。
[2] 爱因斯坦著,富强译:《爱因斯坦自述》,北京:新世界出版社,2012年1月,第235页。
[3] 鹤见俊辅、小熊英二、上野千鹤子著,邱静译:《战争留下了什么——战后一代的鹤见俊辅访谈》,北京:北京大学出版社,2015年6月,第249—250页。

"租了个小船，买了个扩音器，一边绕着航母划来划去，一边用英语喊'停止这场无聊的战争，逃走吧'。"不料，还真有逃兵来投。当时，"根据日美行政协定，美国士兵是不受日本的出入境管理约束的，就算帮助他们离开日本也不会触犯日本的法律。只有在美国方面提出请求的情况下，日本警察可以代行逮捕美国的士兵"。所幸，最后吉川勇一找到了苏联使馆，帮助逃兵们去往了约塞连的同一个目的地——中立国瑞典。①

1919 年，也就是在波鲁克故事发生的大约 10 年前，鲁迅在为武者小路实笃《一个青年的梦》所撰译者序中引述原作之语谈了点自己的感想："我对于'人人都是人类的相待，不是国家的相待，才得永久和平，但非从民众觉醒不可'这意思，极以为然，而且也相信将来总要做到。"② 或许，前文中的约塞连与波鲁克都是所谓觉醒了的民众。然，多乎哉？不多也。尽管波鲁克与约塞连的故事之后，"爆发"了 70 多年的和平，但这也似乎并非民众觉醒的产物，所谓"永久和平"也终难期待。比较政治学者刘瑜提醒我们，"在历史上的大多数时期，战争是常态，和平是例外。"③ 在战争硝烟已是此起彼伏的 2023 年，《红猪》的引进为我们反思战争实质提供了一个重要的思想契机。宫崎骏说，这是一部写给中年人的电影。对散落在这个星球上各个角落中的我们而言，"诗人疾之不能默，丘疾之不能伏"（桓宽：《盐铁论》） 自然是一种可歌可颂的勇猛姿态；但面对不以人为本、而以人为本钱的暴力与不义，波鲁克和约塞连的逃离、奥迪弗雷迪的嘲讽、雅斯贝斯的深刻、鹤见俊辅和小田实的果敢，这一切都可为弱者的抵抗之资。

（原载《读书》2024 年第 2 期）

---

① 鹤见俊辅、小熊英二、上野千鹤子著、邱静译：《战争留下了什么——战后一代的鹤见俊辅访谈》，北京：北京大学出版社，2015 年 6 月，第 251—253 页。
② 武者小路实笃著、鲁迅译：《一个青年的梦》，《新青年》第 7 卷第 2 期（1920 年 1 月），第 65 页。
③ 刘瑜：《可能性的艺术：比较政治学 30 讲》，桂林：广西师范大学出版社，2022 年 4 月，第 24 页。

《哈尔的移动城堡》中的"官魔"与"野魔"

> 我祈祷拥有一颗透明的心灵,
> 和会流泪的眼睛。
> 给我再去相信的勇气,
> 越过谎言去拥抱你。
> 每当我找不到存在的意义,
> 每当我迷失在黑夜里,
> 夜空中最亮的星,
> 请指引我靠近你。
>
> ——逃跑计划:《夜空中最亮的星》

第一次看《哈尔的移动城堡》还是读研究生二年级前后的事情。记得当时与同在日语系的同学们讨论起这部电影,女同学们大多都为哈尔的绝世帅脸惊叹不已,甚至已经沉醉痴迷到懒得继续搭理那个姿色平平却已在讨论现场脚趾抠地的我了。20年后,自己做了导师,又与在读研究生们围绕这部近来上映的电影旧题新论,或许是由于我们大多从事战争研究之故,他们除了表现出对男主同样的星星眼,宫崎骏的反战观念也同样成为中心议题之一。于是我们的讨论就在暖色的爱情神话与冷色的战争观念之间反复横跳,让人颇感撕裂和困惑。仁者乐山、智者乐水自然是无可厚非,可是隐约间总觉得某种可以贯通二者的逻辑在我们各得其乐间被轻易打发掉了。比如,这场战争是谁的战争,爱情(战争)设定对于战争

(爱情)来说又意味着什么。反复将此片看过多遍之后，我的眼光落到了城堡门边那个不太起眼的四色转盘上，并愈发相信它会是我们解开谜团的一把钥匙。

一、四色转盘：被动逃避与在野自由

因被荒野魔女施了魔法而流浪到哈尔的移动城堡中讨生活的苏菲，在进堡第二天就发现，堡主的生活是通过调控四色转盘而实现空间切换的。在被授业恩师莎莉曼发现其住处而不得不搬家之前，这四种颜色分别是蓝色（港町）、绿色（荒野）、红色（首都金斯贝里）和黑色（仅供哈尔进出使用）。这天早晨，哈尔的徒弟马鲁克至少接待了三拨访客。第一位是港町的镇长，他希望马鲁克转告其师"詹金斯先生"，"这是国王陛下的邀请函，马上就要开战了。无论是魔法师、诅咒师还是魔女，都要为国尽心效劳"。显然，此乃国家权力面向魔法界的战争总动员。第二位是一位港町的小姑娘，来买祈求出航风顺的咒语。第三位则是金斯贝里的宫廷使者，他替国王邀请"魔法师潘德拉肯"前往觐见。而从后续的剧情反向推断，使者的宣召应是专门针对两位在野大魔头——哈尔和荒野魔女的。

四色转盘的生活看似随心多变，但事实上，从转盘指针的日常指向以及苏菲、马鲁克的早市购物都不难看出，城堡的日常生活基本在港町展开的，在这里哈尔借"魔法师詹金斯"之名与弟子马鲁克以卖咒语为生。而转盘上的红色时刻仅出现过两次——宫廷使者宣召和苏菲替哈尔入宫时，其希见正暗示了城堡主人对权力的主动远离。哈尔本就是个胆小懦弱之人，后来被苏菲问及到底有多少个名字时，哈尔坦言这些化名都是"为了自由生活之需"。这便关系到城堡四色转盘中黑色模式的意义。苏菲曾经询问马鲁克这会通向何处，后者告诉她，"只有哈尔先生才知道"。事实上，此种情形只有在堡主进出的瞬间才会出现，之后便会旋即切回到蓝色模式了——这样做，显然只是为了掩人耳目。而之所以要如此隐秘蛰伏，除了躲避为爱痴狂、为美迷乱、死缠烂打的"魔怔人"荒野魔女，也是为了不被其恩师——王室魔法师莎莉曼所代表的国家权力寻到。

哈尔告诉苏菲，他之所以难拒国王邀约，是因小时进入魔法学校之初便曾立誓效忠。若将魔法师分为在朝的"官魔"和民间的"野魔"，那么，作为王室的御用魔法师，甚至是可对总理大臣和参谋长呼来唤去的莎莉曼之关门弟子，才华甚高的体制内骄子哈尔本可成为"官魔"界下一代魔王，在朝堂上呼风唤雨，而不必流浪荒野、卖咒为生。在国师看来，王国培养了你，为国效力是你不可推卸的道德责任。不来宫廷觐见，恐怕既有违个人誓约，更有悖君臣之礼，有违师生之义。尽管如此，哈尔还是倔强地做出了选择——放弃成为"魔王"的美好前景，活出自己的"野魔"人生。在单纯的他那里，这一切不勉强、不撕裂，更没有什么"情非得已""被迫卷入"之类的矫情修辞，只是从心而动，在"魔法+权力"和"魔法+自由"之间，他选择了后者。师傅后来发现，"那孩子的心被恶魔夺走，离我而去。他的魔法只为自己之用"。莎莉曼或许不会知道，哈尔通过将自己的心与星之子卡西法交易，换来的不仅是足以与其抗衡的超强魔力，更是她未必体认的在野"自由"。那是双重意义上的"在野"，不仅表现在生活层面将城堡活动范围限定在人迹罕至的荒野，更折射在精神和价值的层面——他需要确保自己拥有可以对政治权力说不的消极自由。事实上，哈尔的人生就可以总结为一句话：权力诚可贵，爱情价更高；若为自由故，掌门亦可抛。

本片制作人铃木敏夫曾说："魔法师们与魔鬼签约，化身为诡异的怪物战斗，这就是这个时代的'战争'。会魔法的哈尔是唯一一个无意战争、终日无所事事的人。"① 但在电影中，最可怕的"魔鬼"、魔界总主恐怕正

---

① 铃木敏夫：《迪士尼'吉卜力大珍藏'〈哈尔的移动城堡〉〈地海战记〉》，收入铃木敏夫著、米杏译：《吉卜力的文学》，海口：南海出版公司，2024年3月，第23—24页。

是莎莉曼所代表的国家权力之战争意志。而在国家机器看来，在全民激愤的战争氛围中，拒绝权力收编、游离于战争动员体制之外的荒野流浪本身便是不合作；在全民奋进有为的语境中，与世无争的"无所事事"本身也就意味着背叛、意味着"恶"。

二、敌在本能寺："野魔"的抗辩

在这部电影中，我最在意的核心情节之一便是那场以国王名义召集的鸿门宴。面对苏菲，莎莉曼当场指出了哈尔的问题之所在——"他的魔法只为自己之用"。要知道，事实上，哈尔并非自私之人，其魔法是回馈社会、利益他人的；当然另一方面，这也是其自身生活之所需，不必拔高。而国师的指摘意在谴责他缺乏为国效力的精神自觉。不过，这一指控却有些站不住脚。因为另一位"野魔"——被逐出宫廷五十年的荒野魔女就是踌躇满志，打算一展拳脚，为国效力的。她本以为此行是因"莎莉曼那个笨蛋总算知道没有我的力量是不行的"。孰料魔女不仅被莎莉曼以请君入瓮的魔法阵摧垮并剥夺了魔法，还成为了国师对哈尔杀鸡儆猴的工具人。徒有爱国之心，却废于自己人之手。"这样下去的话，哈尔会变得跟荒野魔女一样。"看着被打回原形的魔女，莎莉曼告诉苏菲，"她只是回归到了实际的年龄，已经没有魔法了。此人曾是个非常优秀的魔法师，但是因为和恶魔交易，长期以来身心都被吞噬。现在王国对于这些可疑的魔法师和魔女不再放任，如果哈尔愿意为国家尽力，我们会教他如何与恶魔决裂。不来的话，我们将取走他的魔法。"这里出现了一个可疑的词——"可疑"。这是无需以任何事实和证据为凭的诛心之论，也是权力介入社会、侵害民众的一个廉价托辞。事实上，此番虽是以"国王"名义发出的邀约，但国师所期待的似乎并非"为国家尽力"的忠心，而首先是剪除异己、整肃队伍，使"野魔"成为讲规矩的"官魔"、成为她的自己人；尽管她的说辞中满是治病救人之类的良苦用心，甚至以荒地魔女之例表明自己意在保护哈尔的身心免受魔鬼吞噬。听起来,那像是爱。

目睹了莎莉曼的重手下马威,顶替哈尔前来赴约的"潘德拉肯母亲"苏菲愤然起身,指责王宫对老年人的冷酷及其设计害人的阴谋。她明告国师,哈尔要的是自由,而不是魔王头衔。在圈套设计者莎莉曼那里,让两个老太婆爬台阶,并严禁宫中人施以援手,这自然为是诱使肥胖虚弱的荒地魔女乏累后瘫在椅子上"坐"以待毙,从而智解其魔法。而在凡人苏菲看来,这是权力的傲慢,是对"人"的蔑视,她也因此对哈尔的选择心生理解之同情,并替自己之所爱对这种来自权力的可怖之"爱"坚定地说出"不"字。

胆小的哈尔因苏菲的勇敢而鼓起勇气,他化身为国王来到几人近前,尽管此时莎莉曼早已勘破一切——"潘多拉肯"即是哈尔化名,而眼前站的人便是其本尊。对着苏菲,哈尔假冒国王的放言颇有些含沙射影的警醒之意:"我并不打算用魔法来打赢战争。依靠莎莉曼的能力,敌军炸弹的确炸不毁这皇宫,它们都落到周边的城镇了。这就是魔法,是吧,莎莉曼!"而就在此时,真国王兴冲冲地奔了过来:"莎莉曼!马上就要决战了,这次一定要击败他们!"但哈尔不知,他永远叫不醒一个装睡的人。因为莎莉曼背后的真国王在乎的只是敌我胜败,他要求举国一致,听不见前线上的炮灰哀嚎、看不到街区中的生民涂炭,因为活在魔法金钟罩中的他不晓得也不在乎什么流血丧生,他仿佛只是棋局中的执子对弈之人;而哈尔在意的正是魔法只保护了权力者,却让无辜平民蒙受重大伤亡、承担一切后果,这让他看穿了"魔法报国"的实质。真假国王的邂逅实则意外而直观地暴露了所有战争的一些核心问题,比如谁在为了谁(的国)而战;谁是获益者,谁又是受害者;敌方、敌军是否便是唯一的、真正的敌人,敌人是否真在本能寺。

被莎莉曼发现了行踪的哈尔不得不以搬家消极避祸,惹不起但躲得起。他将四色盘中的蓝、红二色替换为黄(苏菲的家)、粉(哈尔的秘密花园)二色,远离了自己熟悉的生活街区和政治权力中心。而在带苏菲进入自己独享的私密花园时,哈尔却意外看到一架大型军舰满载炸弹从空中飞过,他很纳闷,它"怎么会经过这里呢?"。电影画面中,当那个庞然巨舰从秘密花园的小房子的屋顶上空掩过时,那种权力对个人隐秘生活无所顾忌的悍然闯入和野蛮破坏是不言而喻的。哈尔知道,它是"要去攻击城镇和人民的"。当被苏菲问及"是敌是友"时,他哀叹,"都一个样"。而在苏菲生活的小镇已因为轰炸而变成一片火海之时,马鲁克的意外开窗依然让莎莉曼上天入地、无孔不入的探子(如橡胶人傀儡等)寻到了踪迹,他们试图硬闯民宅。苏菲怒斥道:"都这个时候了,那么闲不会去灭火吗?"至此,黄、粉二色所对应的私人世界已被侵犯殆尽,哈尔退无可退,惹不起也躲不起了。

三、人魔畛域:行动的方向与限度

这场战争极可能是因邻国王子失踪事件而起。他被莎莉曼魔法集团的诅咒变成了稻草人并弃之荒野,若非苏菲歪打正着的救助和深情一吻,其命休矣。影片结末处荒野魔女让现出人形的王子回国结束这场战争,也暗示了他才是战争问题的根由所在。通过"官魔"线狗因因的视频连线,莎莉曼看到了王子变回了人形回国,这才决定叫来总理大臣和参谋长结束这场"愚蠢的战争"的。这不仅是因实力不济,更是因为此国的战争谎言将因此而被揭穿。如此看来,邻国王子在此国失踪、对方索人而不得遂开战报复,这会成为信仰魔法治国、对邻国早有企图之战争贩子国王绝佳的战争借口,他可以据此将本国塑造成无辜受害方,并将这场看似自卫的战争正义化。其实他早有预谋和准备,从其战争狂热、厉兵秣马积蓄物资、推出新式战舰,以及国家机器的民意煽动等细节中都不难看出。战争中后期,此国新式战舰被邻国打成筛子,对方军舰杀进港口并扔下雪花般的传单,军警们却严禁国民捡拾,因为统治集团愚民的战争谎言会因此而被揭穿,而他们也无法承担战败在本国引发的政治后果。这一切像极了战争末期被美军攻入本土的日本。而哈尔等"野魔"们拒绝"官魔"征召并非不辨是非的逃避,只是因为他们深知这是一个对内集权、对外好战、视人生命如草芥而凭只身难以对抗的法西斯军国主义国家。

战事一开,晚上的空中飞行让哈尔看到从南海到北境一片火海。可并未参战的他却意外被本方同行攻击。就像那些橡胶傀儡人一样,影片中那些鹰魔变身而成的怪兽及蜻蜓、蜜蜂形状的攻击武器,都像是被内置了某种价值观念和识别系统的冷漠驯化生物,它们无须承受思考、判断的重负和情感的两难,只需服从命令冷酷行动,那些被法西斯主义洗了脑的民众、士兵与此又有什么区别呢?而一旦失去人应有的同情心、同理心、思考力和判断力,忘记如何痛哭和欢笑者,就永远"变不回人类"了,因为那些思辨、温情、痛苦、悲欢离合才是生而为人区别于魔、鬼、兽的至高尊严和基本象征。可见,战争在宫崎这里,是人与非人性者之间的斗争,无问敌我。反战,反战,而问题却往往出在战之前、战之外。我们必须能动地、不懈地追问的是什么导致了"战"、把人们逼向了"战",而不是将"战"作为不可改变的事实本身予以被动接受,因为后者只能导向一种不可思辨的自我催眠和野蛮的道德绑架。

原本在无人荒野中离群索居、悲悯观世的消极自由主义者哈尔终而退无可退,他选择了行动,冲进了战火。这让人不禁想到了刘义庆的《鹦鹉灭火》。见到与己相爱重的山中禽兽深陷山火,鹦鹉"入水沾羽,飞而洒之"(《宣验记》)。"尝侨是山不忍见"的善心在神话传说中虽感天动地,天神助之,但现实的战争却往往向鹦鹉们索求得更多,甚至是生命的代价。事实上,驱动哈尔走向行动的似乎并非什么国族大义,而是他对城堡中人尤其是苏菲的爱。1963年7月20日,汉娜·阿伦特在致索勒姆的信中说:"我这一生中从来没有爱过任何一个民族、任何一个集体——不爱德意志、不爱法兰西、不爱美利坚,不爱工人阶级,或者在这个忠诚的代价范围内可能有的任何其他东西。事实上,我只爱我的朋友,任何其他形式的爱都超出了我的能力。"① 陀思妥耶夫斯基也曾在《卡拉马佐夫兄弟》中说："要爱具体的人，不要爱抽象的人。要爱生活，不要爱生活的意义。"爱你所在的街区、城镇、山河，爱你身边的每一个具体而微的生命并捍卫其生活与尊严，才意味着你在爱着你的"国"，而非王的"国"；是《你们想活出怎样的人生》中真人的人情世界，而非大舅公以积木治理的理性"世界"。

哈尔的微力固于战局无补，他只能选择让卡西法守护在屋内，而自己则奋战于屋外，在炮火中他至少可以护全自己之所爱，因为遇到了自己必须要去保护的人。而后来苏菲悲痛地发现，被爱支撑和鼓舞着去战斗的哈尔身负重伤，甚至可能殒命于战火。此时，她告诉堡中人，"只要我们在，哈尔就不会停战，而我宁愿他是个胆小鬼"。于是，果断地做出决断——从城堡中带出了卡西法，任城堡崩坏。杀君马者道旁儿，影片中路边的人们面向军队士兵的每一个欢呼无疑都是一道道催命符；而对自己之所爱，你只会希望他带着缺陷活下去，而不会寄望于其成为异界英雄。这才是人性的光芒、爱的力量。

即便有最新式战舰的加持，但这场为了国王而战的非正义战争不可避免地走向了失败。因因作为"官魔"线狗从前方发来的最后视频谍报让莎莉曼看到，她所要收编的那些人通过相互守护最终走到了一起，就连"官魔"线狗都选择放弃优裕的生活，弃暗投明，与他们组成了一个幸福的家庭。此时，莎莉曼故作姿态地表示要结束这场"愚蠢的战争"，但这绝非被人性的温情感动所致，那只是实力不济、战争谎言又被拆穿的结果。事实上，只要战争贩子国王及其支持力量（当然包括"官魔"集团及其操控的傀儡、被战争激情点燃而放弃思考的人们）依然存在，"愚蠢的战争"还会不断上演，他们所需要的不过是一个荒唐的口实罢了。

（原载《南方周末》2024 年 5 月 5 日）

---

① Arendt, H., Scholem, G., Knott, M. L., & David, A. (2017). *The correspondence of Hannah Arendt and Gershom Scholem*. The University of Chicago Press, 206.

在艰难时世中做个"真正的人"

——从吉野源三郎到宫崎骏,再到我们

一、"合适而积极"的姿态,现实的"理想主义"

宫崎骏的电影《你们想活出怎样的人生》(中译时省掉表示复数的"们"是不应该的,下同)中有个动人的场景。为对付时来窗外诱惑、骚扰的苍鹭,牧真人尝试着用其蓝羽自制弓箭以回应之。而在拉扯弓弦间,他不慎将桌上一摞书碰落在地,一本本捡拾起来时,却在《你们想活出怎样的人生》一书的扉页上偶然看到了一年前葬身火海的生母笔迹端丽的寄语:"致长大后的真人君/妈妈/昭和十二年秋"。真人默念着"这是妈妈留给我的",一页页翻读了下去,心潮翻滚,泪洒行间。

就像电影画面如实呈现的那样,吉野源三郎的《你们想活出怎样的人生》正是昭和十二年秋(1937年8月)作为新潮社"日本少年国民文库"第五卷推出的。由题签不难看出,此书甫一出版,便被真人母亲久子慧眼识中并购回,以备后日之需。而那年,真人才4岁(从电影海报可知,1944年时真人是11岁的六年级学生)。痛失生母、又在疏散地备受欺凌的准中学生,读到书中主人公中学二年级学生"小哥白尼"(本名本田润一)在母亲和舅舅的呵护、鼓励和耐心引导下,在与同学北见、浦川、水谷等人的交往中鉴人省己、知善明理之故事,睹物思人,真人怎能不感慨系之?四五岁时便因避战火而与家人一道疏散到枥木县、却因瘦弱矮小而受到霸凌的"40后"宫崎骏何以对吉野源三郎此书念兹在兹,甚至直以其奥斯卡新作片名致敬便不难想见了。

当然这只是经验层面的理解,事实上电影中主人公的名字也颇有深意。在日语中,"牧"音读为"ぼく",与"僕"(我)同音;而依"下面的世界"(地狱)中少女雾子的理解,"真人"意谓"真正的人",连缀起来,其意便不言自明。吉野源三郎上承大正教养主义之余绪,《你们想活出怎样的人生》的写作旨趣在于讨论十几岁的少年当如何成为高尚的人,而这既是"小哥白尼"父母、舅舅之期许,也是作者以书名希图召唤起的广泛思考。通向"真正的人""高尚的人"之路径正是吉野与宫崎的共通关切;但后者对前者的遥望中实则又潜含着对极端状况下知识人艰难处境与行动可能的"理解之同情"。吉野之子源太郎表示,为拍摄这部电影:"宫崎先生问了我很多事。他对我父亲的狱中体验很有兴趣,详细地向我打探:'他想怎么去自杀呢?'"① 由此亦可见宫崎骏对吉野源三郎在极端语境下之心迹与抉择的深切关心。

2006 年,宫崎曾在一篇文章中明确谈及自己对吉野其人其作的看法。他表示:

> 我想,在那种异常情况下,《你们想活出怎样的人生》的作者吉野源三郎先生应该是感觉到了自己无法阻止军阀政治、唯有战而败这一途,或许他也考虑到了战败后将会发生残忍之事吧。
>
> 所以在《你们想活出怎样的人生》中,作者并未去写如何改变时代。但它告诉我们,无论在怎样困难、残酷的时代,"都要活得像一个真正的人"。反过来讲,对我们来说,能做的也只有这么多。……
>
> 因此,我会想,在这个故事中告诉小哥白尼要堂堂正正做人的舅舅在后来发生的战争中会如何活下去,可能只会全无意义地白白死去。
>
> 昭和时期,除了地震和战争之外,还有很多人因结核病的蔓延死

---

① 池上彰、吉野源太郎:「父・吉野源三郎の教え」、『文芸春秋』2018 年 3 月特別号、第 253 頁。

去。很多人死于贫困,还有很多孩子自杀、很多人死于战争。昭和便是从这种非常残酷的时代开始的。……

因此,《你们想活出怎样的人生》告诉我们要困苦地活下去。不是说如此这般就会过得很好,而是说,要明辨是非,带着困苦和会白白死去之自觉活下去。是的,带着会白白死去的自觉。我们无法直接书写那种时代的暴力,只能告诉人们,即便那样的时代到来了,也不要放弃努力,要活得像一个真正的人。我想,吉野源三郎先生能做的应该也只有这些了。①

引前贤之故事,宫崎骏所留意者无外乎晦暗岁月里知识人的伦理困境、行动限度,以及普通人的人格底线。而这两者又原本便可合一,因为后者正是前者所要全力捍卫之所在。

吉野物故后,其知友古在由重曾以"不屈"来总括其生涯,那是一种"不屈于一切事物,将自己之所信完全贯彻到底的、不退转的姿态"。但同时他也强调,无论是战前的黑暗时代还是战败后的新时代,吉野总会坚持以"合适而积极的正论"介入当时最为紧要的历史课题。② 战后且不论,在军国主义的极端年代坚持这一姿态是殊为不易,且需智慧和韧性的。刚猛的抵抗、进取者动辄出师未捷而中道崩殂,留"人"清誉却于"事"无补;而淡化个人誉望,保持一种能动、柔韧而坚定的应对庶几方称"现实的'理想主义'"。不仅需有胆魄,更要有智识,《你们想活出怎样的人生》正是此中范例。这便涉及我们对极端语境下吉野源三郎的历史境遇及其迂回应对两个层面的理解。

---

① 宫崎駿:「失われた風景の記憶——吉野源三郎著『君たちはどう生きるか』をめぐって」(『熱風』スタジオジブリ、2006 年 6 月号)、宫崎駿:『折り返し点(1997—2008)』、東京:岩波書店、2008 年 7 月、第 466—467 頁。
② 古在由重:「吉野源三郎をしのぶ」、『世界』(429 号、1981 年 8 月)、第 282 頁。

二、迂回拯救：军国主义之教育毒害与知识人的人文主义介入

在宫崎骏的电影中，我们可以看到《你们想活出怎样的人生》封面出现了两位署名作者——山本有三和吉野源三郎。事实上，这两位当时，以及后来的文学、思想重镇在军国主义狂潮席卷日本的 1930 年代皆是命运多舛。受经济学家河合荣治郎之影响，1922 年吉野源三郎从旧制一高考入了东京帝国大学经济学部，其后虑及社会问题的解决有赖于哲学基础，旋即转入文学部哲学科，在此他接触到了马克思主义并对其产生共鸣，这一经验对其后来的人生产生了深远的影响。从东京帝大毕业的吉野并未如愿就业，他先后辗转于三省堂编辑部、东京帝大图书馆等处以谋生计，却因曾向日本共产党员提供藏匿之所违反了《治安维持法》而于 1931 年夏被捕。为此，被临时征召为预备役陆军炮兵少尉的吉野在军法会议上以"思想犯罪"之名遭到审判，而负责此事的陆军法务官便是其后在"二二六事件"审判中担任主席检察官的匂坂春平。他严令吉野供出同伙，吉野则怒斥道："你们要我这么做，与身为军人的你们遭敌人俘虏时被要求卑怯的背叛有什么区别！你们觉得这么做是对的吗？"此言一举改变了匂坂的态度，在缓刑判决书中，他不仅如实记述了被告人格上的"温厚笃实"、参军后成绩之优异，更强调他"今后将作为纯粹的学者精进学术研究，为社会作出很大的贡献"。[①] 京都大学教授佐藤卓己指出，"总力战体制要求所有国民有主体性地协力战争，在军队教育中，人们认为有必要培养可以能动地做出形势判断的士兵。'能为社会做出贡献'的精英在怎样的社会中都是不可或缺的存在。如此看来，《你们想活出怎样的人生》在战时审查中也未

---

① 高橋正衛：『軍事警察』（『続・現代史資料 6』）、東京：みすず書房、2004 年 12 月、第 643 頁。

遇到麻烦、未被列为禁书的原因便很清楚了。"① 在陆军刑务所被关押一年半、家人们皆已做好了吉野必死之精神准备时,因了检察官的宽赦,他得以重返社会,但又因哲学专业之限无奈失业三年有半。借吉野自己的话说:"若非表兄夫妻和作家山本有三伸出援手,我恐怕已经饿死了。"② 在《你们想活出怎样的人生》中小哥白尼的舅舅就是一个东大毕业的高等无业游民,这一设定中想必也有着吉野的某种自我投射吧。

1937 年是日本全面侵华战争之始,而《你们想活出怎样的人生》作为整套丛书的收官之作在 8 月已然推出,这便意味着我们不可将中国读者自然生发的"1937 年感觉"直接代入到丛书的理解中来。但即便如此,1930 年代肃杀的政治氛围对理解丛书之缘起和"问题意识"依然是必要的。从"九一八事变"(1931 年)、"五一五事件"(1932 年,以海军少壮派军人为中心发动的法西斯政变)到"二二六事件"(1936 年,陆军皇道派青年军官发动的刺杀政府和军方"统制派"以及反对者的兵变),日本帝国陷入全体主义的泥沼,在法西斯军主义道路上狂飙突进,难以遏止。吉野后来的回忆又追加了另一些国内外因素。"在欧洲,墨索里尼和希特勒已经掌握政权,法西斯主义成为各国民众的威胁,第二次世界大战的危机像乌云一样笼罩在全世界上空。《日本少年国民文库》的出版自然是基于对这一局势的思考。当时,伴随着军国主义抬头,言论和出版自由遭到明显限制,工人运动和社会主义运动受到的激烈镇压堪称凶残。"③ 小哥白尼的故事设定在 1936 年晚秋,其时的政治空气已不难想见。新潮社的记录显示:"那时,山本偶尔想送已是中学生的儿子一些适读书籍,却痛感于我国有益于少男少女的感性陶冶和知性训练、对人类进步怀有信赖之心的读物是何等的匮乏。而

---

① 佐藤卓己:「戦後平和主義の戦略家・吉野源三郎」、『中央公論』2018 年 5 月号、第 162 頁。
② 吉野源三郎:『職業としての編集者』、東京:岩波書店、1989 年 3 月、第 5 頁。
③ 吉野源三郎:《关于作品》,收入吉野源三郎著、史诗译:《你想活出怎样的人生》,海口:南海出版公司,2023 年 7 月,第 231—232 页。关于书名,日文版原文准确中译应为"你们想活出怎样的人生"(君たちはどう生きるか),故以下行文采用这一译法,不另注。

泛滥于坊间的全都是向年少者之头脑中灌输法西斯主义的俗恶传记。原本就富于教育家品性的山本为守护孩子们免受俗恶读物之害、培养下一代优秀的日本国民，决定亲手编出一套能真正成为少男少女精神食粮的书籍。"① 吉野的回忆也可为佐证：

> 此时面向成人的书籍出版已遭遇明显的限制，正因如此，所以我们愈加感到要在军国主义风潮中守护少年，有必要培育出让他们免受时势毒害的人道主义思想与感情。而且，面向少年的书似乎也尚有操作余地。对于山本先生的这些看法我表示赞同。于是，我们就希望能策划一套面向少年的丛书，中心立意在于教给他们从人类进步之观点出发的历史观和科学看待事物之眼光。这套丛书便是十六卷本的"日本少年国民文库"丛书。②

在另一篇回忆文中，吉野又进而强调"在癫狂的法西斯主义横行之时，山本老师认为必须保护人文精神，并寄望于下一代人身上。"③（这让人不禁想到了大江健三郎在诺贝尔文学奖颁奖礼上对其恩师渡边一夫的礼赞）虽然这一企划最终得到了新潮社的支持，但"山本先生自己因《女人的一生》被认为有反军倾向而遭到宪兵队的干预，很难再写小说了。"④ 最终，吉野受邀担任丛书编辑主任，并与作者同仁一道确立了写作的基本方针：做出一套感动少男少女心怀的读物，教给他们世界史的观点、进步的看法和想法，使之对人类的未来满怀期待。⑤ 以上有关丛书立意的共识也是我们理解作为丛书之一的《你们想活出怎样的人生》的重要视点。不妨重申一遍，那便

---

① 佐藤俊夫：『新潮社70年』（非売品）、東京：新潮社、1966年10月、第125頁。
② 吉野源三郎：『職業としての編集者』、東京：岩波書店、1989年3月、第6頁。
③ 吉野源三郎：《关于作品》，收入吉野源三郎著、史诗译：《你想活出怎样的人生》，海口：南海出版公司，2023年7月，第232页。
④ 吉野源三郎：『職業としての編集者』、東京：岩波書店、1989年3月、第5—6頁。
⑤ 佐藤俊夫：『新潮社70年』（非売品）、東京：新潮社、1966年10月、第125頁。

是培养与法西斯主义相抗的感性与知性、"从人类进步之观点出发的历史观和科学看待事物之眼光"。

三、极端语境下的常识与理性：
《你们想活出怎样的人生》的补偏救弊

埃雷兹·艾登和让-巴蒂斯特·米歇尔在《可视化未来》中将"源起孩童式的问题"严肃地列为"有趣的问题"之首，他们认为孩子们许多天真的提问会开启天文学、物理学、生物学和神经科学等现代科学的重要课题。① 在这一认知框架中，来自孩子们的提问作为一种意外的"倒逼"力量常是成人世界科学发展的重要源起和推动力。然而，在《你们想活出怎样的人生》中，成人则是少年的单一启蒙者。这么说绝无求全责备之意，因为我愿将此视为一种艰难时世中的不得已。换言之，便是主事者在与军国主义意识形态争夺教育、思想市场，这其中自然暗含着难以明言的紧张感和心中明确的方向性。

作为后来人和阅读者，揣摩作者写作意图未必能得其要，论者自有其各自的知识背景和关切旨趣，结果只能是见仁见智、言人人殊。作为一个战争问题研究者，我关注的则是在常识已非常识化的时代，作为一部完整的作品，《你们想活出怎样的人生》（质言之，就是化身为"舅舅"的吉野）能在认识论层面为捍卫少男少女们应有的常识与理性做出怎样补偏救弊的贡献，而这自然离不开我们对1930年代历史语境的审视。囿于篇幅，以下仅提示若干"境况下"的理解视角。

小哥白尼曾从七层高的楼顶俯瞰东京城，他发现城市中每个人都是分子般的存在；后又通过观察、思考自己的生活世界，发现很多用品来自于

---

① 埃雷兹·艾登、让-巴蒂斯特·米歇尔著，王彤彤、沈华伟、程学旗译：《可视化未来——数据透视下的人文大趋势》，杭州：浙江人民出版社，2015年9月，第27—28页。

世界不同地方，个人生活与他人的世界事实上广泛联结。舅舅则顺势启发他明白观察世界不能总以自我为中心，引导其一方面从科学史维度思考在艰难残酷的境况下仍然坚持哥白尼式的思考方式（科学立场）有多不易；另一方面又在人类劳动分工的意义上促使他在对"生产关系"这类社会科学范畴的认识上思考人类道德。① 不仅如此，在整个国家仇视西方、国粹主义泛滥的境况下，舅舅还以犍陀罗佛像为例告诉他，在日本人看来散发着东洋艺术气息的佛像实则是希腊雕刻技术与佛教思想相融合的产物，"即使是遥远异国的文物，（日本人——引者）也会发自内心敬佩其中的杰作，并取其精华，使日本文明不断进步。于是在人类进步的历史中，日本人也有了属于自己的发展……"（第217—221页）小哥白尼在学校看到了贫穷的同学，也亲历过强者欺凌弱者的恶性事件，舅舅则就此启发他从自身的经验和实感出发（今人谓之"把自己作为方法"）去思考这个世界，而不仅仅是轻信书本教化。诸如以体验、经验与实感对抗精神主义，以普遍关联、相互影响的视角看待自己与世界之种种，在今天我们大多视之为"常识"，似乎是卑之无甚高论。而若以1930年代中期的日本为坐标去观察和思考，这些科学、常识与经验看起来就并不那么和谐、平凡了，甚至颇有些空谷足音、振聋发聩的意味。

借日本历史学家江口圭一的话来说，"九一八事变"后，"民众对排外主义战争的支持，正是使政府的不扩大方针归于失败、使亚洲门罗主义路线取代对英美协调路线并得以巩固的决定性条件"。② "时势日渐转向偏狭的国粹主义和军国主义"之态势也折射到学校少男少女的观念之中。比如哥白尼所在学校的柔道社高年级学生们就主张，"没有爱校之心的学生进入社会，必然会成为没有爱国之心的国民，没有爱国之心的人算不上合格

---

① 丸山真男：《关于〈你们想活出怎样的人生〉的回想——献给吉野先生的在天之灵》，收入吉野源三郎著，史诗译：《你想活出怎样的人生》，海口：南海出版公司，2023年7月，第239页。
② 江口圭一著，杨栋梁译：《（1931—1945）日本十五年侵略战争史》，天津：天津人民出版社，1995年7月，第51页。

的国民，因此没有爱校之心的学生正是'非国民'的雏形，我们必须对这种非国民的雏形加以惩罚"。其结果是，"别人只是没有在校级比赛中加油，就立刻被他们扣上非国民的帽子，稍有错误就要被他们打"，"从第二学期期末开始，一年级和二年级的学生就无法自由自在了"。（第 125—126 页）学校教育实则是整个军国主义政治的神经末梢和基层缩影，而从以"非国民"为口实的校园霸凌已不难看出极端国家主义的实质和危害。好友北见也因此遭受了校霸黑川的欺辱，原本事先已与小伙伴们约定逢此则必携手反抗的小哥白尼，在其他友人纷纷如约挺身而出时却临阵畏缩，他为此悔恨不已。若将校园琐事以国家为单位反向放大，你就不难理解作者的隐喻了。此时，舅舅的勉励便显得意味深长，他说："因为我们拥有沿着正确道路前行的力量，才会尝到犯错的痛苦。"（第 192 页）

1936 年 10 月，柏林-罗马轴心形成；日本在此一个月后同德国签署反共产国际协定，意大利又于 1937 年 11 月 6 日加入此协定。德-意-日轴心集团虽未正式立约，但已雏形初现。学校教育中，"出版物在向孩子们介绍墨索里尼和希特勒时，将其塑造为一代英雄"。[①] 作者则以拿破仑为例提示出了另一个思考向度。受同学水谷的姐姐胜子影响，小哥白尼成了拿破仑的崇拜者，舅舅闻知后吃了一惊。后者在信中一方面肯定了拿破仑的伟业源于其超常非凡的活力，但同时他也希望小哥白尼看到拿破仑的强权独裁和非理性远征造成了巨大悲剧——他让数十万人殒命他乡，招致数千万人的怨恨。"在那些被称为英雄或伟人的人中，只有推动了人类进步的人才真正值得我们尊敬。在他们非凡的事业中，只有顺应人类进步所做的事，才真正有价值。"（第 143 页）

就这样，吉野源三郎基于其经济学、哲学学识背景，以及对时代的深刻洞察与切身介入，辅以文学家的口吻娓娓道来，展现出一种"有学术的立场"。较之于极端年代屈从、委身于政治权力的"有立场的学术"，他以

---

① 吉野源三郎：『職業としての編集者』、東京：岩波書店、1989 年 3 月、第 6 頁。

"合适而积极"的姿态,在法西斯军国主义的极端年代,以讨论如何成为"真正的人"为写作旨归,赋予了此书以超越时空的普遍意义,作为知识人做出了自己的抗争。

四、致都市精英、"未来的知识人":吉野源三郎的射程

前文说到,吉野认为,包括《你们想活出怎样的人生》在内的"日本少年国民丛书"是军国主义政治语境下面向成人的书籍出版面临严重限制的产物。换言之,这是在极端语境下成年人面向少年撰写的一部迂回曲折的对抗性道德伦理教养书。而问题或许恰恰在于这预设读者意识和特殊历史语境限定。

借佐藤卓己的话来说,"较之于一般的学童、学生,教育家和预备役军人更爱读《你们想活出怎样的人生》"。[1] 中文版的腰封上赫然印着的"入选日本小学教科书,日本中学教师票选'送你一本书大奖'第 1 名"字样说的似乎也是同样的道理。而就像母亲久子买给真人那样,被教师们、家长们爱读的结果则是纷纷"荐读",这便成了中学生们的苦事。生于战后的评论家池上彰在与吉野之子源太郎的对谈中直言,自己当年是在小学高年级被父亲命令读这本书的,"对父亲的强制心怀逆反情绪,就没去读。但当时又没有其他娱乐,无奈之下翻开了书,却读得停不下来",但"我觉得,现在《你们想活出怎样的人生》如此热卖,与其说是孩子们自己想读所以去购读,不如说是父母或者祖父母们想让孩子们读,然后买了送给他们的。现在的父母不会硬逼自己的孩子说'你得这么做''不要那么活',于是这本书便登场了"。[2] 佐藤卓己抱怨说,自己中学时代"老师推

---

[1] 佐藤卓己:「戦後平和主義の戦略家・吉野源三郎」、『中央公論』2018 年 5 月号、第 158 頁。
[2] 池上彰、吉野源太郎:「父・吉野源三郎の教え」、『文芸春秋』2018 年 3 月特別号、第 243、245 頁。

荐阅读这本书作为暑假作业，我虽拿在手上，但只读了几页就读不下去了。对于反叛期的少年来说，实在是难以忍受那种启蒙的口吻"。① 出身新潟的作家关川夏央也表示，"我是在 1950 年代末、10 岁前后读到这本书的。对于孩子来说，被强制读好书是很无聊的，因此并没生发出什么感动之情。虽不觉无聊，但还是有些反感。"然而，除了被师长强制阅读而引发的逆反心理，关川又发现并揭示了一些孩子对此书反感的另一个原因。"再次读到此书，我明白了其中的缘由。那是因为我嫉妒东京的孩子。……我嫉妒却又痛切地向往着大都市孩子的生活，不禁产生了几许反感之情，因此便未能理解这部哲学小说的真正价值。"② 就像石井雅巳所批评的那样，书中主人公的父亲曾在银行身居要职、家中还有用人；同学不少家中要么是实业家、要么是大学教授和医生，所谈论的话题不是滑雪场就是电影院、银座和避暑地；书中所讨论的人物也都是哥白尼、牛顿、拿破仑和歌德等等。"因此，本书归根到底可以说是以旧制中学的优秀男生为对象写作的。有人批判说，不少人事先就被《你们想活出怎样的人生》中的'你们'排除在外了。"③

佐藤卓己引述斋藤美奈子的话说："稍感有些难以忍受之处在于，这是一部以'未来的知识人'为预设读者写作的。"④ 从这个意义上来讲，一些对此书高度评价的人基本也都是这样一类——未来的知识人、山手的孩子们、学校里的精英男生。丸山真男和鹤见俊辅们后来对此书的高度赞扬除了与作者的私情使然之外，我想恐怕也是因为他们确实曾是此书当年的预设读者。然而，这一事实上面向特定群体（即便是无意中的）的哲学小说，虽名以"你们想活出怎样的人生"，但要表达的却是大人们期待孩子

---

① 佐藤卓己:「戦後平和主義の戦略家・吉野源三郎」,『中央公論』2018 年 5 月号、第 157 頁。
② 関川夏央:「戦前の山の手のコドモたち」,『図書』2001 年第 1 号、第 44 頁。
③ 石井雅巳:「『君たちはどう生きるか』をどう読むか」,『フィルカル』第 4 巻第 1 号（2019 年 3 月）、第 54 頁。
④ 佐藤卓己:「戦後平和主義の戦略家・吉野源三郎」,『中央公論』2018 年 5 月号、第 157 頁。

们活出的样子。都留重人在悼念吉野的文章中说，"我觉得，吉野先生是大人们无与伦比的教师"，① 但这一感觉若置换到孩子们身上却未必得当。或许正因如此，中野重治才激烈批评说："好像作者们是从大人的趣味和常识判断出发，躬下身子写作的作品，因此无法尊重并捕捉到孩子们心中萌生的草芽和树芽。"②

在《你们想活出怎样的人生》中，舅舅善解人意、循循善诱，渴盼有这般亲人者恐怕也大有人在。但事实上，吉野自身却并非这样的存在。回忆起其父之教育，源太郎说："父亲从未说过'学习去！''得这么做！'这样的话。另一方面，当我有什么疑问时他一定会说'自己去想！'"③ 这让人想到一心想推荐此书给小朋友④的宫崎骏。老先生在得知儿子宫崎吾朗将在《地海战记》中担纲导演时，震怒道："开什么玩笑！让一个完全没有经验的家伙当导演，太不像话了！"对此，他的老搭档铃木敏夫想起了《红猪》中的一幕。"主人公波鲁克委托飞机公司的社长修理心爱的飞机，社长介绍给他一位年轻的女设计师，波鲁克看到女设计师后想要拒绝，而女设计师问他：'重要的是经验，还是灵感？'波鲁克回答：'是灵感。'我在心里对宫先生开玩笑：你在电影里说谎。"⑤ 如此说来，让宫崎骏景仰的吉野源三郎先生在书中是不是也撒了谎呢？

五、畅销光环外的杞人忧思

在日本，截至 2023 年夏，《你们想活出怎样的人生》已累计卖出 180

---

① 都留重人：「吉野さんと『世界の潮』」、『世界』第 429 号（1981 年 8 月）、第 291 頁。
② 中野重治：「二つの本」（『新潮』1940 年 5 月号）、『楽しい雑談（第四）』より、東京：筑摩書房、1949 年 11 月、第 35 頁。
③ 青柳雄介：「『君たちはどう生きるか』なぜ売れるか」、『サンデー毎日』2017 年 12 月 17 日、第 143 頁。
④ 宮崎駿：『本へのとびら——岩波少年文庫を語る』、東京：岩波書店、2011 年 10 月、第 140 頁。
⑤ 铃木敏夫：《经验还是灵感》（原载《专栏时间》，《中日体育》2006 年 5 月 31 日），引自铃木敏夫著、唐钰译：《吉卜力的哲学》，海口：南海出版公司，2024 年 3 月，第 85 页。

万部，成为"岩波文库"史上之最；① 在中国，截至同一时间节点，中文版四年间已加印 22 次。无论在中国还是日本，如此畅销实则都让人喜忧参半。你自然可以理解为经典之作具有超越时空的普遍意义，但我所忧心者实在别处——试想一下，什么样的人、在怎样的境况下会购读这本书呢？是否还是父母、师者作为"暑假作业"的强制荐读？另一方面，吉野在狭隘、偏执、激进的年代告诉少男少女如何做一个高尚的人，这自是一个极为重要的思想文化和教育问题，置于历史情境中作者的努力如何高度评价都不为过。可在阅读选择已经极为多样化的今天，我们却依然需要从吉野的书中寻求解答，这又意味着什么？是那种风雨如晦的历史情境、艰难时世的政治结构依然在地球的一些角落里氤氲不散，还是面对"你们想活出怎样的人生"这一灵魂拷问，知识人的回应方式和介入路径一仍其旧、了无新意呢？无论是哪种，恐怕都难以让人心生乐观。我想，这恐怕不唯是出给教育从业者的思考题吧。

（原载《书城》2024 年第 8 期）

---

① 「〈月イチ読書会〉吉野源三郎著『君たちはどう生きるか』」、『東京新聞』2023 年 10 月 15 日。

宫崎骏的终极之问：《你们想活出怎样的人生》中的道德抉择与历史隐喻

一、《你们想活出怎样的人生》是一部反战题材作品吗？

如果说宫崎骏对飞机题材的热爱源于其家族军工企业"宫崎航空兴学"，恐怕不会有人持有异议。这家公司曾拥有数千名员工，主营各种飞机部件，电影《你们想活出怎样的人生》中真人之父胜一的公司生产的零式战机座舱罩便是其产品之一。太平洋战争爆发后，因"宫崎航空制作所"转移之故，宫崎骏随家人疏散到了枥木县的宇都宫市和鹿沼市，并在那里度过了小学前三年。这些家族产业背景、战时生活际遇等都在电影中得到了某种程度的艺术呈现，只是其疏散地改成了"鹭沼"。于是，一场"少年与苍鹭"异界寻母的奇幻之旅也在此展开。

战争是影片叙事的基本现实情境，而故事发生的具体时间却似乎有些暧昧。电影开头以主人公牧真人的口吻交代："战争第三年，母亲去世了；第四年，我和父亲一起离开了东京。"来到疏散地后不久的一天，在全家共进早餐时，父亲抱怨说，海军现在乱作一团，他们还信誓旦旦地说能守塞班岛一年。此时，若非此役已然失败，便是将近尾声。事实上，日军惨败、美军全面控制塞班岛是 1944 年 7 月 9 日的事。据此反推，真人所说的"战争"实指日美之战，也就是太平洋战争，这大概也是 1941 年生人的宫崎骏心中的"战争"吧。借子安宣邦的话来说，"1941 年 12 月 8 日当天，无论是战线上的士兵，还是后方的国民都认为'真正的战争'开始了。而与中国的战争却依然打着'事变'的幌子继续着，日中战争在国民的意识当中一直是被隐瞒着的战争。"①

在日美关系的框架中，电影开头母亲因医院起火丧生的情节很容易让人联想到1945年3月10日和5月25日柯蒂斯·李梅将军以B29远程战略轰炸机为大杀器发起的、伤亡惨重的"东京大轰炸"。但事实上，影片结尾处，石塔之主舅公预言，那个他讨厌的人世间"很快就会变成一片火海"，这显然指向了后来才发生的"李梅火攻"甚至是广岛、长崎原爆。由此不难推断，故事主要发生在塞班岛战役之后、东京大轰炸之前，而东京首次大规模学童疏散也正始于1944年8月，真人家的疏散恐怕就在此前后，影片中人物的衣着、树木等基本也可佐证。理出这样一条时间线，无外乎是要说清一个问题——宫崎骏无意将"战争第三年"（1943年）真人母亲之死归因为美军轰炸、并在敌我框架中做出简单的政治归咎，在电影火灾的背景音中甚至都没有出现B29的相关影音便足以为证。对于一个军工企业家庭出身的导演而言，这一处理恐怕并非随意为之，也是观者不可轻视之所在。质言之，这部电影虽以战争为基本故事情境，但其主旨恐并不在于反战抑或对战争双方提出道义谴责。让真人失去母亲的火灾毋宁说只是一场意外、一个孤立事件。

二、石塔世界的四重属性

火灾中丧母对于年幼的真人而言是难以言喻的创痛，念之潸然。母亲的受难场景和求救呼声不仅常恍惚于眼前、悄然间入梦，更会以穿梭于人世与石塔两世界间的苍鹭（甚至水中成群的鱼和蟾）为信使，形成对真人的行动逼迫。在梦境与现实的交错之间，在真人被苍鹭诱惑、被蛤蟆逼迫入塔之时，是夏子之箭逼退了它们。显然，继母知其来意，但她对真人之

---

① 子安宣邦著，王升远译：《近代日本的中国观》，北京：生活·读书·新知三联书店，2020年6月，第2页。

入塔持拒止态度。而真人因寻生母、继母初入此塔时，对塔中秩序与此行风险了然于心的苍鹭也曾一度试图劝阻他。但此时，传说中的舅公首次登场，命令苍鹭为真人充任向导，后者只得俯首从命。可以说，真人此行正是舅公精心设计的一个局。最终，这个少年也在母爱与亲情（夏子阿姨失踪）的羁绊与召唤下躬身入局，踏上了异界寻母的艰难旅途。

石塔世界是一个与现实人世相对的幻象世界。真人在初探石塔时捡拾到的鹭羽出了塔便化为乌有；在苍鹭引导下摸到的母亲身体、从舅公手中高空坠落的玫瑰都是幻象；由此下坠落到了"下面世界"（地狱）的海边沙滩上时，他看到的海上帆船也尽皆海市蜃楼般的幻象。石塔最终崩坏后，从塔中逃出的那些原本威武雄壮、舞叉弄剑的虎皮鹦鹉也都变成了一只只可爱的小鸟，甚至连鹦鹉王都化为了一只红色大鹦鹉，跳到雾子的肩上嘤嘤作态。

石塔世界是一个异世时空扭曲、交错的世界。真人在塔中遇到了年轻时的、尚未与后来的父亲胜一相识时的妈妈——化身为火神的火美，以及异世中的雾子。在火美家的院子里，他又看到了那座塔。火美告诉他，那是同一座塔，只是它横跨于各个世界。

石塔世界是一个秩序世界。鹈鹕和鹦鹉都非以自由意志而生存，他们的生活区域、生活方式、谋生手段被某种超然力量严格设定甚至禁锢，难以脱身。在"下面的世界"，随少女雾子捕鱼归来的真人发现了一群无面目者驾船追来，经问才知，这些买鱼的鬼魂不能杀生，捕鱼是雾子的专属营生。他将鱼内脏喂食给哇啦哇啦，助其飞翔以投胎转世，而后者中的一部分却不幸被一群鹈鹕截食，幸得火美祭出火攻，方才得脱。人们在同情可爱的转世精灵时，却很容易忘记掠食者鹈鹕也是命运不由自主的弱者。一只被火美灼伤的老鹈鹕临死前告诉真人："我们一族是为了吃哇啦哇啦而被带到这个地狱里来的。"结果，被诅咒的海中所产不足供其族人生存，去吃真人则被少女雾子驱赶，去吞哇啦哇啦又遭到火美惩罚，鹈鹕一族可谓尝尽命运的捉弄，生活凄苦。在营救夏子时，苍鹭告诉真人，连霸占石塔的鹦鹉们也是被塔主带到这里繁衍生活的。在真人差点被鹦鹉手刃分食之时，又是火美挺身而出，救其于危难之间。作为舅公的后裔，火美充当了石塔生态平衡的脆弱维持者。

石塔世界是一个神权世界。此间唯一的王者、幻象制造者和冷酷支配者正是舅公，石塔世界是以他的单一意志建立起来的"美丽新世界"。在见到舅公时，真人指着一块巨大的悬空陨石问他是否是它创造了海洋的世界，对方回答曰，"还没完成。"这便等同于承认了"下面的世界"也就是地狱世界之创造者正是舅公。据在真人外公家服务60余年的老仆回忆，此塔原是由明治维新前不久从天而降的一块巨大陨石坠地幻化而成，后来真人的母亲久子的那位聪慧渊博的舅公发现并迷上此塔，围塔工程失败后，他亦不见了踪影。消失后的舅公实则成为塔中至尊。真人在误闯夏子产房、后经火美祈祷得脱的昏厥之时，曾灵魂出窍、梦游仙境与舅公短暂相会。后者指着那块石头说，"我的世界、我的力量都来源于这块石头。"事实上，初入此塔时，真人便看到其入口处的大门门拱上刻着一行文字：fecemi la divina potestate（意即"神圣的力量创造了我"）①。显然，这都是"王权天（神）授"观念的一种直观宣示。入塔时，老婆婆雾子告诉真人，她听不见塔主人的声音，唯有继承这家血脉的人才能听到。而这里的"血脉"却是母系性质的，因为真人的父亲胜一对石塔一向知之甚少、不得其门而入，他只能是人世间的精英。塔主告诉昏厥中与其灵魂会面的真人："我的继承人必须有我的血统，这是我与巨石的约定。这个世界变得美好或丑恶，一切都掌握在你手中。"也就是说，在舅公那里，"王权天（神）授"确立了其统治的正当性，至高统治权只能通过母系血缘传承给男性接班人。虽说不上是"非吾族类，其心必异"，但唯有其血脉传承者才是正统的事业继承人，这使其纯粹、超然的统治意志显得又不那么纯粹、超然。塔主后裔在石塔世界中亦享有特权，他们可以不受限制地在不同世界中自由穿梭。

---

① 但丁著，田德望译：《神曲·地狱篇》，北京：人民文学出版社，1990年1月，第16页。

火美在此间生活优裕，又有火功护身；夏子劝阻真人入塔之箭虽未射中苍鹭和蟾蜍，却足以让它们闻风丧胆、四散奔逃，其产房也戒备森严，连寻到此的火美之能力在这里都会受到限制，因为夏子的生产也将对石塔最高权力的跨代交接产生实际影响。话虽如此，但她们却无不受控于舅公。老婆婆们抱怨自有石塔之后，家中怪事不断。事实上，无论是久子莫名消失一年，还是夏子入塔产子，都只能归因于塔内力量对其人间族裔行动的跨界控制。找到夏子的产房重地后，这里的石头释放出的警示能量让火美意识到他们的行动已被发现，她于是选择了守在外面。也就是说，舅公时刻洞悉、操控着他们的行动。

三、积木治世之虚实及其破产

夏子初次向真人介绍此塔时曾说，舅公从人世中消失时房间里留下了一本打开的书，而此时电影画面上留下的影迹则是满屋散乱的书。此外，真人初次入塔时看到的也是四壁的书架上塞满了书。这是一个很强的暗示——尽管舅公在家人看来因读书太多显得有些古怪，但他实则并非疯癫狂悖之徒，而是一个富有知识、极为理性的人。在其缔造的石塔异界中，舅公也时时处处流露出工程师式的理性自负和道德洁癖，但生活在天堂般美丽庄园中的他对其治下的"美丽新世界"沦落为"吃人世界"（少女雾子吃"沼主"，鹦鹉和鹈鹕也都吃人）之惨境无动于衷。鹈鹕、鹦鹉皆是他从外部世界带入塔中的，当老鹈鹕说出这是一片被诅咒的苦海时，实则暗示我们，其一族的生活苦境皆是塔主人为制造的资源稀缺所致。固然可以说，饥饿所导致的吃人悲剧是战争末期日本凄惨社会状况的某种隐喻；但在石塔世界，鹈鹕、鹦鹉，甚至哇啦哇啦的生存悲剧却无不是舅公"存天理、抑人（鸟）欲"的强制性制度设计所酿就的。一个值得注意的细节是，在面见舅公时，真人踏过了由无数石头积木铺就的道路，在舅公看来那些都是被污染的邪恶灵魂之化身。荷尔德林尝言："人想把国家变成天堂时，总是把它变成地狱。"① 此言被乌托邦的掘墓人哈耶克在《通向奴役之路》中引述并光大，为世人所熟知。这又让人想到徐志摩对苏联的批判："他们相信天堂是有的，可以实现的，但在现世界与那天堂的中间却隔着一座海，一片血污海，人类泅得过这血海，才能登彼岸，他们决定先实现那血海。"② 可以说，通往舅公的终极至善道路是由无数有缺陷生命之牺牲铺就的。但试想，如若通向星辰大海的道路充满了鲜血和牺牲，那么，这个星辰大海还值得奔赴吗？好在舅公也有软肋，那就是他的血亲苗裔。鹦鹉王因真人与火美闯入产房的犯禁之举发难政变，他挟持昏迷的火美向塔主逼宫，渴望一举翻盘。这是他盼望已久的良机——本部羽翼已丰，对手犯下大罪。

在与真人的灵魂交谈和经由火美引介的现实面谈中，舅公向他坦白了自己的世界观和统治术。要知道，能近身与其会面者首先须是其后裔，在石头力量的防护下，连鹦鹉王这般顶级实力派和苍鹭这样的心腹亲信都不曾有机会登堂入室，来到巨石、积木所在的帝国统治堂奥。也就是说，舅公秘而不宣的统治术仅对其后裔开放，石头防护确认了其神秘性。而一旦如鹦鹉王这样的实力派外人侵入至此处，塔主便几乎只能坐以待毙了，从他卑微恳求前者给他一些时间以便让真人继承统治权的话语中便可见一斑。在舅公看来，世界是有生命的，但总会被霉菌和害虫所侵蚀。他将人世间视作自相残杀、纷争不断的疯狂世界，于是他跨越时空、跋山涉水寻到了十三块未被污染过的积木，并以此构建、统治着一个新世界。十三块积木之喻让人不禁想到耶稣及其十三门徒，他们间的关系构成了基督教的根基。但尽管如此，石塔世界如今已是摇摇欲坠，这几乎等于承认了自己乌托邦实验的破产。即便如此，舅公对积木治世依然有着深深的执念，他寄望于

---

① 荷尔德林著：《许佩里翁或希腊的隐士》（第1卷，1997年出版），引自荷尔德林著，戴晖译：《荷尔德林文集》，北京：商务印书馆，1999年5月，第29页。
② 徐志摩：《欧游漫录——西伯利亚游记》，引自韩石山编：《徐志摩全集》（第2卷），天津：天津人民出版社，2000年5月，第109页。

其后裔能继承其宏志伟业，哪怕放任真人去建造属于自己的塔，他相信那会是一个没有邪恶的国度，一个富裕、和平、美好的新世界。这看似是一个心存善念的老者对现实世界之堕落感到绝望的肺腑之言。而真人似乎并不愿将其视作自己的使命，他以曾撒谎欺骗父母一事表明了自己也曾沾染邪恶、绝非正义化身之由予以婉拒。此时舅公背靠巨石、以一个独裁君主的面目不由分说地强制真人必须来堆这些积木，若非尾随而至的鹦鹉王愤而奔出的破局，真人命运难料。

鹦鹉王怒斥塔主是叛徒，指责他以几块积木来统治帝国之荒谬。然而，他会将塔中生灵放归其来处，给他们自由吗？不，他并非一个根本革新者，而只是一个实力派篡位者。当他前所未有地穿越石头防护、得以近身窥探舅公的治世秘术时，对至高权力燃起熊熊欲念催动其尝试重堆十三块积木，并口念"稳住别倒，稳住别倒"，然"天"不遂其愿，恼羞成怒之下，鹦鹉王挥剑击碎了一切。霎时间，积木碎裂、巨石崩坏、山崩海啸，世界一分为二，统治异界的能量瞬间消失，不可一世的鹦鹉王也旋即变回了一只可爱的红色鹦鹉。事实上，天外来石、十三块积木与舅公三者共同构成的政治巫术是巨塔中一切秘密和悲剧的根源。失去了巨石和无瑕积木的塔主自知没有了它们的加持，自己末日已至，在最后时刻他高呼让火美、真人通过时空隧道各自回到自己的时代。此时，布道者几乎成了唯一的殉道者，而其身后却没有一个追随者，即便是自己的后裔。好在，在由墓碑砌成的时光隧道崩塌的前一秒，火美引导真人、苍鹭奋力奔到石塔出口，夏子、真人与苍鹭从 132 号回到人世间，而火美、雾子则从 559 号转世通道奔出，各得其所。须强调的是，石塔秩序的崩溃实则是"舅公逼迫真人继位而不得"与"鹦鹉王试图篡权而不得"两种小概率事件须同时发生的极小概率事件，否则无外乎是城头变幻大王旗，换了一个统治者，一切如旧。

另值得注意的是，虽同为鸟儿，但它们在异界中的生存境遇则有云泥之差。地狱苦海中的鹈鹕活得苦不堪言，而占据了石塔的鹦鹉集团则丰衣足食、武器全备，它们日渐壮大为能够直接威胁塔主统治的力量，这恐怕也是塔主感到巨石摇晃、危险将至的主要原因。鹦鹉王带着犯禁的火美觐见舅公时直言："作为国王，我不能放任任何一个违法者。"从其自称便不难看出，鹦鹉王是石塔世界的现实政治统治者，而舅公则是神权领袖。这是一个典型的政教合一的世界，两者关系像极了近代日本政治结构中的天皇与军阀，强调血脉传承万世一系的舅公充当了石塔世界中的现人神。然而，当石塔世界崩塌之时，不仅神权统治逻辑的主要执行者鹦鹉王瞬间被打回原形，甚至从石塔逃命奔出时，那些在异界高大魁梧、神气活现的虎皮鹦鹉也瞬间变小，离塔时背出来的所有行李包裹皆化为乌有，富贵荣华不过是一场云烟，它们最终变回了在人身上肆意拉屎的鸟儿。这里包含着宫崎骏对天皇制军国主义统治逻辑的根本性批判。

四、人伦之爱与石塔道德：你们想活出怎样的人生？

真人的石塔之旅实则处处凶险。若非夏子、火美、雾子等对真人的多方守护，恐怕他也难得保全，那是人世间的情与爱，寻母之旅也正是人世的伦理之花在异界的盛放。真人对夏子的称谓由最初无感的"夏子阿姨"变成了在产房被后者（为护其周全）怒斥时喊出的"夏子妈妈"；与真人最终在出口离别之际，火美姑娘明知做真人之母将丧生于火海依旧坚持了这一选择；少女雾子会到地狱海中捕鱼，并用其内脏饲育在舅公的"美丽新世界"中未得饱食、却在时刻等待投胎转世的精灵哇啦哇啦。爱是拯救，他们是人伦之爱的践行者和石塔道德的叛逆者。

出了石塔后，一切恍如隔世。苍鹭劝真人忘记塔中之事，因为通常人们都会忘记，它认定随着时间的流逝，真人也会忘记这一切。然而，这南柯一梦应该被忘记吗？恐怕握在真人手里的那块被污染的邪恶墓碑积木将成为他在石塔世界活过的唯一证据，它将永远提醒真人"美丽新世界"之残酷。石塔乌托邦是人类文明史上的一种选择，曾经或正在让我们为之付出巨大的代价和牺牲。如果说，"你会忘记吗"是苍鹭抛给真人的灵魂之问；那么，"你们想活出怎样的人生"则是宫崎骏向我们提出的大哉问。是作为一个"真人"（异世界中的少女雾子将这个名字解读为"真正的人"）去热爱、拥抱这个充满着欺诈、凶杀、邪恶的凡俗世界，还是让"最好"成为"更好"的敌人，并成为它的一块积木、一个基数，身在石塔中的每个人都已做出了各自的抉择和行动。

那么，你呢？

（原载《新京报书评周刊》公号，2024年4月8日，《世界文化》2024年第6期"大家阅读"栏目全文转载）

下 卷

从历史想象东亚：
走出"方法"与"特性"的迷思

新世纪以来，受竹内好"作为方法的亚洲"和沟口雄三"作为方法的中国"观念的影响，"作为方法的××""以××为方法"逐渐成为中国人文学界的流行句式。它不仅意味着认识论上立足点与着眼点的调整，更是某种面向政治、社会、学术命题的思想介入，其背后则是对主流认知的不满、挑战和不自觉的启蒙姿态。然而，对这一观念范式的实际应用却常潜含着若干个易被有意无意间淡化、遮蔽的问题点，例如其主张主体、意图、语境、指向以及对话对象等。从对其进行再认识的意义上来说，唯有将"方法"、尺度置于语境、状况、参数以及与对象的力学关系中思考，才能明了这些主张背后的"问题意识"。直白地说，谁在怎样的状况、语境下为了什么、求何"法"，其历史契机、对话对象乃至"以××为方法"常被受众忽略的下半句——"以××为目的"分别又指向了什么等等，对这些问题的讨论并不是可有可无的。

以竹内好为例，正如孙歌教授所指出的那样，"在很大程度上，竹内心目中的现代中国与鲁迅形象是他思考日本文化发展可能性时问题意识的投影，换言之，竹内好是'借着中国来说事儿'"。[①]事实上，战后的竹内正是以非实体性的"观念亚洲"和非实证性的"观念中国"及其塑造的"竹内鲁迅"作为对日本进行内向批判的思想资源，其中的主体中心主义倾向不少学者早已有精到论述。须强调的是，对竹内的亚洲论、现代中国论、鲁迅论之理解，若剥离了战后初期的历史语境及其内向批判、自我否定的思想介入意图，混淆了载体与目的，就可能误解甚至背离了其精神内核。竹内在中国的接受，让我想到了芥川龙之介在《明日的道德》一文中的一段话。芥川说："假设我用我的批判精神写了一些捕捉到某种现实的东西，而你读了之后认为它很有道理，但我怀疑认为它有道理的你，是否像我第一次写它时那样有批判精神。"而竹内好在读到了芥川此文后，更在日记（1937年1月6日）中对此文所强调的作为"今日道德"的"批判精神"深表倾心、认同。② 如此看来，或许赓衍竹内的内向批判精神，与"别人家的孩子"话语保持谦逊态度和理性的思想距离或许才是对竹内的正确赓续方式。

一般来说，当"作为方法的××"中的××被代入为某个特定国家抑或超国界的地域时，它往往意味着对一元普遍性的否思和批判，以及对多元道路、模式的文化、政治构想。问题是，它将带我们通往何处。孙歌教授曾说，她更倾向于将沟口雄三《作为方法的中国》一书的书名译为"在中国寻找走向世界之路"，③ 这是一个极具启发性的提法。且以日本为例，"作为方法的日本"、泛亚主义不仅可以是形而上层面的晚近议题，也曾一度观念及物、落实为晚清官绅、留学生们的政治、文化实践。他们从东邻发现了另一种有别于西洋式的近代化道路，据此似能富国强兵、殖产兴业，又可合欧化汉、保全帝制，有人甚至直欲礼聘卸任首相的伊藤博文担任客卿，指导清廷变法。从官方到民间，赴日考察、留学遂蔚为风潮，从"晚清中国人日本考察记集成"之《教育考察记》所收录的东瀛纪略中不难窥知时人日本体验中的好奇、震撼、憧憬甚或悸动。同时，1898—1911年间，至少有25 000名中国学生前往日本留学，马里乌斯·詹森（Marius Jansen）称之为"世界历史上第一次以现代化为定向的真正大规模的知识

---

① 孙歌：《作为方法的日本》，《读书》1995年第3期，第104页。
② 竹内好：「北京日記」、『竹内好全集』（第15卷）、東京：筑摩書房、1981年10月、第136頁。
③ 孙歌：《作为方法的日本》，《读书》1995年第3期，第101页。

分子的移民潮"①。如果说晚清东游"体验"不免有身在庐山的局中之感；那么对今人而言，从明治到昭和，日本帝国的近代浮沉作为一种历史经验，已向后来者的我们昭示了日本式近代化道路之不可能性，也提示出以明治日本为方法终将通往何方。

其实，省思"方法"论最简便的方式便是加一句知乎式的追问：那些"方法"论后来都怎样了？这时，我们需要一种历史的眼光。美国著名人类学家埃里克·R.沃尔夫（Eric R. Wolf）指出，

> 人类学应该发掘历史，尤其是解释当代世界的社会系统如何演变为现今面貌的历史，需要的是对于诸社会的分析眼光，包括我们身处的社会。我相信，我们需要这种分析历史以抵挡现今人文学科中日渐取得优势的形式化的理性，形式化即不再探求人类行动的原因，只寻找大体由制式词语堆砌问题的制式解答。研究方法愈渐精细，成果却是陈腐老调。由琐细趋向无关紧要，我想，我们要从过去寻找现在的成因。只有通过这个方法，我们才能理解推动诸社会与文化演变成今天面貌的力量。②

如果说晚清官绅眼中"作为方法的日本"指向了与之同时代的明治日本；那么，经历了 GHQ 占领、改造直至今日的战后日本则提示了另一种截然不同的方法、可能、历史经验与国族前景。明治日本与战后日本，似是而非。我们应该警惕言论空间中切断明治日本与昭和日本之崩溃与战后重建的历史因果链条，对前者进行单方面、无反思称扬的历史叙事，因为强调"万世一系"、发明出自己甚至亚洲的独特民族性、文化特性、区域特

---

① 转自任达：《新政革命与日本——中国，1898—1912》，南京：江苏人民出版社，1998年3月，第51页。
② 埃里克·R.沃尔夫著、贾士蘅译：《欧洲与没有历史的人》，北京：民主与建设出版社，2018年8月，第1页。

性并挟之与世界相抗的日本帝国，最终的结局及其带来的教训更为发人深省。如此说来，对于日本的异域观察者们而言，可成其为"方法"的与其说是日本，或许毋宁说是"明治"抑或"战后"。

事实上，无论是晚清政治实践中"作为方法的日本"，抑或战后言论空间中竹内好的"作为方法的亚洲"、沟口雄三的"作为方法的中国"，这些有影响的"方法"论常表现为带着某种内在紧张感的危机叙事，它代表了面对域外威胁（无论是否真实存在）、民族危机之际抑或话语空间生产性衰退之时"别求新声于异邦"的激活努力，在思想上不无积极意义。尤其在方法匮乏、思想受困的时代，它为我们提供了在固有基体上摄取外来文化的眼光以及革新转型的可能。但拿来主义式的"方法"引介，时而也潜藏着一些令人忧虑的倾向，比如作为局外人，注重政经功利表象而轻视精神内核与制度安排、深描观念的应然愿景而淡写历史之实然终局，以非历史主义的姿态做出断片式呈现，以内在于自我的想象提倡一种先验（抑或对历史真实的选择性呈现）模式和道路的浪漫化思维模式本身。有时，也会表现为在文化和政治双重意义上，以与本国相对化之名而将对象国绝对化的倾向，这种双边感觉很容易让我们失去更为宏大的多元参照和世界坐标，在凸显了对象国的个性模式和独特道路之同时，丧失了对超地域共性的感知。

在这个意义上，德国和日本常被历史学者和观察家们拿来做国际比较，人们希图从其曾经各自张扬的所谓民族和文化独特性、独特道路论中归结出某些共通的历史经验。《铁与血：德意志帝国的兴亡》作者卡佳·霍耶（Katja Hoyer）就对所谓纳粹德国的独特道路论提出了尖锐的批评，她认为，"导致纳粹主义崛起的许多因素在欧洲其他地方也存在"，"反犹主义在欧洲各地都有其追随者，甚至包括后来与纳粹德国作战的国家"。[①] 海

[①] 袁春希：《德意志的"记忆之场"：二十世纪欧洲的浩劫与德国的新生（专访）》，《新京报·书评周刊》2023年1月31日。

德格尔的弟子恩斯特·诺尔特（Ernst Nolte）也曾强调，对第三帝国、"法西斯时代"，"必须首先在工业革命引起的分裂、危机、恐惧、诊断和疗救方案的语境中去分析它，并且我们应该从历史-基因（*geschichtlich-genetisch*）而非仅仅从结构比较的角度对其进行研究"。① 无独有偶，安德鲁·戈登指出德、日、意三国法西斯主义的共通之处在于，"它们代表了第二期近代化国家的反应"。② 徐贲则在为伊恩·布鲁玛的政治游记《罪孽的报应：德国与日本的战争记忆》所撰导读中表明，作者"通过他的政治游记要表明的是，决定一个国家命运的不是其种族或文化的固有本质特征，而是政治结构"。③ 事实上，当我们一味强调"民族特性"，有时会导致严重的政治后果。雅斯贝斯在其战后初期出版的名著《罪责论》中指出：

> 并不存在全民族每个个体都拥有的所谓民族特性。也许一个民族有共同的语言、风俗习惯和起源。但是说同一种语言的个体也存在着巨大的差异，他们彼此感到陌生，就像不属于一个民族。……类型划分的理念不应该产生误导，让人们误以为，笼统的性格类型能够描述每个个体。长久以来，这种思维方式已经成为在民族和群体之间制造仇恨的工具。可惜大多数人却自然而然、理所当然地运用这种思维方式，它被纳粹恶意地利用到了极致，利用宣传工具把它灌输到了大众的脑子里。在他们看来，似乎世界上没有个体，只有各种群体。④

---

① 恩斯特·诺尔特：《历史传奇与修正主义之间？——从1980年的视角看第三帝国》，引自哈贝马斯等著，逢之、崔博等译：《希特勒，永不消散的阴云？——德国历史学家之争》，北京：生活·读书·新知三联书店，2014年9月，第21页。
② 安德鲁·戈登著，李朝津译：《现代日本史：从德川时代到21世纪》，北京：中信出版社，2017年10月，第326页。
③ 伊恩·布鲁玛著，倪韬译：《罪孽的报应：德国和日本的战争记忆》，桂林：广西师范大学出版社，2015年9月，导言第3页。
④ 卡尔·雅斯贝斯著，寇亦青译：《罪责论》，上海：上海译文出版社，2023年10月，第15—16页。

同样地，我们在讨论"作为方法的日本"、日本特性论时，潜意识中是否假设了一个封闭自足的国度、区域及其执拗的历史连续性、自明的内在同一性，抑或是某种超越时空限定、在正反双重意义上具有某种本质主义属性的理想型，不妨称之为"内在于我的日本"。由此而生的在对"别人家的孩子"抑或遥远的他者的想象中，我们总能看到自己期待看到的、滤镜下或者哈哈镜下的一切特征，而这个有偏差的乌托邦可以用来憧憬甚至信奉，却是难以理性分析甚至对话讨论的。而如何在"作为方法的日本"与目的论史观（希图借异域资源回应本域问题）下"内在于我的日本"之间保持必要的距离，值得深思。

或许，我们有必要导入一些异质性论述，提示出更为开放、多元、有机、流动和实证的视角，以规避以"方法"之名将日本做孤岛化、漫画式描述的风险，以使日本论获得与其他学科分野、公共议题更大的对话空间和阐释力。以下希望通过对两本宽泛意义上的日本研究著作之"方法"巡礼，为丰富讨论提供些许论资。须强调的是，这并非基于非此即彼的逻辑，只想补充一些思考的可能，比如国际间的关联性维度和"内在于日本"的"个体-国家"尺度，当然，它们也都可以解释为一种"关系视角"。

先来看哈佛大学教授安德鲁·戈登的巨著《现代日本史：从德川时代到21世纪》，其英文原名为 *A Modern History of Japan: From Tokugawa Times to the Present*。如其所示，戈登在此书中强调的两个重要主题分别是现代性和关联性。英文第三版的序言中，他将此两性综而论之，即"日本现代史是世界现代史的一部分，两者无法分割开来"，这一作为"世界共同经验"的现代史角度是值得我们关注的，也与前文提到的霍耶、诺尔特的历史观念产生了呼应。基于这样一种认知，戈登将各种全球性因素汇聚于日本、同时幕府统治面临不断高涨的政治、社会危机的德川时代作为叙事起点，而其下限随着不断的修订不断下移，至修订第三版时已纳入了关于"3·11"大地震的论述。作为国际著名的日本史学者，戈登的可贵之处在于他的理性、克制、允执厥中地向我们展现出了对研究对象"同情之理解"的限度。他意识到,"在现代历史的整个脉络中,关联性的另一面是多元性",显然,这正是和"作为方法的日本"相对的一种历史观念。戈登不愿将日本的现代史(或译近代史)视作一个有着自身内在逻辑的独特发展轨迹,他试图强调,日本 200 年来所走的道路是与全球同步的,因此反对所谓"日本(人)论"的主张,亦即日本的近代化道路有其独特性。在"增订版作者序"中亦指出,"本书认为日本现代历史是世界现代史长河中的支流,我尝试强调个别史事的同时,指出其中的共同经验",并对宣扬"每个国家有自己阐释的历史,必然跟他国的看法不同。因此各国不可能有共同的史观"这一恶名昭著的"新历史教科书编纂会"之翻案派史观提出了明确的反对意见。[1] 戈登对"传统""特性"的警惕并非单单指向日本,而是指向了"地球上任何地方的人类"。他指出:"正如美国人一直要寻求一种独特的'美国式生活形态'(今后亦会继续下去),并誓言负保护之责,而法国人、中国人以至地球上任何地方的人类,其实亦同样会宣称他们有自己'独一无二'的特性,并要努力保卫之。因此在整个日本现代史中,要找出一种'日本性',并要保卫它,这种深沉的热心到今天仍然存在,并非稀奇之事。"[2] 此说发人深省。

不仅观念上如此,他还给出了例证。日本向来被认为是服从性很强的社会,但戈登指出这种状况始于 1960 年代,并以 1960—1990 年代为"标准化"和"共同体验"时期,所谓"服从"实则是这双重因素合流的产物。但这种体验非日本所独有,亦见于世界各地的现代化进程中。类似观点,当然我们还可以从另外一些研究中获得印证。例如,不少人认为日本人对公司的忠诚度很高,但小池和男的研究显示,欧美各国常年连续就职于同一家公司的老员工人数并不比日本少。饭田经夫则从宏

---

[1] 安德鲁·戈登著,李朝津译:《现代日本史:从德川时代到 21 世纪》,北京:中信出版社,2017 年 10 月,增订版作者序第 2 页。
[2] 安德鲁·戈登著,李朝津译:《现代日本史:从德川时代到 21 世纪》,北京:中信出版社,2017 年 10 月,序言(英文第三版)第 2 页。

观经济学的视角揭示出,所谓的"日本式"中出人意料地包含着很多欧美式的要素,欧美的某些理念有时甚至能在日本变成事实。而日本经济的高速增长并非源于日本特殊的经济习惯,而是原产于欧美的新古典派理论在日本的现实经济生活中得到了最淋漓尽致的运用。① 可见,对"日本特性""作为方法的日本"的一个重要的辨析维度便是更大范围、更为多元的国际比较。

《现代日本史》的另一个可观之处在于将民众生活史、情感史纳入宏观历史叙述中。我们惯于将对历史、现实的想象与理解投射在帝王将相、重大事件上,看到了"阁楼"却遗忘了"地窖",漠视了日常生活中小人物的实践与情感,能看见抽象的"人""民众",却缺乏"人人"的复数实感。本书中给出了许多民众生活的细节,兹举一例。太平洋战争爆发后,否定西方文化成为日本的政治正确,西方式的生活方式遭到强制禁止。即便如此,早稻田大学和庆应义塾大学私下举办的棒球比赛依然吸引了2 500名观众观看;军队中对爵士乐等西洋音乐的严禁也难以有效贯彻。戈登指出,"在思想层面,反近代主义事实上源于西方,日本当时所用的观念性词汇,均为欧洲的尼采及海德格尔等人所提倡。而且的确,当声嘶力竭地喊出'超克近代'的口号时,所反映出的现实就是日本的近代化已根深蒂固;在一般大众层面,西方的潮流、品味及习惯已深深打进日本社会,无法轻而易举地割弃"。而"我们必须了解到近代性及传统价值的丧失所引起的不安并不限于日本或轴心国家,它是近代生活的一种明显特点,全世界皆然。战时日本使用极端方式以应付这种挥之不去的近代性难题,最终造成灾难性后果。"②

而事实上,生活、民众的基本单位是个人,一切追问都必须从自我追

---

① 杉本良夫、罗斯·摩尔著:《日本人论之方程式》,上海:华东师范大学出版社,2007年11月,第51、53页。
② 安德鲁·戈登著,李朝津译:《现代日本史:从德川时代到21世纪》,北京:中信出版社,2017年10月,第356页。

问开始。若谈"方法",这两年影响较大的是项飙的"把自己作为方法",他指出,"把个人自己的经历问题化,就是一个了解世界的具体的开始"。① 小熊英二的《活着回来的男人:一个普通日本兵的二战及战后生命史》就是小熊父子二人在世界-学理-我之间往返摆渡,在大时代与小世界、大系统和个体生命之间发现联结抑或龃龉的尝试。徐贲说,"在一个苦难见证者众多,但却很少有人站出来作见证的社会里,增强'作见证'的意识便更加是培养公民人格和发挥公民作用的重要内容",因为政治教训"必须由公民群体一起来汲取"②,历史在场者的证言则确保了个体经验免遭宏大叙事代言、覆盖的风险,因为记忆、讲述、记录正是抽象叙事最大的敌人。然而,桥本明子在讨论战争记忆的传承时向我们揭示了代际对话之艰难,这里存在着围绕敏感话题个人家庭逻辑与政治逻辑难以调和的暌离,"父母和子女之间制造了一种相互间的保护"。而亲子之间一个不说、一个不问的"双层沉默墙"③ 却被谦二、英二父子坦诚无间的交流打破了。从战争末期被送到伪满洲国、后作为战俘被掳到西伯利亚劳动3年,生还日本后染上肺结核,30岁重返日本社会时又赶上高速经济增长浪潮,晚年与身在中国延边的原朝鲜人日本兵一道作为原告向日本发起战后诉讼赔偿,谦二就像一个在历史中打滚的人,我们可以在他的"地窖"中窥见20世纪日本的"阁楼"影迹。

鄙见之下,此书值得瞩目者有二。其一,小熊英二实践了"全历史"(total history)的写作模式,它意味着"公"的历史与"私"的历史之碰撞,父子二人以内在于日本、内在于历史的姿态,以个人、底层、边缘的视角小心翼翼地在体验的边缘探求历史经验。而以体验或经验对抗超验、以日常生活和肉体实感验视精神主义与超国家主义正是战后日本思想界的

---

① 项飙、吴琦:《把自己作为方法——与项飙对话》,上海:上海文艺出版社,2020年7月,第217页。
② 徐贲:《人以什么理由来记忆》,长春:吉林人民出版社,2008年10月,前言第3—5页。
③ 桥本明子著,李鹏程译:《漫长的战败——日本的文化创伤、记忆与认同》,上海:上海三联书店,2019年8月,第46—47、53页。

战争反思留给人类社会的宝贵经验。其二，是"均值人"与"同理心的想象力"。小熊英二表示："我父亲采取的行动，潜在性上是所有人都可能采取的行动。比起赞扬一个人的行动，更重要的是把这种可能性扩散到更多人身上。"他认为父亲"最令我佩服的是他对他者抱持的想象力"，"而这种同理心的想象力，正是当下这个世界最需要的"。① 谦二以此想象力推己及人、获得了理解战俘营同时代苏联人境遇之可能，英二则以对其父"均值人"的定位思考生而为人（不只是"日本人"）的普遍性——这种心志让他们得以成为"民族国家"意义下的叛逆者和破壁者。而在其背面，只要我们还止步于在民族国家框架内思考，那么人类不同族群之间对立、冲突的苦难便不会止息，或许也是小熊父子希图以此书向这个世界传递的讯息吧。

以观念讨论观念，常让人一头雾水，好在我们还有那些并不如烟的生活往事和生命记录，无论是作为方法的亚洲、中国、日本抑或其他，20世纪的历史镜鉴都足以让世人明其得失。"方法"论应是一种自我批判还是自我主张，如何在"作为方法的××"与"内在于我的××"、在他人之手捕捉到的黯淡影像和自拍修图获取的完美画像之间保持必要的情感克制和清醒的认知距离，识者不可不察。当然，"方法"只是表象，其背后是历史留给我们更深层的命题。在全球化遭遇多重危机的今日，我们的他者想象、思想选择又会影响甚至决定我们将通往何处，不同的回答和选择将带着我们通向不同的未来。求异还是求同、孤绝还是关联、对抗还是合作，如何理性地把握其边界与限度，站在历史传送带上的地球居民们都必须做出各自的选择和行动。

（原载《新京报书评周刊》2023年3月5日）

---

① 小熊英二著，黄耀进译：《活着回来的男人：一个普通日本兵的二战及战后生命史》，桂林：广西师范大学出版社，2017年1月，第2、4页。

"内在于中国"和"内在于我的中国"

—— 近代日本如何言说中国

2020年3月4日,国内的疫情防控态势虽有所舒缓,但总体情状依然严峻;同时新冠病毒已全球肆虐,日韩两国即为重灾区。两天前,马云公益基金会宣布向日本捐赠百万只口罩,援日物资包装上的慰勉——"青山一道,同担风雨"与上月日本援华箱包上印着的"山川异域,风月同天"东鸣西应,一时传为佳话。中日两国似乎一时间联结成了同病相怜的命运共同体,而这种连带感在近代以降的东亚史上却并不多见。问题是,疫情过后这种命运连带感还能维系多久?借马场公彦的话来说,"进入2010年以后,日中关系可以说呈现出战后最差状态",两国"还处在年轻且不成熟的关系中,如此观点才更合乎两国国民的现实感觉"。[1]尤其在全球化遭遇前所未有的危机、各国民族主义声势日盛的当下,对两国而言,彼此在与怎样的邻居如何"共结来缘",仍旧是一项紧要的议题。子安宣邦的著作《近代日本的中国观》试图回应的问题便是,"如何在21世纪的世界构筑日本与中国的相互关系",因为"与怎样的中国、如何地相处才能确保亚洲和平,这自然是与当代日本国家命运相关联的本质性问题"。[2]

作为一位日本思想史学者,子安之所以要开始这项阅读"中国论"的工作,一方面是因其认识到,"中国问题即是昭和日本的问题,它最终决定了昭和日本的国家命运",故而近代以降日本的涉华言论、知识曾以何种形式、路径得以生产,又如何影响了日本的对华观念与决策都亟待学人予以系统清理;另一方面,对崛起中的中国之观察倒逼其重思竹内好以降被沿袭至今的中国形象、中国研究是否可靠。在学术、思想与政治的紧张关系中，子安痛感日本的亚洲主义抑或中国主义"已完全丧失了批判性和思想性机能"。[3]

我愿将子安在该书中的基本立场表述为"亚洲主义"。在他看来，"'亚洲主义'是将日本的变革与中国及亚洲诸民族的变革予以共时性或者联动性思考的活动者之立场"[4]。而在近代以降群星闪耀的日本中国学家、以中国为活动现场的新闻家/革命家、以中国为题材或对象的评论家/小说家中，子安选取了北一辉、内藤湖南、橘朴、尾崎秀实、森谷克己、平野义太郎、石川达三、竹内好、加加美光行和沟口雄三作为对象结构篇章，可见他基本的判断基准便是其定义的"亚洲主义"。事实上，"国际中国学"在其研究对象上存在着一个不甚为学界关注的层面，即海外中国学家（汉学家）是如何以其涉华活动、言论和创作，直接或间接地介入、影响了中国政治、经济、文化诸领域的发展乃至其母国对华关系的进程。[5] 佐藤春夫、林房雄、保田与重郎等皆是这一层面所涵盖的对象，战时他们曾共有介入中日关系时局的政治激情；当然，战后中日复交的历史进程中也有井上靖等左翼人士的卓越贡献，不应被遗忘。有趣的是，思想史家、该书作者子安宣邦在书中亦以"日本的言论家"身份自认，每章结末都以史家笔法论及研究对象之当下意义，并不掩饰以学术介入当下中日关系未来的现实意图。

在子安看来，现实层面中日两国的疏远实则是一个战争遗留问题。因为"这场发生在大陆但从未被称为'战争'的战争，却是以太平洋战争的

---

[1] 马场公彦著，苑崇利等译：《战后日本人的中国观》，社会科学文献出版社，2015年1月，《中文版序言》第2、5页。
[2] 子安宣邦著，王升远译：《近代日本的中国观》，北京：生活·读书·新知三联书店，2020年6月，第211、3页。
[3] 子安宣邦著，王升远译：《近代日本的中国观》，北京：生活·读书·新知三联书店，2020年6月，第256页。
[4] 子安宣邦著，王升远译：《近代日本的中国观》，北京：生活·读书·新知三联书店，2020年6月，第4页。
[5] 王升远：《关注侵华时期日本文化人的涉华创作》，《中国社会科学报》2013年10月18日，B1版。

战败而被终结的。不过那是日美之间的了断,而非日中之间的了断"。① 然而,"中-日"、"日-美"多重双边框架的叠合所形成的视差,却让人在1945年8月15日之后产生了"俱往矣"的错觉。事实上,就像子安所敏锐察知的那样,长期以来,中日之间的本质性了断始终处于被延宕的状态,而近几十年来两国如火如荼的经贸往来更让人们对此习焉不察。该书各章节自2011年9月至2012年11月连载于《现代思想》杂志,而此时适逢辛亥百年,这也是理解子安"读'中国论'"系列文章的重要思想语境。在这一时点上,子安找到了重建两国已然失去的"本质性联系"之契机。参与、介入了辛亥革命的多是留学或流亡日本的中国人,以及日本的"大陆浪人",在这之中,北一辉即为个中翘楚,他"身处核心层而经历了这场革命,这在日本人的中国革命体验中是很罕见的"。如所周知,20世纪日本对华政策的核心策略是分裂中国,革命时期日本大陆政策也是以"北袁南孙"二元对立图示为前提制定的,彼邦的"亚细亚主义者"们亦误以为援助孙文即是援助了中国革命。而让日本政界始料未及的是,日俄联手分裂中国的外部威胁反倒成为中国内部统一的推动力,这种对华外交政策是身处革命旋涡中心的北一辉所无法容忍的。他不断告诫日方切勿将中国革命视为"孙文革命",应直面中国的民族主义运动,并改以通过宋教仁了解"革命中国的真正理想与诉求",并据此修正其对华观念与政策——因为"日本有着与中国的国家民主主义革命运动相连带的光荣"。②

较之于具象化的论述,毋宁说子安更为强调北一辉之中国革命观的生成机制。要言之,在场、实感、见证。如其所言,"实地观察了中国革命的北一辉,从这场革命中感受到了一些倒逼日本大陆政策改变的气氛,他

---

① 子安宣邦著,王升远译:《近代日本的中国观》,北京:生活・读书・新知三联书店,2020年6月,第2页。
② 子安宣邦著,王升远译:《近代日本的中国观》,北京:生活・读书・新知三联书店,2020年6月,第26页。

的确是实地感受了中国革命之为何物的"。① 子安对实感主义、现场主义的推崇，同样表现在其对辛亥革命时进入北京城、"终其一生都始终将危机与变革中的中国作为其报道现场"② 的日本记者橘朴之评价上。他试图将橘朴的《支那社会研究》(1939) 作为"探究 1920 年代后期至 1930 年代，橘朴在危机与变革中的中国所发出的历史证言"。在子安那里，橘朴正是"亚洲主义者"的完美代表。但有趣的是，竹内好却并不这么看。在 1963 年出版《亚洲主义》一书时，竹内以橘朴"其人"远胜"其文"为由，终未收录其著。而就是这个不受竹内待见的记者，却在 1945 年 10 月临终前，拿着战略地图对中国的前途做了一个语惊四座的预测——中共军队终将统一全中国。在日本刚宣布投降、中国国内局势尚不明朗之际，能对中国未来大势明见万里，这得益于橘氏长期在华的活动、报道的经验。自 1912 年起立志穷毕生之力报道中国始，他便长期活跃于日本大陆政策的现场——中国。而现场主义、实感主义所要求的文体必然是强调即时性、见证性、批判性甚至战斗性的状况论、形势论，是"将状况视为自己思想、实践现场的评论，是包括了状况判断和方向提示之原理与原则的'思想性'文章"，③ 而不是那些与中国保持距离、仅将其作为观察、剖析对象的稳健深邃的学术论述，这是橘朴与另一位记者尾崎秀实相通的表述方式。如果说橘朴是以对中国未来的精准预测结束了"以中国为现场"的记者生涯，那么尾崎则是以一篇在"西安事变"翌日发表的对中国政局前景之精准预测，在日本一举成名，最终成为近卫文麿内阁"嘱托"（近于高级顾问），这为他后来成为共产国际的卓越情报人士、在军国主义政权中枢发挥积极影响奠定了基础。更值得铭记的是，1939 年 1 月，《中央公论》头

---

① 子安宣邦著，王升远译：《近代日本的中国观》，北京：生活·读书·新知三联书店，2020 年 6 月，第 5 页。
② 子安宣邦著，王升远译：《近代日本的中国观》，北京：生活·读书·新知三联书店，2020 年 6 月，第 57 页。
③ 子安宣邦著，王升远译：《近代日本的中国观》，北京：生活·读书·新知三联书店，2020 年 6 月，第 92 页。

条刊出了尾崎秀实的《"东亚协同体"的理念及其形成的客观基础》一文。文中，作为一位知性的国际主义战士，尾崎要求日方"完全承认中国以民族自立实现国家复兴并能对其予以支持"，[1] 在武汉会战硝烟甫定、中日关系走到十字路口的节点上对日本自身的变革与重组提出的真诚建言，是弥足珍视的。

橘朴在兜售其中国变革论时有一个颇值得注意的问题，他常引京都学派的史学巨擘重镇内藤湖南的权威论断以为加持，试图为读者营构出殊途同致的观感。子安通过对二者著述的深入解读，使其貌合神离的一面彰明较著：内藤基于文献，以乡团组织始终存在为依据，建构起了一种结构主义的、静态的中国社会论，他认为中国民族的"政治年龄"过大，并有着其独特的近代化道路；而橘朴则基于对中国农村的深入踏查和农民革命的长期观察，建构起了动态的阶级斗争论（通过官僚阶级与中产阶级的斗争实现变革），他认为中国民族太年轻了，和日本同样，其近代化道路与西方并无二致，只是起步晚些。这两种不同的历史观背后是两种截然不同的对华心态：如果说内藤代表了帝国日本"支那学家"自负的"上帝视角"，那么子安认为，橘朴则表现出了同为东亚人的"同志之感"。内藤试图透视出执拗地流淌在中国历史底层的"潜流"（乡团组织），然而，如子安所言，内藤对于"乡团组织"的过度关切、对于历史规律的过分执迷，使其对中国的自立化革新持悲观态度，最终否定了五四运动的意义，也无视了中外关系的动态，甚至认为离开了日本的经济活动中国必将"衰死"。"替支那人为支那考虑"的内藤最终以历史学家的奇妙逻辑论证了"侵略主义、军国主义"的合法性，其在认识论层面对研究对象的控制欲及将其落实的知识自负都是值得今人警惕的。

就像子安所坦言的那样，"中国现代史无非就是一部日本对华干涉

---

[1] 子安宣邦著，王升远译：《近代日本的中国观》，北京：生活·读书·新知三联书店，2020年6月，第114页。

史"。① 近代以降，以学术为帝国的海外侵略背书、为帝国日本的知识生产和思想建设添砖加瓦、尽心竭虑的不唯历史学家，学术界、思想界的诸学者大都被牵扯其间，例如深受橘朴之中国农村调查影响的东京帝大法学家们。1940—1944 年，东亚研究所的中国习俗调查委员会和"满铁调查部"的习俗班联合推动了一项针对华北日军控制区农村遗存习俗和法意识进行的调查工作，以为帝国的殖民行政提供参考资料。这次以中国社会基底——村落为对象形成的调查报告让参与了这项工作的平野义太郎和戒能通孝之间发生了激烈的论争，核心问题在于：中国社会是否存在"村落共同体"。平野在橘朴（他将中国社会中的"乡党"视为"乡土社会"）的基础上，提出了亚洲式乡土共同体理论——"村落共同体"理论，并以此为"大亚洲主义"建构历史基础。而其论敌戒能则以近代市民主义的立场否定了其主张，他深知只要否定了这一前提，平野的"大亚洲主义"论述便会土崩瓦解。后来内山雅生等人又对经历了人民公社和改革开放华北农村进行了再度调研，并于 2000 年出版了《从村庄解读中国——华北农村五十年史》。对于这场前后纵贯半个世纪、规模庞大的中国调研，"平野·戒能"论争的是非已不足论，但报告提供的相关数据至今对理解中国农村、中国革命依然有着不可替代的文献价值和思想史意义。

显然，内藤、平野、森谷克己（以共同体理论完成了对魏特夫"东方式社会"的日本重构）都试图对中国的历史潜流及其社会性质给予某种本质主义解释，有意或无意地为侵略战争提供了思想和学术支撑，然而"优等生"日本的近代化进程却因误入歧途，最终盛极而崩。战后，军国主义退潮，那些时代的弄潮儿就有些尴尬了，他们大多对自己战前、战时的言论缄默不言。战后日本思想界中国观的转型不唯是东京审判、盟军司令部战争责任追究等国际政治力量复杂博弈的结果，更是受到中华人民共和国

---

① 子安宣邦著，王升远译：《近代日本的中国观》，北京：生活·读书·新知三联书店，2020 年 6 月，第 32 页。

成立的巨大冲击的产物。如果说北一辉和橘朴等现场主义者的中国论是建立在"内在于中国"的前提之下，那么，竹内好所建立起的"内在于我的中国"立场对战后日本的中国研究乃至于日本人中国观之影响都可谓无远弗届，这与平野、森谷等人的中国论类似，皆可视作某种目的论导向的价值判断，后来者加加美光行所谓"内在于我的'文革'""内在于我的大众"皆为类似的逻辑构形。从某种意义上来说，从竹内、加加美、沟口雄三到子安宣邦都在"中国的冲击"下完成了自己的中国论。

作为中国文学研究者，竹内好在中国的巨大影响与其鲁迅研究关系甚大，尽管学界依然对其价值认知分歧较大，但"竹内鲁迅"已成为国际鲁迅研究、中日文学文化关系研究中的重要对象。值得注意的是，竹内的中国论亦是作为鲁迅问题被处理的，他放弃了时间性尺度，以"奴才论"（竹内式的解读）为中心比较了两国的近代化：日本的近代化被描述为屈从的、他律的、虚假的，以此为参照，中国的近代化则是抵抗的、自律的、真正的。无论是鲁迅、毛泽东还是中国革命，竹内笔下的中国形象始终是以对"近代日本"的自我否定为前提描绘出来的他者形象，其憧憬的对象并非客观的中国，而指向了自我主观层面折射出的"内在于我的中国"。可以认为，竹内对"日本与东方近代"的再审视，是日本战败、盟军占领以及以中国革命为代表的亚洲民族主义运动兴起等政治事态倒逼的结果，他构建起的对中国之"憧憬"成为加加美光行、沟口雄三那代中国研究者的思想起点。而1960年代后期中国的政治状况却使得日本的中国研究受到很大的刺激，进而发生裂变：竹内变得沉默；沟口则带着五分批判、三分困惑和二分共鸣，批判地继承了竹内，[1] 并将问题迂回转移到对"中国革命"之历史认知形态的讨论；加加美则在竹内沉默之处通过引入吉本隆明的"大众"概念和重述竹内建构起了他的中国革命论，最终奇妙地将其混

---

[1] 子安宣邦著，王升远译：《近代日本的中国观》，北京：生活·读书·新知三联书店，2020年6月，第232页。

"内在于中国"和"内在于我的中国"

同到21世纪转型时期产生的后现代式斗争课题中,在亚洲革命的框架下肯定了那场"革命"的价值。然而这一切都基本建立在同一个前提之下——不在场。"内在于我的中国"之提倡者们都未曾像北一辉、橘朴那样以"内在于中国"的姿态见证那场"革命",这恐怕不得不说是一个先天的缺陷,也成为其论敌们质疑的渊薮。子安试图强调的是,"内在于我的中国",作为"日本""日本近代化"的反向设定,只能是一种主观性、绝对化的憧憬,据此不可能对中国革命史给出有效的解释,更不可能准确地把握中国乃至东亚的未来,因为那不是真实的中国。

该书日文版原题为『日本人は中国をどう語ってきたか』(《日本人是如何言说中国的》)。该书虽"以中国为名",但实则是对近代以降日本对华观念史、言论史的一次深刻检省,亦可视作言论家子安宣邦以"后结构主义"的方法展开的一项介入性工作。他呼吁变革日本近代知识制度建构起来的"中国形象",重新赋予日本的中国研究以活力和批判性。子安坦言,"21世纪的当下,我们仍身处世界性危机之中,并愈发强烈地意识到,东亚共同世界的形成有赖于各国自我的变革"。[1] 这里所谓的"世界性危机",显然是以2008年金融危机后的全球经济大衰退为语境的。2016年,耶鲁大学研究员、摩根斯坦利亚洲区前主席斯蒂芬·罗奇犀利地指出,世界经济已大范围地染上了"日本病":发达世界的主要增长引擎受困于日本式的长期性经济停滞,生存在这个相互依存世界中的其他国家也备受煎熬。我们再也无法对他者的苦痛隔岸观火——"伊斯兰国"、欧洲难民危机以及近来新冠疫情的全球蔓延、全球股市大崩盘,都无时无刻不在提醒我们重审对"全球化"之逻辑的认知,调整对其前景的期许和应对姿态。我们不得不如子安所指出的那样,将本国的变革与亚洲诸国、世界诸国的变革予以共时性、联动性思考。

---

[1] 子安宣邦著,王升远译:《近代日本的中国观》,北京:生活·读书·新知三联书店,2020年6月,第80页。

前些年，有日本政治家以欧盟为范本而力倡"东亚共同体"，这一构想尽管在中日思想界波纹不大，却颇值得玩味。对此倡议，乐观者有之，也有人念及"大东亚共荣圈"的往事而深怀疑虑。由于种种历史的、现实的原因，泛亚主义构想与人们对其倡导主体、时机乃至动机的警惕和批判似乎总是如影随形，但这绝非杞人忧天。以橘朴为例，"亚洲主义"固然为其打开了新的思想视界，然而又不得不承认，加入关东军将校的"革新计划"、参与到伪满洲国建设依然是一种"危险的投企"——在东亚近代史上，侵略往往是以浪漫主义、理想主义愿景为旗号、诱饵和驱动力的。面对诸种共同体构想，思想界当以何种心态和姿态予以回应，是不得不慎思的问题。知识界需要的恐怕不仅仅是稳健、深邃的历史分析，更需要"在场"的言论家们带着温度、知性和批判性写作的形势论、状况论，因为我们都是这个时代的局中人、见证者。

（原载《读书》2020年第6期，入选徐南铁主编：《2020中国年度随笔》［漓江版］，《中国文学年鉴2021》转载）

帝国的"颜面"

——"日本论"的名与实

近年来,中国出版界似乎逐渐意识到了日本文化、思想在中国可观的市场前景,对相关的选题表现出了不小的关注和热情,大量国产抑或译介的"日本论"读物也成为读者追逐的畅销书。新人、新作迭出之外,网络平台数据显示,被奉为日本论"圣经"的《菊与刀——日本文化的类型》等旧著也经年不衰、销量巨大,成为汉语读书界不折不扣的长销书。对于日本研究者而言,"日本论"的盛行作为当代中国文化、思想生态中的重要现象究竟意味着什么已是一个不容回避的议题。以下将结合几则的史料与旧事,为讨论的推进略献拙思。

1941年4月,日本的高山书院出版了作家立野信之(1903—1971)的中国观察记《黄土地带》。在序言中,立野毫不掩饰(毋宁说有意标榜)自己作为"国民作家"的写作立场,他表示,"本书是我在北京生活的两年里、信马由缰地遍览北支及蒙疆各地的见闻集成","我本非社会政策家,亦非支那通,不过是一介作家而已。……硬要出版此书,是出于一个国民作家对以'战争'的形式在支那,或支那大陆展开的日本之命运难以抑制的激情"。为"追讨八路军"而第二次来华的立野信之,初次踏上中国土地的机缘是武汉会战时期的"中支从军"。那次从军体验让其深刻地认识到:"支那已非单纯的敌对国支那,事到如今已是退无可退的日本之命运所系。"[①]由此不难窥见,立野所着意展现出的并非超脱的漫游者姿态,而是一个偏狭"爱国者"的视角。

这本见闻录在论域上涵盖了对中国的政情观察、文明批评以及战时国际关系局势论。虽然全书未见对日军在华暴行的直接揭批（在战时言论统制之下这是无法期待的），但临近结末处，在《北京与天津》一章，立野专设"厌恶日本人"一节，自揭家丑，对在京日本人不甚检点的行止提出了严厉的批评，仍令人颇感意外。此节开篇处，作者便开宗明义地指出："来到北京——不，不仅是北京，日本人来到支那大陆，听说必定会'厌恶日本人'。"② 作为论据的是作者友人的一番牢骚：

> 试站在东单牌楼——那是日本人聚居之处，看看乘着洋车而过的日本人，就会知道那里居然有如此之多穿着恶俗、穷酸、贼眉鼠眼，如同小偷一般的日本人。……再看看梳着岛田髻的姐姐们，她们头上的发油散发着腐臭的气息，举止就似家鸭一般。我总会不觉间叹息，这都是日本人吗？因此，我主张……一、没有两万元以上存款者不许来支那，二、男人身高五尺二寸、女人身高五尺以上，容貌和风采上都不会给他人带来不快观感者，……如此规定的话，日本人来到支那就不会做些不体面的勾当，看了走在路上的日本人，才会给人以日本人是绝不劣于西洋人的优秀人种之感，让人发自内心地敬服日本人。③

显然，在战时语境下，来华日本人的容貌被赋予了政治意涵，个体的体面关乎到日本帝国的颜面，"扬我国威"还是"丧权辱国"，兹事体大，不可不察。在"友人"眼里，沦陷了的异国帝都只宜对日本的"高富帅""白富美"敞开怀抱。对此主张，立野以亲身经历表示赞同：

> 如果看到了东单牌楼附近坐着洋车的日本人，你常会不禁叹息：

---

① 立野信之：『黄土地帯』、東京：高山書院、1941年4月、序第1—3頁。
② 立野信之：『黄土地帯』、東京：高山書院、1941年4月、第351頁。
③ 立野信之：『黄土地帯』、東京：高山書院、1941年4月、第352頁。

> 这是日本人吗？像鸭子一样的女人，提着嗓门嚷着"你的""我的""快快的"等非支那语的支那语——在支那人说来，那是日式支那语——在洋车上像青蛙般张着大腿的、贫弱的日本人那傲慢的架势，真不是让人欣赏的风景。很遗憾，不论体格、服装还是行仪，日本人比支那人还要贫弱。①

与中国年轻女子舒展匀称、端丽可人的健美身姿相较，"来到北京的日本女人之疲弱"形貌让立野感到焦虑，她们"臂短腿短，刚愎自负地走路的样子，只会让人意气消沉。日本的年轻姑娘基本都穿西装——接客的女人多数穿和服或中国服饰——由于还远未能适应穿着西装的感觉，因此坐在洋车上多是一副邋遢的样子"。有鉴于此，日本宪兵队和领事馆警察对在京日本男女的着装和坐洋车的行仪提出了严肃的要求，诸如"妇女不可着浴衣赤脚出门，不可不穿袜子出门，等等，男人亦不可浴衣赤足，不可在洋车上吸烟，走路不许大声唱歌，等等"②。事实上，立野自身便有因酒后乘人力车时吸烟而被宪兵拦住而露怯的体验。那时，"我的脑海里一下子浮现出日本人在洋车上傲慢地吸着烟的架势，那不是一幅美好的图景，"巧合的是，"在我从车上被拦下的当儿，就有一个西洋人坐在洋车上吧嗒吧嗒地抽着烟，从我身旁经过"。③

值得注意的是，在友人的警醒以及立野个人的经历中，都存在着一个强大的潜在参照系——西洋人。在他们看来，劣于西洋人，是不可接受的。在中国土地上以西洋人为竞争对手和假想敌的潜意识固然是政治、战争层面日本与英美的对立关系在日常生活层面之折射，同时也是近代以降日本人面对西方人在"人种"意义上抱有深刻"劣等感"的表现。内海爱子的研究显示，战争时期：

---

① 立野信之：『黄土地帯』、東京：高山書院、1941年4月、第353頁。
② 立野信之：『黄土地帯』、東京：高山書院、1941年4月、第353—354頁。
③ 立野信之：『黄土地帯』、東京：高山書院、1941年4月、第354—355頁。

设在陆军部的战俘管理办公室指示新闻媒体要定期对"白人战俘"题材进行报道。报纸和期刊定期地刊登有关他们劳动场面的照片。举个例子,1942 年 11 月 8 日东京版的《朝日新闻》(*Asahi Shinbun*)刊登的要闻如下:

美军和英军战俘为战时日本作出贡献,
蓝眼睛的劳工抬着米桶,
带着感激之情,愉快地参加体力劳动。

"蓝眼睛"这个词向读者们传达的是一个"Hakujin"(白种人)的原型形象。……美军和英军战俘在日本人的监督下努力劳动的景象提高了日本人的战斗意志。……所期待的对"白人战俘"的视觉感受效果,能够加强日本公众对帝国军队无往不胜的信念。……让白人战俘在日本出现,也是为了驱除日本人的欧洲"崇拜"。[1]

就如同底片与正照的关系,需以近乎荒诞的手段予以"驱除"的举措,恰恰正印证了日本人面对欧洲人时的劣等感之深、欧美崇拜之剧。战争中后期,日本以"鬼畜美英"为对象的争胜不仅表现在政治、军事领域,更折射在思想文化领域。外表的虚假自信与内中的空虚卑怯之间深度的矛盾,最终使得"近代的超克"论破而不立,一地鸡毛。

无独有偶,对战时在京日本人不雅举止的记录与批评还可征于日本人高木健夫(1905—1981)的《北京百景》。1939 年 7 月,高木在北京创办了《东亚新报》(1939—1945),并出任主笔。该报是"北支派遣军"解散了已有的现地日语报纸重新组建的宣传报纸。高木化名"高建子"出版的

---

[1] 内海爱子:《日本的种族主义、战争与战俘经历》,载马克·赛尔登、埃尔文·Y. 索主编《战争与国家恐怖主义:20 世纪的美国、日本与亚洲太平洋地区》,北京:社会科学文献出版社,2012 年 8 月,第 123—125 页。

文集《北京百景》，其中就有相关章节曾在《东亚新报》连载；成书出版之际，为其作序的德光衣城宣称，该书是"以对祖国热烈的爱为基调"，描述的是北京从"古都蜕变为新都的步伐"。① 不难看出，这又是一位有激情的"爱国者"。在是书中，高建子以"北京通"的姿态对沦陷后的北京风土人情乃至北京日本人社会予以了全景式的介绍。有趣的是，在"张勋复辟"一节，追古思今、睹物思人之余，作者决意去追寻当时战争留下的子弹，却意外邂逅了一些令人不快之物：

> 我想即便是当时的战争，也是使用子弹的，便费了很大的气力遍寻子弹的踪迹，却只找到了奶糖和巧克力糖一类的日本糖纸屑。不，比这更恶劣的是，日本女人散步时留下的大量卫生纸像花一般散留在地上。只有日本人会使用花形的纸片，而这些纸片又散落在天坛内外，为日本女性面子计，真让人感到可悲。日东君子国的人们啊，拜托你们别忘了天坛里面就有"厕所"！古时的中国人认为天坛正是天谴降下的正宗之处。敬畏天谴吧！……来吧，掏出四毛钱，到里面去解手吧。②

在"醉汉胡同"一节，作者又抨击了"日本绅士"在北京傲慢粗暴对待人力车夫、随地大小便的行为，讽刺其为"北京的日本色"锦上添花；并呼吁"断然打倒"这些轻浮的"日本色"，"希望日本色要更清洁和高雅些"，"所谓的日本色，……必须是对兴亚首都北京发挥精彩作用的'文化之色'"。③ 同为"爱国者"，立野信之和高建子在记述中对部分来京（来华）日本人颇有些"怒其不争"的愤懑。事实上，前述诸种批判尽管稍显

---

① 德光衣城：「必勝序曲」（第4頁）、高木健夫：『北京百景』、北京：新民印書館、1943年7月。
② 高木健夫：『北京百景』、北京：新民印書館、1943年7月、第27頁。
③ 高木健夫：『北京百景』、北京：新民印書館、1943年7月、第125頁。

表层化，但亦为今人观察沦陷时期的北京日本人社会提供了弥足珍视的另类证言。战时意识形态影响下日本文化人中国观、战争观等学术讨论按下不表，我想，至少在文明高下论的层面，当公共意识缺乏、衣着不整、随地大小便、乱扔垃圾等而今被外国评论家们视作中国游客独特"标签"的不雅行为出现在战时在京日本人身上时，跌破眼镜的恐怕不仅仅是中国读者。从日本侵华时期日本人的自我批判中撷取两个"段子"不仅是要博君一笑，更期待这两则多少让人有些意外的"小菜"能成为我们反思"日本论"的契机。

近代以降，将日本人和日本文化本质化、均质化、绝对化为单一整体，宣扬其独特性、优越性的日本论在中国甚嚣尘上，信徒众多。不同时期的日本文化民族主义者，以及以贩卖日本文化为生的各国"文化商人"们也迎合了这种认知心态，有意地提纯、渲染，鼓噪一个"不同"的日本以满足其所在国读者的猎奇心态，而有意掩饰了其与他国国民作为"人"的共通性。其中，尤以对鲁思·本尼迪克特《菊与刀——日本文化的类型》的推崇为最。我们不妨先来了解一下这本书的成书背景。1941年末的珍珠港海战后，美国人发现日本是个难以捉摸、行动诡异的民族。日本兵在战斗时穷凶极恶、顽抗到底，可是一旦成为战俘，就会对敌人俯首帖耳，唯命是从。所以，1943年美国的战争情报局（OSS）设立了"敌国风俗研究"的科目，他们为专家提供研究经费，让他们去研究自己的敌人——日本人为什么是这样的性格，这样，接下来的战争就能更为知己知彼。本尼迪克特在1945年初接下了这个项目，但是没有人相信她能做好。因为她没去过日本，也没接触过日本人，这是一项远距离作业。但是本尼迪克特在广泛查阅各类文献、神游日本的同时，深入到了战俘营去接触日本战俘，并与一些日本裔美国人交流，希望以此来理解日本人的行为模式。《菊与刀》实际上出版于战后的1946年，之后在日本很快就风靡了起来，对战后美国甚至整个世界的日本研究范式都有着举足轻重的影响。但是中国读者们可能不甚了解的是，此书在战后日本的知识界却遭到了极其严厉的批判。

批判者也都非等闲之辈，其中包括民俗学的一代宗师柳田国男、比较文化研究的集大成者和辻哲郎，以及近现代家族问题研究的代表性人物川岛武宜等一批学术界和思想界的名宿。这些人认为，《菊与刀》这本书缺乏历史层面的考察，而偏重于一种主观性的判断。同时，他们觉得作者将军方的观点、战俘的看法误认为是一般日本人的认识，有失偏颇。本尼迪克特在书中强调，西方文化是一种"罪感文化"，而日本文化则是一种"耻感文化"，罪感文化强调的是人心的自律，而耻感文化则强调来自外部社会的他律。但是批判者们则认为，将罪感与耻感割裂、对立起来，这是很武断的见解。柳田国男指出，"日本人更加常用'罪'这个字，而'耻文化'本来只限于武士阶级"；无独有偶，罗斯·摩尔（Ross E. Mouer）和杉本良夫也认为，将"菊文化"与"刀文化"对立是有问题的。因为这两者虽然都是日本的亚文化，但拥有"菊文化"的日本人和拥有"刀文化"的日本人分属于完全不同的独立阶层，不能把他们予以整体上的均质化思考。除了日本的这批思想重镇以外，美国学者道格拉斯·拉米斯（Charles Douglas Lummis）在《内化的外国——〈菊与刀〉再考》中犀利地批判称，《菊与刀》是本尼迪克特给美国战争情报局提供的政策研究，因此带有政治意识形态宣传的色彩，与其说这是一部人类学著作，不如说它是一篇政治论文，"本尼迪克特抽取的日本文化的特点，在相当大的程度上，其实是被昭和军国主义时代强化和夸张的概念综合"。[1] 这些思想界、知识界重镇的批判都为我们重读《菊与刀》、思考其中对日本人特质的论述提供了一些不同的视角和维度，是值得我们重视的。

"日本人与其他东方民族不同，有强烈描写自我的冲动"[2]，罗斯·摩尔和杉本良夫基于个人的生活经验与量化研究实践结果指出，同质化、均

---

[1] 任饮冰：《不可尽信〈菊与刀〉》，http://ici.sdu.edu.cn/info/1013/2679.htm，访问日期：2022年3月3日。
[2] 鲁思·本尼迪克特著，吕万和、熊达云、王智新译：《菊与刀——日本文化的类型》，北京：商务印书馆，2003年11月，第5页。

质化、整体性的"日本论"是以下六重影响因素重叠、合谋的结果：

（一）与日本人的国际交流模式有关。战后数千位日本人借助富布赖特奖学金等美国国务院主持的留学项目到美国访学，他们大部分英语能力不强，活动范围也仅限于大学或图书馆，缺乏对美国生活的原始体验，而且海外生活时间太短，这就决定了他们对对象国社会缺乏深度了解，而对以比较的方法把握日本社会特征的知识人来说，这是致命的。而罗斯·摩尔和杉本良夫这两个人，一个是美国人，一个是日本人，后来又同在澳大利亚任教；两人在日、美、澳三国分别度过了三分之一的人生，由于长期往返于这三个国家，实际的生活经验和学术思考告诉他们，这三个社会的相似性要远比人们想象的多，所谓的文化冲突实际上越来越少。

（二）海外的日本研究者到日本做研究时接待他们的往往是政界和商界精英，这些人提供的资讯和解释往往会成为他们研究的根据。特别是一些日语不太好的研究者，他们必须借助翻译者才能推进自己的研究项目，这些翻译者和信息提供者在向外国人解释一些比较难懂的问题时，往往容易把问题引向日本的独特性。

（三）国际交流基金是海外日本研究的重要资金来源，在这种背景下，研究者不可能无视出资方的方针和意向。

（四）有名的日本人论论者大都与当时政府关系密切，很多人是东京大学教授，出版社也以岩波书店和讲谈社为主，很难想象这些人的社会地位和人际关系网络会在他们思想形成过程中给他们套上怎样的枷锁。

（五）有些国外的日本研究者呼应了日本国内自我陶醉的"本民族文化至上主义"，他们对日本充满憧憬，认为日本是一个充满异域风情的社会。

（六）多数日本论只是零散想法的罗列，缺乏坚实的学术积累基础，而日本国内外也始终未能形成一种强有力的学术审核力量。比如，万成博和罗伯特·马什（Robert M. Marsh）就有一本书，叫做《近代化和日本的工厂》。这份报告指出，日本企业的模式类型并非人们以前所认为的单一固定模型，其种类要丰富得多。日本人在工作上的表现，与所谓的日本特征也完全没有关系，反而是影响着西方人工作表现的那些因素在束缚着日本人；不仅如此，公司和职员的属性差异主要源于公司规模的结构差异，并非源于日本与西方的文化差异。再比如，我们大家观念中似乎感觉日本人对公司的忠诚度很高，但另一位学者小池和男的研究显示，欧美各国常年连续就职于同一家公司的老员工人数并不比日本少。①

此类大而化之的"日本论"之所以难以成立，是由于它没有看到日本内部因地域、性别、职业、阶层、代际差异诸种外部因素作用于不同个体而呈现出的多彩"光谱"。它应是自下而上的小心论证，而不应是"帮闲"的，不应是面对地图的"上下其手"，不应是建立在个人有限的日本体验、日本观察之上的印象化、娱乐化批评。

然而，日本、欧美思想界的多年前的反思与批判却未被我国日本知识界及时地吸纳，并有效内化为学术研究的思想资源，当遭遇棘手的文化、思想课题时，人们时而会习惯性地祭出"文化差异""国民性差异"以应对，通过制造出的玄虚、模糊的异域"幻象"来解答。小熊英二在其近著《改变社会》中指出：

> 士农工商各社会阶层在江户时代都曾有过，依现时喜好选取材料重塑"历史"实在是太简单了。江户时代明明是工匠商人之花的樱花，突然成了"武士道的象征"；江户近海居民的当地食品寿司，突然成了"传统的日本料理"（在没有冰箱的时代，内陆地区没人吃寿司），对历史与传统的这类重新编辑简直到了荒唐的地步。……所以，所谓"传统"也不是固定不变的。而是在与"现代"的自反性关系中

---

① 罗斯·摩尔、杉本良夫著：《日本人论之方程式》，上海：华东师范大学出版社，2007年11月，第66—73页。

塑造与被塑造的。所谓传统，不过是某一范围内的人们，在与过去某一对象的自反性关系中决定现在的行为时，将其称为"传统"或"圣经"等而已。谁都不读了，也就不再是"圣经"了。

这一认识论层面的"偷懒"会导致实践层面的惰性，"无论哪一社会都有自己的特点。特点本身并不是坏事，但若视之为'文化'或'习俗'，就无法进行更为深入的分析，进而视之为'无法改变的命运'，放弃努力。或者要么引入西方的'先进理论'全面否定本土，要么肯定本土而全面否定'外来思想'，陷入毫无建树的无谓对立"[1]。不妨明言，而"以其昏昏，使人昭昭"恐怕泰半是出于对人物、事态以及历史细节的无知而导致的敷衍。然而，在异文化差异已远小于同一文化体系内部代际隔阂的全球化时代，如果还将此类神话奉为圭臬，笃信不疑，愚弄的只能是自己，读得越多，在"误解"日本的路上便走得越远。非但如此，对民族、文化特性论的执迷有时或许还会引发严重的政治问题。雅斯贝斯在战后初期结合纳粹德国的崩溃史指出，"并不存在全民族每个个体都拥有的所谓民族特性。……长久以来，这种思维方式已经成为在民族和群体之间制造仇恨的工具。可惜大多数人却自然而然、理所当然地运用这种思维方式，它被纳粹恶意地利用到了极致，利用宣传工具把它灌输到了大众的脑子里。在他们看来，似乎世界上没有个体，只有各种群体。"[2]

时至今日，对"日本国民性"神话有必要予以冷静的再认识和再评价。立野信之和高建子对普通日本人"闯入"中国后的种种丑行之批判至少已在无意间对这一神话进行了自我消解，它昭示我们："国民性"绝非"古已有之"且恒久不变之特性，而是历史建构起来的产物，政治因素、

---

[1] 小熊英二著，王俊之译：《改变社会》，上海：上海译文出版社，2017年1月，第210、43页。
[2] 雅斯贝斯著，寇亦青译：《罪责论》，上海：上海译文出版社，2023年10月，第15—16页。

经济因素、环境因素乃至国际关系因素等都对其有着不可小觑的制约和形塑功能,甚至常常是这些因素综合、倒逼出来的产物,因此不可对其做僵化不易的理解。这种思维不仅对于理解日本国民性至关重要,对于我们反躬求诸己,重新理解那些以中国为靶心的"中国国民性批判"恐怕也是不可或缺的维度。鲁迅曾批判说:

> 据说:像日本人那样的喜欢"结论"的民族,就是无论是听议论,是读书,如果得不到结论,心里总不舒服的民族,在现在的世上,好像是颇为少有的,云。……明治时代的支那研究的结论,似乎大抵受着英国的什么人做的《支那人气质》的影响,但到近来,却也有了面目一新的结论了。一个旅行者走进了下野的有钱的大官的书斋,看见有许多很贵的砚石,便说中国是"文雅的国度";一个观察者到上海来一下,买几种猥亵的书和图画,再去寻寻奇怪的观览物事,便说中国是"色情的国度"。连江苏和浙江方面,大吃竹笋的事,也算作色情心理的表现的一个证据。然而广东和北京等处,因为竹少,所以并不怎么吃竹笋。倘到穷文人的家里或者寓里去,不但无所谓书斋,连砚石也不过用着两角钱一块的家伙。一看见这样的事,先前的结论就通不过去了,所以观察者也就有些窘,不得不另外摘出什么适当的结论来。于是这一回,是说支那很难懂得,支那是"谜的国度"了。①

而周作人对彼邦"支那通"的指摘亦可谓尖锐明快,与其兄异曲同工:"日本的'支那通'见了一地方的情形,一个人的事件,便以为全支那都是如此,妄下论断,即使别无恶意,也已荒谬可笑,足以证明'支那

---

① 鲁迅:《内山完造作〈活中国的姿态〉序》,内山完造著,尤炳圻译:《活中国的姿态》,兰州:敦煌文艺出版社,1995年12月,第1—2页。

通'之多不通了。"[1]

（原载《解放日报》2017年12月23日第6版，题为《在底片中看透"日本国民性神话"》。2020年12月19日凤凰卫视"世纪大讲堂"讲述了本文部分内容。）

---

[1] 周作人：《"支那通"之不通》（原载《语丝》143期，1927年8月刊），载钟叔河编《周作人文类编·日本管窥》，长沙：湖南文艺出版社，1998年9月，第699页。

帝国的幽灵

——安德鲁·戈登《现代日本史》之启示

一、"关联性"视野与日本现代史的断代问题

历史叙事常可视作历史叙述者与历史真实之间的对话，而叙述者对事件的定性常须"左顾右盼"和"上下求索"，换言之，须将其置于横向关联的视野和本国史的纵向脉络中提炼要义与实质。若失去坐标或剥离语境将其绝对化，则易迷失现时自我和未来进路。尽管全球化的前景尚不明朗，但这一拥趸甚众的口号却常常无法内化为有效的关联性思维，相反地，导致东亚诸国近代史悲剧的思想病根的"自闭症"并未在各自国别通史叙事中得到较为彻底的反思与祛除。尽管本国史、世界史与全球史的关系一直是史学界争论的热点，本民族中心主义、强势民族沙文主义等倾向之不足取亦渐成共识，但因种种原因，在实际历史叙事中却总难以规避。兼听则明，对国别史的认知，若只沉迷在自拍滤镜美图所带来的幻觉不可自拔，而无视他人镜头所捕捉到的黯淡影像，就无法在参照与对话中逼近历史真实。作为日本历史的对话者之一，安德鲁·戈登的著作《现代日本史：从德川时代到21世纪》所提供的首先便是一个日本本土之外的域外价值尺度。在该著《增订版作者序》和《序言（英文第三版）》中，作者指出，"日本现代史是世界现代史的一部分，两者无法分割开来"；"因此，最好是全世界的史学家都能共同考察及诠释现代日本历史，并将各项研究成果通过翻译公之于世；或各国史家共同参与合作计划，以达到确切地

认识现代日本历史的目的"。①

戈登的工作并不在于揭示日本同行们所倡导,甚至固守的"日本性",而将重心置于对"现代性"的阐发上。该著英文名为"*A Modern History of Japan*",可见"它是要诉说一段'现代'的独特历史,只不过发生在一个名为'日本'的地方而已"②。换言之,该著以"现代性"为尺度,试图在全球史场域中考察世界共同体验之下的"日本经验"。这是一种与文化民族主义倾向较为严重的日本史学界之撰述思路迥异的历史叙事,是以"开放性"冲击"保守性"的路径,颇值得瞩目。如果说我在《帝国的"颜面"》中对日本国民性话语的批判是"以子之矛攻子之盾",那么,戈登对同一对象的质疑视角则诉诸对日本地理和气候的考察,以及对文化之历史承继性的追寻与批判。这一思路让人想起了法国文学家斯达尔夫人(Germaine de Staël, 1766—1817)的文学史叙事,但同样是环境决定论,相较之下,戈登的思路则更为务实、直接。他在该书绪论中即指出:

> 日本各岛虽然位置上邻近,但岛上的森林、山脉及短急河流却有碍交通运输,政治上不易统一。今天的日本政治上团结,民族认同感强烈,乍看即会把此种团结及民族情感归因到其源远流长的历史,其实这是错觉。在近代以前,中央政权大都仅在首都周围,除此以外地区的统治能力十分有限。德川政权建立于1600年,……今天所说的日本共同文化,能见于当日一般民众者其实并不多。所谓日本是个万众一心的地方,人民因此能组成一个团结的民族,此种看法是现代才形成的观念,"日本性"其实只不过是硬拼凑起来的认同概念,与其地

---

① 安德鲁·戈登著,李朝津译:《现代日本史》,北京:中信出版社,2017年10月,第1、13页。
② 安德鲁·戈登著,李朝津译:《现代日本史》,北京:中信出版社,2017年10月,第13页。

理实况并不相称。①

而"这种错觉的存在,部分原因是日本人自身孜孜不倦地要界定何为'日本性',并希望能藏之名山,传之万代"。在"共同文化"的维度上,戈登看到了"破碎性"而非"同一性";在"传统文化"的维度上,他看到的是断裂性而非继承性。这一批判要言不烦地道破了近代以降"日本人论""日本文化论"不过是一种文化政治实践的内在悖谬。

众所周知,历史断代分期的核心问题在于对"变"的理解。该书以"从德川时代到 21 世纪"为视界,将"现代史"(在这里,汉语"近代"或"现代"只是英文 modern 一词的不同译法)的时限上溯至德川时代、下延至"3·11"大地震后的当下。将德川时代的历史遗产视作明治以降日本史演进的内在动因之尝试并不新鲜,即便在中国的日本史学界,管见所及,就可举出宋成有先生的《新编日本近代史》等几例。套用"没有晚清,何来五四"的史观,可谓之"没有德川,何来明治"。这正如丸山真男所指出的那样,"正由于过去的东西未能被作为对象来自觉认识,从而未能被现在所'扬弃',所以导致过去的东西从背面溜进了现在之中"。②然而,戈登同时淡化了明治维新以及二战后盟军的日本占领等重大事件而导致的历史"变动",以凸显德川以降的日本历史连贯性,这显然是因为戈登穿透了"澎湃的表层"剧变而洞悉了"静默的深层"之不变,那是历史中沉重、执拗的部分。不以 1945 年日本的战败投降、美军占领作为改弦更张的分水岭,是由于日本和美国的不少学者已经意识到战时日本相关政策在战后显见的连续性。有鉴于此,戈登提出了"跨战争"的断代观念,《现代日本史》在论及美国占领下的日本时,看到了"新出发点",

---

① 安德鲁·戈登著,李朝津译:《现代日本史》,北京:中信出版社,2017 年 10 月,第 3 页。
② 丸山真男著,区建英、刘岳兵译:《日本的思想》,北京:生活·读书·新知三联书店,2009 年 5 月,第 11 页。

亦强调了"旧结构之延续"。戈登指出："20世纪50年代初期，战前财阀下属的子公司虽失去其控股母公司，又重新以银行为中心结集；战前政党亦存活下来，掌控国会及内阁；文人官僚体制的影响力一如往昔，甚至有过之而无不及，这种政治及经济力量的延续性，贯穿战前、战中以及战后，有历史学家称之为旧体制的'连贯性'。"[①] 在美国主导的、让人眼光缭乱的日本战后改革中，很多战时既成体制并未得到彻底反思与改革，旧结构对战后日本社会实则影响深远。以能源体制为例，小熊英二在《改变社会》一书中便将"3·11"大地震中所暴露出的电力行业"无人负责的体制"之病弊归因于源于战时为确保军工产业用电需求、整顿全日本电力公司而形成的"地域性垄断"。[②] 若非带着"跨战争"的连贯性思维，便不会领悟当今日本政经体制、社会生活之源来有自。

二、"明治"的幽灵与"帝国民主主义"的陷阱

去岁（2017年）是俄国十月革命100年，今年则是明治维新150周年，学术界又开始了有关"革命"的反思以及"精神"的重述。关于"明治维新"的性质，美国学者约翰·惠特尼·霍尔（John Whitney Hall）在其著作《日本史》中明言："在和欧洲历史比较时，一般都要问它能否叫做'革命'。1860年代和1870年代，日本在政治上和文化上进行了最有戏剧性的改革，而它动作的框架在许多基本方面与欧洲近代革命有所不同。日本没有什么社会对抗，也没有什么点燃法国或者俄国革命的那些政治思想。街上没有暴民，也没有人头滚滚落地。"[③] 无独有偶，高桥哲哉在

[①] 安德鲁·戈登著，李朝津译：《现代日本史》，北京：中信出版社，2017年10月，第396—397页。
[②] 小熊英二著，王俊之译：《改变社会》，上海：上海译文出版社，2017年1月，第19—20页。
[③] 约翰·惠特尼·霍尔著，邓懿、周一良译：《日本史》，北京：商务印书馆，2014年4月，第183页。

《反·哲学入门》中亦曾指出,"明治维新"只是一种"颠覆德川幕府政权的政变",并非近代意义上的"市民革命",评价也不高。① 对于"明治维新"的"政变"实质,戈登持赞同态度;但他同时也批评说,以法国大革命和其他欧洲革命作为绝对尺度是一种欧洲中心主义看法,此类主张"武断地把欧洲经验放到世界史中,没有真正尝试理解世界其他地方",并最终将"明治维新"定性为"不得志的下层精英革命"。②

而这场称不上"革命"的政变却造就了一批"革命家",他们在传统与革新、中央集权与不同利益的代表之间,闪展腾挪,巧妙地走出了一条"包容性道路",最大限度地化解了潜在的威胁与反抗,从而成为了明治新领袖。

西洋自由民主观念的东渐也使得明治世相为之一变。柳田国男(1875—1962)在其巨著《明治大正史·世相篇》(1930)中,谈到了"禁色制度"于此间之消亡:"禁色一方面来说曾是国家的制度。比如说黄色是专属于王族服装,紫色是特定的上流官人阶层才能允许使用,位在其下者使用便是非法。……色彩的文化不能为某一部分人永远独占是有其理由的,即使过去曾有其他无数的条件限制,但进入明治的新时代之后色彩也必定得以通俗化。试图将之控制的力量去了别处。在许多人并未在意的时候,这样的控制已经渐渐分崩离析了。"③ 如果说世俗生活的变迁只是明治维新的"皮相"部分,那么在精神生活中颇值得瞩目的变化或许就是自由民权运动的兴起。然而,作为该运动领袖的板垣退助却认为,自由民权运动宣扬乃是"根据国家观念所调解的个人自由的主义"。对于这种舶来而非"内发"的精神在日本的畸变物,德富苏峰(1863—1957)洞察到:

---

① 高桥哲哉著,徐曼译:《反·哲学入门》,南京:南京大学出版社,2011年1月,第119页。
② 安德鲁·戈登著,李朝津译:《现代日本史》,北京:中信出版社,2017年10月,第116—117页。
③ 柳田国男著,潘越、吴垠译:《明治维新生活史》,长春:时代文艺出版社,2016年2月,第5—6页。

"其名为民权,而其实是国权。"思想家松本三之介(1926—)曾犀利地指出,"以政府为主导,旨在以强化政府法律、经济、军事职能为核心形成国家,要求国民各安其分,无条件爱国"的、自上而下的国家主义,与以"民权"为名、"以国民为中心,形成以国民的自发的国家意识=集团意识为基础的国民国家"[1]之"在野国家主义",本质上都是"国家主义",因为它们在国家利益与价值面前,都无条件地强调了个体自我牺牲,这恐怕才是"明治维新"的"骨相"。这一问题在在野思想家福泽谕吉的《劝学篇》中亦有清晰呈现。"国权"君临"民权"带来强势与暴力,国进民退、国强民弱使得明治天皇施政之初颁布的《五条誓文》中保证庶民"各遂其志"的承诺遂被架空在"愿景"的浅层,工农、女性等弱势群体的诉求更是遭到漠视。近代日本民主精神的颓败、政党政治的高开低走庶几亦根源于此乎? 而在对外关系层面,自由平等的观念似乎被设定了"国界线",当面向中、朝等弱国,舆论家、文化人常转而秉持强势民族沙文主义。在经历了甲午战争和日俄战争两役的对外侵略扩张后,帝国日本峥嵘初现。

明治天皇在位数十年,使东洋小国遽然跻身世界列强,在国民心中地位巍然。1912年7月明治天皇驾崩。两年后,在夏目漱石的名作《心》中出现了这样的表述,"明治精神始于天皇,亦终于天皇","天皇出殡那天晚上,我像平时那样坐在书房里,听到了安葬时的信号炮。在我听来,那是明治时代永远离去的告知,后来一想,那也是乃木大将永远离去的通知"。[2] 实际上,除乃木希典夫妇外,当时为天皇殉死者亦大有人在。如今,明治时代虽已远去,但"明治"的幽灵却一直在日本盘桓游荡。我所关心并试图追问的是,明治时代如何被不断复活,"时代精神"如何经历了不断的再阐释进而沉淀、落实为"精神传统"的形态,进而深刻形塑了

---

[1] 松本三之介著,李冬君译:《国权与民权的变奏——日本明治精神结构》,北京:东方出版社,2005年4月,第13页。
[2] 夏目漱石著,谭晶华译:《心》,上海:上海译文出版社,2017年8月,第213页。

日本历史的进路?这就如同,因《茶之书》《东洋的理想》等作品扬名于世的明治美术家、思想家冈仓天心之意义,与其说是在其"生前"思想本体,莫若说更在其"身后"——在于他是如何被大正、昭和时代的后来者们一代代召唤、赓续下来,并嫁接组装、借尸还魂,从而在泛亚主义政治话语中成为战时日本军国主义意识形态吹鼓手们借以面向西方张扬"东洋价值"的思想资源。承明治精神余绪的后人们展现出了"'明治'山有虎,偏向虎山行"的执着,"明治"之名时而是具有历史合法性的政治旗号,时而又成为激扬民族主义情绪的利器。"甚至1930年代的主流政治力量亦自认是明治维新的继承者","二二六事件"中那些皇道派发动者们便称其行动为"昭和维新"。就像戈登指出的那样,"从文字即可知道,他们以明治维新的继承者自居,目标是尊崇天皇、保卫帝国及改善一般大众生活"。[1] 借约翰·道尔在《拥抱战败:第二次世界大战后的日本》中的表达,"日本作为现代国家的兴起令人震惊:更迅猛、更无畏、更成功,然而最终也比任何人能够想象的更疯狂、更危险、更具有自我毁灭性。"[2] 失去所有牵制绝尘而去的帝国日本最终战败,在日本投降时发表的"玉音放送"中,裕仁天皇号召国民"堪其所难堪,忍其所难忍","倾力将来建设,笃道义,巩志操,誓发扬国体精华,不落后于世界进运"。戈登再次敏锐地察觉到,在鼓动国民忍辱负重投身战后建设之时,天皇所引用的依然是明治时代的话语,而对明治以降"国体"的显在祸患却未见反省。今人回望"明治维新",若只观其身而忘其影则会失之片面。150年过去了,"明治精神"果真远去了吗?今天的日本人发思古之幽情时所怀想的是什么,在日本之外的土地上人们遥祭"明治"时所指向的又是什么呢?这些问题都值得我们重新加以审视。

---

[1] 安德鲁·戈登著,李朝津译:《现代日本史》,北京:中信出版社,2017年10月,第320页。
[2] 约翰·W. 道尔著,胡博译:《拥抱战败:第二次世界大战后的日本》,北京:生活·读书·新知三联书店,2009年2月,《序言》第1页。

较之明治天皇的文治武功，幼时曾患脑膜炎的大正天皇则显得黯淡无光。丸山真男曾回忆，他与其小学同班同学在 1921 年便听说大正天皇的奇言怪行，并为之感到痛心。据说有一次国会会议期间，原本要颁布诏令的大正天皇却在众目睽睽之下把诏令卷起来，把它当作望远镜，向满座大臣作窥视状。大正时代常被视作自由主义的堡垒，从大正天皇登基，以政友会内阁的倒台告终，中日史学家们常称 1905 年至 1932 年的这一时期为"大正民主"，以中性的"大正"年号附以正向价值的"民主"的命名使其具有了肯定甚至褒扬的性质。而戈登则以"帝国民主主义"的概念修正了这一大正时期最大精神遗产的历史坐标，可谓振聋发聩。这里涉及对日本民主体制失败根源的不同理解。传统史学家认为，明治以降，日本进入民主阶段，实行普选和政党政治而中途夭折、走上法西斯威权政治的道路，这是对内篡权、对外侵略的军部野心膨胀的结果。而戈登则穿透这一表象，指出近代以降日本民主制度的根本缺陷在于民主制度与代表了帝国的天皇之间存在着根本性的对立，所有民选出来的议员仍以效忠天皇为第一义，如此则民主制度终将无法建立。"他们所追求的是天皇、大日本帝国以及社会伦理地位的巩固"，为此，"大部分的政治领袖视民主为手段，而非最终目的"——民主只是"镀金层"。"只要统治阶层及广大民众相信政党政治能达成上述目的，政党政治便具有统治的合法性。"① 这显然是直击要害的洞见，他所揭示的不仅是"大正民主"的实质，更是明治时代至今作为"混合政治"的日本民主制度内核之病弊基因。

而这种"基因缺陷"原本可寄望于战后美国对日本的全面改造而剔除，但历史剧情却并未沿着这一方向发展下去。在华盛顿，一群被称为"软和平"的人希图利用昭和天皇的声望使占领当局更具合法性，当然最终维护了天皇地位的还是麦克阿瑟。在其游说下，日本战后的政治体制又

---

① 安德鲁·戈登著，李朝津译：《现代日本史》，北京：中信出版社，2017 年 10 月，第 275 页。

演化成了一个驳杂不纯的体系，约翰·道尔亦称之为"帝国民主主义"。尽管程度有所差异，但战后的政治生态依然与明治、大正时期形成了奇妙的对应关系。围绕这一概念，道尔与戈登之间在学术上存在着怎样的影响关系另当别论，但在政治体制上，"帝国民主主义"跨越战争存续下来并绵延至今，颇可警惕。2016年8月，多年来一直呼吁日本走和平发展道路的平成天皇表达了"生前退位"的意愿，2017年底的内阁会议发布了2019年天皇退位的政令。在明治维新150周年到来之际，这一事态显得意味深长。

三、"大众生活"史述的学术意义

"帝国日本"常给人"举国一致"之感，这自然是帝国体制自上而下的暴力性、强制性所决定的，然而"帝国"并非铁板一块。在思考日本近代史时，我们常提的一个概念便是"日本帝国主义"，而不太区分其内部的复杂脉络。[①] 例如，在日本学界，总体而言，谈战争者众，论殖民者少；关于日本本土与诸殖民地的关系所折射出的帝国统治权力之细密级差及其互动关系，以及后者被编入战时动员体制后与前者之间形成的"贸易共同体"（戈登语）诸问题论者较少。

"对英美协调主义"与"亚洲门罗主义"等宏观层面在内部大政路线上的分歧且按下不表，政治精英们面向民众的道德规训、外宣口号与后者的伦理道德、时代风尚之间亦长期存在着深刻的裂痕。这种分裂较为明显地表现在大正、昭和前期的大众生活中。兼顾了精英意志与大众生活在道德伦理结构间微妙的歧异与调适关系，亦是《现代日本史》有别于一般通史著述的一大特征，这对向来侧重精英政治与思想的中日学界而言，在学

[①] 关于日本帝国内在的复杂权力结构以及种族、阶层诸方面呈现出的巨大差异，可参见本书《谁来证明那些没有墓碑的爱情和生命》一章。

术视野与立论上都会形成重要的补充和"冲击"。

例如，反近代性论者认为自 1880 年代以来，"明治维新"即遭出卖。在他们看来，"明治维新"真正的精神是承担东方的精神，联合各东方国家反抗西方。而战争爆发后，思想界最重要的工作便是批判现代性和西方文化，其高潮事件便是 1942 年 7 月在京都大学召开的"近代的超克"研讨会。知识人和政治精英都振臂疾呼，要求全民抛弃堕落无耻的西化生活方式，用牺牲精神取而代之，并称这才是"日本皇道"。为此，西方的奢侈品从商店货架上消失，城市妇女亦不再穿着时髦服装，换上了所谓传统日式女性工作服，美容用的吹风机则送往军方，作为军用物资使用。① 然而，就如同戈登所指出的那样，"当文化行为与物资短缺或军事需求无关时，其限制的效果则不太彰显"②。以政治力量限制艺术，就如同抽刀断水。1943 年 10 月，军方开始征召大学生入伍，当时在文部省强制下，大学间的棒球比赛已被禁 6 月余。即便如此，早稻田大学和庆应义塾大学仍然认为举办棒球比赛是最好的送别方式。比赛举办时，平均每场竟有 2 500 名球迷观看这个敌国的全民娱乐项目。爵士乐亦被作为与"日本精神"扞格不入的艺术而遭禁。但事实上，咖啡店老板对禁令的阳奉阴违自不待言，就连军队内亦无法完全禁止"敌国音乐"。有四个神风特攻队队员在等候任务分配时参加了一个传统诗歌创作比赛。在他们创作的和歌中，有两句写道："与美国人拼命的男人在听爵士乐。／久违了爵士乐，真希望和平快点来临。"③ 即将与战友阴阳两隔的年轻人，在此时便会无所顾忌地直抒胸臆。此类荒诞状况，在早川忠典的《"神国"日本荒唐的决战生活》中有更多骇人耳目的披露，

---

① 安德鲁·戈登著，李朝津译：《现代日本史》，北京：中信出版社，2017 年 10 月，第 354—356 页。
② 安德鲁·戈登著，李朝津译：《现代日本史》，北京：中信出版社，2017 年 10 月，第 356 页。
③ 安德鲁·戈登著，李朝津译：《现代日本史》，北京：中信出版社，2017 年 10 月，第 358 页。

可供并读。①

　　然而，这场以精神主义为基本特征的思想战、宣传战虽然声势浩大，但最终落得一地鸡毛、为识者笑，何也？戈登一针见血地指出，"在思想层面，反近代主义事实上源于西方，日本当时所用的观念性语汇，均为欧洲的尼采及海德格尔等人所提倡。而且的确，当声嘶力竭地喊出'超克近代'的口号时，所反映出的现实就是日本的近代化已根深蒂固；在一般大众层面，西方的潮流、品味及习惯已深深打进日本社会，无法轻而易举地割弃"。② 无论是零式战机的设计，抑或惨绝人寰的"731部队"细菌战，所倚赖的无非是其誓言打倒的西方"近代理性"。值得注意的是，近代性及传统价值的丧失及其所引起的不安并不限于战时的日本与轴心国，它是近代生活的典型特征，举世皆然。"战时日本使用极端方式以应付这种挥之不去的近代性难题，最后造成灾难性后果。"③ 戈登如是说。此说置于今日亦发人深省。

　　（原载《解放日报》2018年3月28日，标题为《认清"大门口的陌生人"》）

---

① 早川忠典著，胡澎译：《"神国"日本荒唐的决战生活：广告、传单、杂志是如何为战争服务的》，北京：生活·读书·新知三联书店，2015年8月。
② 安德鲁·戈登著，李朝津译：《现代日本史》，北京：中信出版社，2017年10月，第358页。
③ 安德鲁·戈登著，李朝津译：《现代日本史》，北京：中信出版社，2017年10月，第359页。

壑声、峰影与"中间地带"

——从陈言的《万壑有声》到知识人行动的边界与可能

关于《万壑有声》的书名来由,陈言交代,"时代越是向前推进,卑微如我者越是能够听到历史的峰壑之间来自壑的回声,我试图聆听并且回收这些声音,故将此小作名曰'万壑有声'。"①这里的峰壑之喻,让我想到了丸山真男在《忠诚与反叛》中的一段深刻的论断:"生活环境越被'政治化',积极的忠诚与积极的反叛之间的中间地带也就越小,此时,忠诚对象的转移,就不仅只是一个政治信条或宗教信条发生改变的问题,它会带来生活关系的全盘激变。"②若将"积极的忠诚"与"积极的反叛"视为一种地壳运动意义上不断抬升的双峰,就不难发现,是山峰的挤压使得中间地带渐趋逼仄、直至丧失,从而造就了沟壑,这是高空俯瞰群山者不难获得的视觉体验。文学史家木山英雄曾以其周作人研究的实例为丸山的论断给出了一个直观的注解。在写作于1937年6月16日的《日本管窥之四》中,周氏黯然宣称:"日本文化可谈,而日本国民性终于是谜似的不可懂,则许多切实的问题便无可谈,文化亦只清谈而已。我既声明不懂,就此结束管窥,正是十分适宜也。"③对此,木山带着同情之理解指出:

> 正像周作人十年前所担心的那样,介于"反日"与"亲日"之间的"持第三种研究态度的独立派的生存余地"业已完全丧失。不光是时代趋势,就连他本人在他以独特的方式脱离个人主义的同时,"研究"或"文化"的专家式、艺术主义的"独立"至少作为一种信仰已经被放弃。因此,"混乱""摸索"和面对艰难时局下的难题,与

227

自己究竟有没有立足之地这种充满苦涩的迷惘相连，在论及日本和日本文化的方方面面时，周作人自己的兴趣也和研究对象一起遭到了检验。④

所谓的"反日"与"亲日"作为一种现实政治抉择则完美对应、诠释了丸山所谓的"积极的忠诚"与"积极的反叛"，而专家式、艺术主义的独立（第三种研究态度）则原是双峰之间的"中间地带"。从这个意义上来说，对于壑声、峰影的释析，在其背面实则关乎我们对宽狭不一、难以用非黑即白的逻辑粗暴处理的"中间地带"之揭示、审视与理解，这便要求我们走向峰之底部、边缘，侧耳倾听双峰交界的沟壑间那些被"主流"压抑、排斥的声音。

《万壑有声》的前三辑将关切视野投向了战争及其周边问题，这是陈言多年来的本业，其中涵盖了对战时下知识人精神史以及战时战后日本知识人之战争记忆与省思的评论，而这也正是我长期关注的问题域。意大利作家皮耶尔乔治·奥迪弗雷迪曾嘲讽说："愚蠢是没有终点的。如果有，其中之一应该就是相信战争有什么崇高的动机：种族、宗教、政治、意识形态、哲学，甚至道德。如果没有这些动机，就很难说服傻瓜和自以为不是傻瓜的人心甘情愿且热情地参与战争。"⑤ 1945年战败之后，武者小路实笃等日本知识人也确是如此以"相信""被骗"为由，躲过了GHQ、日本文坛在政治和道德层面的战争责任追究。仅就文学界而言，1946年《近代

---

① 陈言：《万壑有声——中日书间道》，北京：知识产权出版社，2022年4月，小引第1页。以下随文标注页码，不另注。
② 丸山真男著，路平译：《忠诚与反叛——日本转型期的精神史状况》，上海：上海文艺出版社，2021年8月，第27页。
③ 知堂：《日本管窥之四》（原载《国闻周报》1937年6月刊），引自周作人著、钟叔河编《周作人文类编·日本管窥》，长沙：湖南文艺出版社，1998年9月，第56页。
④ 木山英雄：《周作人与日本》，载《鲁迅研究月刊》2003年第9期，第87页。
⑤ 皮耶尔乔治·奥迪弗雷迪著，姚轶苒译：《人类愚蠢词典》，北京：北京联合出版公司，2018年10月，第123页。

文学》同人和新日本文学会分别列出了战争责任者名单，前者更在小报《文学时标》上对上榜的 40 人逐一进行文学和道德审判，然而，落实到政治层面的追责，根据 GHQ 的"公职追放"指令，12 位文坛战犯最终实际被开除公职者仅有 9 人。尽管战败之初，文学界战争责任追究的主导者之一荒正人就激越地呼吁："在这千载难逢的机会里，若彻底性欠缺，日本民族将永远走不出地球的垃圾堆。"① 而思想家高桥哲哉在比较日德两国的战后责任时却揭示了一个惨淡的事实——"德国在纽伦堡审判和各占领国的连续审判后，仍然继续追究纳粹犯罪分子，……的确，德国和日本从法律责任来讲有所不同，但是在德国搜查纳粹分子超过了 10 万起、判决有罪超过了 6 000 起；而在日本则完全是零，就是说，日本人自身进行的审判是零"，并将"日本不处罚（impunity）战争罪犯的问题"视作"作为罪责的战后责任的核心"。② 面对战后日本战争责任清算的虎头蛇尾、潦草收场，面对亚洲诸国，大江健三郎、家永三郎和堀田善卫作为日本人带着罪恶感在良心法庭上的"自我审判"姿态便具有不容忽视的思想史意义，《万窦有声》对此予以了详尽的揭示。

陈言在书中以《当内心的法庭遭遇世俗的法庭》和《冲绳战场的"收尸人"》两篇短文评述了《冲绳札记》之出版所引发的"大江健三郎·岩波冲绳战审判"事件。在这起诉讼中，冲绳战中驻守冲绳座味间岛的守备队长梅泽裕少佐以及渡嘉敷岛的守备队长赤松嘉次大尉的弟弟向大阪地方法院提起诉讼，诉大江名誉侵权。而事实上，大江在作品中并未提及赤松姓名。对此，陈言总结了大江的初衷："追究某个个体并无意义，只有挖掘出事件发生的结构性问题才是有意义的，而这个结构性的问题，就是日本近代化以来的皇民化教育渗透到冲绳的国民思想，日本军第三十二军强加于冲绳民众的'军官民同生共死'的方针，列岛的守备队长这种纵向构

---

① 荒正人：「終末の日」、『近代文学』1946 年第 4 号、第 16 頁。
② 高桥哲哉著，徐曼译：《战后责任论》，北京：社会科学文献出版社，2008 年 6 月，第 20、21 页。

造，它的形成及运作形态。"（第39页）作为战后成长起来而战争体验相对欠缺的作家，大江面向未来提示的战争经验之思想价值固然值得高度评价，但其中也存在着不容忽视的问题点。尽管在大江那里，"守备队长只是谨守军纪，认真执行命令，绝对服从帝国命令"（第32页），但阿伦特在意识到体制问题之同时，依然强调"法庭程序或独裁之下的个人责任问题不允许从人到体制的责任转嫁"，她犀利地指出，"向那些参与罪行并服从命令的人提出的问题绝不应该是'你为何服从'，而应该是'你为何**支持**'"，唯此，方可"重新获得从前时代被称为人的尊严或光荣的东西：它或许不是关于人类的，而是关于人之为人的地位的"。① 责任的问题，若不能落实到一个个具体的个体身上，民族道德颓废的历史往往只能被架空为历史"经验"而非"教训"。对每一个个体的"恶"的审视，与对每一个受害者的尊重是互为表里的，世俗的法庭也不应因内心法庭的存在而缺席，个体的责任不应也不能被笼统的民族、国家、组织概念所替代和覆盖。就像堀田善卫所说的那样，"死去的，和今后将要陆陆续续死去的，不是几万人的死，而是每一个人、每一个人的死"，"几万人和每一个人、每一个人，这两种不同的计算方式之间，有着战争与和平之间的差异，有着新闻报道和文学之间的差异"。（第51页）这其中自然有不可磨灭的人的主体性精神和知性尊严。基于个体的主体性自省、历史性反思而形成的罪责意识会转变为自觉的赎罪意识和坚守良知、捍卫真理、揭露真相的强韧意志，陈言高度评价的历史学家家永三郎（第44页）便是一例。因历史教科书问题状告政府"审定违反了保障学术和表现自由的宪法"、并与之颉颃35载的家永先生在其名著《战争责任》的前言中，引述了自己1953年7月发表的一篇文章称："太平洋战争期间，我是一位迂腐的读书人而未成为一位佞儒。直至现在，我已禁不住自责自己是个消极的、怠忽阻止战争

---

① 汉娜·阿伦特著，杰罗姆·科恩编，陈联营译：《反抗"平庸之恶"》，上海：上海人民出版社，2014年4月，第71—72页。

的义务而不作为的战犯罪人。这次,我决定不让自己再度后悔。当同胞们被逼到毁灭之路时,我们更应勇于面对。"同年11月他又决绝坚辞日本学术会议会员,并表示:"而今,已再难忍受怠忽守护真理、毫无作为的自责。现在已由过去的梦魇中苏醒过来。此次为了坚守学问,决心奉献所有,一定要为过去赎罪。"①

大江与家永的历史反思与战争责任批判中有一个颇值得瞩目的共性——他们始终将"日本"的问题内化和具象为"我"的问题、将民族国家的历史问题与现实层面的个人生存在紧密关联中予以反思和阐发,从而使其论说获得了历史纵深感和知性的尊严。这让人想到了1938年2月受纳粹打压、流亡美国的托马斯·曼走下轮船时发表的那句著名的宣言:"我在哪里,哪里就是德国。"小"我"在承担起历史责任之时则变得无限大,陈言也是在此意义上不满于日本的另一位世界级作家——村上春树"3·11"后在加泰罗尼亚国际奖颁奖礼上发表的"反核宣言"。她犀利地指出:"对于核问题,村上春树始终是以'日本人'或'我们日本人'作为主语,使问题一般化,而不是当作自己的问题去面对。"(第93页)在涉及历史责任、社会责任的讨论中,世界级的作家抹去自家面目、将自己回缩到群体中的去历史性、去责任化表述让陈言感到愤懑。我想,在作者那里,这种痛切的责难一方面固然是以对村上的深切期待为前提的(第96页);另一方面,就"村上春树对于重大灾难始终保持着疏离态度"(第92页)而言,又显然是以大江为潜在参照的。与村上不言自明的"日本人"意识以及疏离现实政治的姿态相反的是,在大江那里,让其痛苦自问的命题恰恰是"日本人是什么,能不能把自己变成不是那样的日本人的日本人"。② 而这一追问的一个重要思考契机恐怕便是核问题,是冲绳问题,

---

① 家永三郎著,何思慎译:《战争责任》,台北:台湾商务印书馆,2006年6月,前言第3页。
② 大江健三郎著,陈言译:《冲绳札记》,北京:生活·读书·新知三联书店,2010年2月,第13页。

而其背后则始终贯穿着身居边缘朝向中心、主流发问和质疑的伦理自觉和社会参与。从《广岛札记》(1965)到《冲绳札记》(1970，陈言便是本书中文译者)再至其他相关著述，在大江那里，核问题得以在历史与现实两个维度上展开。在核战争的历史阴影与核能利用的现实诱惑之往复撕扯、在拥核派与反核派的激烈论争中，大江提醒民众："对核战争的悲惨后果要在每一天都持续地发挥最为丰富的想象力，这是抵御核战争的第一要务，否则不足以产生强大的抵抗力量。"（第79页）唯有通过"核时代的想象力"，才能将核战争的潜在风险落实到民众的日常感觉层面，从而形成广泛而有力的日常抵抗。较之于村上轻描淡写的宣言，历史批判视角的介入旨在提示人们警惕"草丛中有一只老虎"（柯林伍德），这些富于洞察力的盛世危言最终都被"3·11"东日本大地震所验证。思想家子安宣邦在"3·11"那天则想到了"8·15"，在他看来，"之所以做此思考，是由于我们正在直面终结日本'原子能发电'体制之难。终结'原发'体制，是一个与日本的亚洲·太平洋战争的结束方式、终结方式在结构上深刻关联的问题"。就像子安所犀利指陈的那样，"我们的战争是被迫终结的，并不是我们自己去终结的"，而"原发"体制终结之难亦在于此：

> 我们并没有将民主主义理解为作为市民介入与我们生活相关的重大政治决定过程之权利。这种介入的权利也未曾获得制度性保障。眼前的实态，让我们必须将市民介入政治决定过程的民主主义作为我们自己的事去对待。将"8·15"和"3·11"合并思考的重要性就在于，那种"战争"的终止方式、终结方式不能在"原发"体制下的日本重演。①

---

① 子安宣邦著，王升远译：《近代日本的中国观》，北京：生活·读书·新知三联书店，2020年6月，第212—214页。

历史与"我"有关,当下与"我们"有关,唯有在过去的幽灵与当下的现实之间建立起历史联结,让"我"与"我们"形成命运的连带,将参与和介入当作"我们自己的事",才可能形成对更为广泛的社会抵抗力量。

然而,知易行难。现实却是,芥川奖得主堀田善卫在其获奖 3 年后揭露南京大屠杀的作品《时间》却陡然遇冷(第 49 页);连"仅仅喊出反核口号,而没有任何实质内容"的村上春树"都被日本一些人视为'非国民'"(第 96 页);大江健三郎和家永三郎更是饱受诉讼官司的消耗,被本国人视为"叛徒"(第 87 页)。作为知识人,他们是矗立在权力、社会主流甚至民族国家对立面的少数派。而在日本战后文学史、思想史甚至社会运动史上,正是这样的少数派捍卫甚至拓宽了人们政治认知、学术智识,乃至日常生活的"中间地带",努力使之不被山峰挤压、收编为沟壑。他们也是被峰影所掩盖、遮蔽、压抑的沟壑中人之代言人,是曾经的南京大屠杀受害者、"大东亚战争"受害者、核战争受害者、核污染受害者和普通民众的利益捍卫者和发声者,在这个意义上,"他们"在召唤"我们",而"他们"事实上也便是"我们"。本书作者陈言所致力赓续的正是其评论对象们所传递的批判和介入精神。这位"精神在押的迷途问津者"(作者自称)在本书小引中自白:"因为处理的问题多与战争中的人性有关,让我深感人性的不确定,时刻提醒自己不要落在无知里,以为自己是衡量事物的尺度;同时告诫自己要对人类困境有切近肌肤的理解,要持续不断地对自己进行反思性监控。"乐观主义者常宣称"山高人为峰",而现实往往是沟壑中人山人海。陈言是倾听者,她在沟壑中回收到了知识界的边缘人、少数派、叛逆者所传递的伤者、弱者的呼喊;她也是沟壑中的呼喊者,她听到了卑微如己者的回声。

《万壑有声》内容丰富、意蕴深广,本文仅择其一端略陈拙见,无他,只因吾亦壑中捕声者也。

(原载《读书》2022 年第 11 期)

犹大与总督

——如何思考近代日本作家笔下的中国形象

子安宣邦认为:"中国问题即是昭和日本的问题,它最终决定了昭和日本的国家命运,换言之,即国家发展的历史趋势。"[①]或许,将这句话中的"昭和"置换为"近代"也大致合乎东亚近代史的实情。野村浩一则将近代日本中国观的问题赋予了一种更具主体性、当下意识的认知视角,他认为:"在近代日本对中国的认识中,存在着一些很大的缺陷或者误区,对于战后才开始从事研究的我们来说,最重要的应该是对这些问题进行点检、将之意识化,我觉得这才是推动研究的不可或缺的前提。"[②]多年来,近代日本文化人笔下的中国形象、中国观问题,常被处理成指向对象的比较文学形象学话题;然而,当我们将观察视角转向写作主体,讨论其动机、心态、叙事策略、意识形态及其制约因素之时,相关讨论将转变为以中国为表述媒介的日本近代思想史、近代日本知识人精神史的课题。

我们似乎可以从这个意义上来理解徐静波教授的新著《同域与异乡:近代日本作家笔下的中国图像》(以下简称《同域与异乡》)。由后记中的作者自述可知,该著与作者的另一本著作《近代日本文化人与上海(1923—1946)》(2013)存在着内在的亲缘关系:"文本虽多在文学领域,但我的关注点并不在文学本身,更多的是考察这一时期日本人对中国的认知。"[③]带着这样的构想,在全书第一章,作者略述了近代百年日本知识人中国观的流变史,以在历史继起的层面上为后续七位作家之中国体验、中国书写、涉华观念的讨论建立必要的坐标系,因为"这些作家既是日本社会既有的对华认知的接受者,又是新的中国认知的创造者"[④]。不难看出,这是一种以"知识人"的视野处理"文学家"的涉华叙事，并将其接入帝国知识和思想建构的历史脉络中予以把握的学术思路。

就像徐静波所指出的那样，"近代日本人的对华认知并不是一个整齐划一的单色面"⑤。事实上，如果我们不甘让文学史、文化史问题沦为近代东亚政治史、国际关系史和思想史既定论断的注脚，挣脱政治与时代氛围决定论的观念藩篱而步入历史叙事的褶皱区，便很难再以"一言以蔽之"的方式表述近代日本人的中国认识——那确实是一个复杂的光谱，甚至于某一位作家的中国体验、中国叙事，都会因时局之变、对象之变、主体之变而前后不一，难以连贯、自洽。不必担忧这会在认识论层面将我们导向"历史虚无主义"的不可知论，相反，唯有通过对这般诡谲、不自洽之处的细致辨析，才让我们得以在政治与文学、时局与个人、暴力与文明等多重二元关系的缠绕、纠葛中，洞悉"近代日本作家笔下的中国图像"背后的"所以然"。近代以降，跨界、越境逐渐成为世间常态，这一强调历史性动态生成和多元制约的认知框架无疑具有超越中日双边文学、文化关系论题的普遍意义。《同域与异乡》以对谷崎润一郎、芥川龙之介、村松梢风、金子光晴、草野心平、阿部知二、武田泰淳七位作家中国体验、中国叙事之解析，所呈现出的并非某种历史必然性和内在一致性，毋宁说作者试图以"活动-言论-创作"三位一体的考察视野、以贯穿于诸章节中自觉的比较意识、中日文献的参照意识，向读者传递论述对象各异的中国体验、中国认知背后之致因。

---

① 子安宣邦著，王升远译：《近代日本的中国观》，北京：北京：生活·读书·新知三联书店，2020年6月，第1页。
② 野村浩一著，张学锋译：《近代日本的中国认识》，北京：中央编译出版社，1999年4月，"中文版序"第2页。
③ 徐静波：《同域与异乡：近代日本作家笔下的中国图像》，北京：社会科学文献出版社，2021年6月，第386页。
④ 徐静波：《同域与异乡：近代日本作家笔下的中国图像》，北京：社会科学文献出版社，2021年6月，第1页。
⑤ 徐静波：《同域与异乡：近代日本作家笔下的中国图像》，北京：社会科学文献出版社，2021年6月，第1—2页。

徐静波指出："与中国割舍不断的文化情结和膨胀的'日本人'意识构成了大部分大正、昭和前期的日本文人的中国观的两个基本层面。"① 让我们先来讨论日本作家汉语教养、汉学修养、中国文化情结的问题。该书作者为我们描绘了从"明治一代"至"大正一代"，汉文、汉学在日本日渐式微、日本文人汉学修养渐衰的历史轨迹。而当这一轨迹与近代中日两国交恶的历程并行，就会让人产生一种直观的感受——日本文化亲华派的凋零与两国的交恶似乎存在着某种内在的关联性。徐静波认为，"掌握当地的语言和文字，对于他对这一国家和民族的认知当有绝大的重要性"②，他希图向读者传递的是一个朴素的道理——语言能力决定了异域来客"进入"中国的可能与限度。语言水平和文化修养通常也意味着与对象国之间的情感联结（日文写作"绊"），两国交恶往往也是作为国民情感稳定装置的联结与认同持续淡化、弱化的结果。在西学浪潮中，对于"明治一代"而言，古典中国或文章中国作为一种巨响余音，依然还是面向中国的一种情感联结。作者高度评价了谷崎的汉学教养，并指出其始自童蒙时代的汉学摄取，及其对中国饮食的热爱拉近了他与中国间的情感距离，这自然是一个不可忽视的思考维度。然而，教养不同于"技能"，在强调经世致用之学的时代，它只能化为一种无用之用的文人趣味、审美情趣。不同于"大正一代"的后来者们，谷崎表示：

> 现今五十岁以上的士绅，多少有些教养的人，说起他们骨子里的思想、学识、趣味，其基调大抵皆为中国的传统。……他们都是在孩提时代便耳濡目染其先祖代代传承的中国学识，虽有一个时期他们也曾迷醉于洋风洋气，但随着年岁的增长，他们又重新复归于先祖传来

---

① 徐静波：《同域与异乡：近代日本作家笔下的中国图像》，北京：社会科学文献出版社，2021年6月，第164页。
② 徐静波：《同域与异乡：近代日本作家笔下的中国图像》，北京：社会科学文献出版社，2021年6月，第261页。

的思想。……对于如此富于魅力的中国趣味,我感到有一种如景仰故土山河般的强烈的憧憬……①

显然,在谷崎那一代人心中,中国趣味已是内化于心、融于血脉、难以相对化的存在,即便是汉学修养不高的村松梢风(1889—1961)也承认,"支那广阔的土地唤醒了潜意识般长期深藏于我们心灵深处的远祖传下来的梦"②。而在作家的世界中,诗文书画中塑造的经典形象很容易转变为对现实中国的审美期许。如果说景点与游客之间存在着某种周瑜打黄盖式的共谋关系,那么烽火连天、兵荒马乱的现实中国毕竟不是古典诗画所塑造的、滤镜后的风雅景致,漫游者的"求同"之愿也注定落空。较之于村松梢风这般在上海猎奇、寻欢的放浪儿,谷崎江南怀古的行程中更多地包含着一种确认"内在于我的中国"③ 之文化期待,芥川亦可作如是观。就像徐静波所指出的那样,"因为怀着这样一个中国情结,芥川龙之介期望有一天能有机会前往中国,去寻访他在诗文书画中构筑起来的图景",④ 而其观感及其背后的苦涩心境、苛责之辞自然不难推想,甚至可谓是注定的结局。安藤彦太郎曾指出:"对古典的中国的尊敬和对现实的中国的轻蔑,是明治以来日本人当中培植起来的中国观的特点。"⑤ 落实到谷崎与芥川,便是现实中国体验与"内在于我的中国"之文化憧憬对撞的结果。

同时,当我们讨论汉学教养和中国情结时,还有两个值得警惕的问

---

① 徐静波:《同域与异乡:近代日本作家笔下的中国图像》,北京:社会科学文献出版社,2021年6月,第66—67页。
② 徐静波著:《同域与异乡:近代日本作家笔下的中国图像》,北京:社会科学文献出版社,2021年6月,第124页。
③ 详见本书《"内在于中国"和"内在于我的中国"》一章。
④ 徐静波著:《同域与异乡:近代日本作家笔下的中国图像》,北京:社会科学文献出版社,2021年6月,第92页。
⑤ 安藤彦太郎著,卞立强译:《日本研究的方法论——为了加强学术交流和相互理解》,长春:吉林人民出版社,1982年3月,第4页。

题。首先，在近代以降的东亚，文化力量在政治力量、现实需求面前变得脆弱，与对象国在文化意义上的情感联结和认知自主性变得极不稳定，当它因战争、殖民等诸多外部因素而遭遇政治力量的强力介入与重塑，情况会大为不同。毕竟对于日本人而言，汉语、汉学可以是超然自娱的趣味、目的，也可以是现实实用的手段、工具，不同的认知、实践和政治力量的不同介入时机、路径和强度将塑造、决定文化与价值观认同的不同型态。

其次，汉学修养与对中国的感知与理解未必是正比关系——古典诗文书画建构起的文化中国图像，也会成为横亘在观察者与现实中国、生活中国之间的一道难以逾越的屏障。徐静波在评论谷崎润一郎的中国观时，也明确指出了谷崎与中国过近的距离感"多少减弱了他对观察客体的审视深度和批判视野"①。无论是名迹踏访抑或文人雅集，谷崎、芥川的中国之行可以说都有着鲜明的知性趣味和名士风流。而与之相反，带着外来者对未知世界的好奇心，村松梢风得以深入上海的市井世界，流连于妓院、赌场、舞厅的光影声色之中，穿梭于公共租界、法租界和华界之间，这种全息成像式的观察固然未必深刻，却有一家之得。村松企求的是一种"富于刺激和变化的生活"，他为被芥川蔑称为"蛮市"的上海创制了一个独特的别称——魔都，形象地揭示出了近代上海因文化杂糅而呈现出的光怪陆离的都市文化面相，而这显然是"内在于中国"的村松梢风以不设限的放浪生活"感知"出来的。百年之后，所谓"支那学""东洋学"的理论大厦——崩塌，但"魔都"一词却风行至今，这恰恰证实了人们对其内核的强烈认同。静波先生对梢风的评价似乎并不算高，他认为："具有作家的灵敏而缺乏哲学训练和史学眼光的梢风，对上海的体验和感受乃至表述，很多

---

① 徐静波著：《同域与异乡：近代日本作家笔下的中国图像》，北京：社会科学文献出版社，2021年6月，第85页。

还只是停留在表象的层面。"① 作为一位学殖深湛的研究者,作者的痛心与期许不难理解,但我的标准恐怕要低一些。一方面,文学感性和学术理性、史识与哲思兼备的作家世间罕有。另一方面,论及哲学训练,京都学派的高才们恐不遑多让;谈到史学眼光,东洋史巨擘内藤湖南更乃一时之选。然而,他们在20世纪前半叶的历史潮流中"贡献"了怎样的中国史观和世界史哲学,为那场侵略战争提供了怎样的理论支撑已为历史所验证——史家、哲人们理解中国、世界的能力未必能转化为与之相应的良识与行动。而当我们将苛责的目标指向了犹大,很可能无意中放过了其背后的总督,放过左右了文学和知识生产方向的那只"看不见的手"。故而,较之于深邃性诉求,不受利益诱惑、不受权力胁迫的独立观察姿态和自主表达立场不容小视,从这个意义上来说,深刻抑或肤浅、知性还是感性且不论,1920年代的谷崎润一郎和村松梢风之中国叙事可谓各有其独特的价值。

之所以有此强调,是因为1920—1940年代是日本国内政党政治由盛而衰、军国主义日渐制霸海内的非常时代,言论统制、警察制度渐趋酷烈,此间来华的芥川龙之介、金子光晴、村松梢风、草野心平、阿部知二无不感慨于民国相对宽松、自由的氛围,彼邦的言论环境由此可见一斑。在此语境之下,坚守独立立场和自由主张殊非易事,徐静波恐怕也是在这个意义上盛赞谷崎润一郎和穷游中国的金子光晴(1895—1975)夫妇之超然与良知的。这便关系到日本作家中国图像的第二重影响因素,借作者的话来说,便是"日本人的立场"抑或"日本人的意识"。该书标题中所谓的"同域与异乡"所要凸显的恐怕正是越境者们的"自-他"意识。作者在总结七位作家笔下的中国图像时指出:

---

① 徐静波:《同域与异乡:近代日本作家笔下的中国图像》,北京:社会科学文献出版社,2021年6月,第149页。

然而一个共同点是，他们都是日本人，他们在观察中国、描绘中国的时候，日本人的意识始终潜藏于他们的血肉中；在他们观察中国时，日本始终是一个无法不在场的参照系。这种个人的差异性与潜意识中身份认同的统一性，正是笔者展开这一研究的兴趣点，或者说是这一主题的价值所在。①

七位作家所共有的"日本人"身份是该书的重心所在。近代日本的民族认同是一个复杂而重要的问题，明治以降，《大日本帝国宪法》、教育敕语、军人敕谕自上而下对日本国民精神的塑造及其与民族主义兴起、泛化之间的诸多关联，前人早已有精到之论，我更关心的是在多方力量综合博弈、作用下"日本人立场"的形成机制。这个思考过程颇得益于《同域与异乡》中披露的诸多信息，特别是作者对因"为尊者讳"、或因逃避战争责任之故被从相关作家（如阿部知二）年谱甚至全集删除的相关作品、作家活动之还原，让我们看到了中国学者拒绝遗忘的历史责任感。

就像作者所介绍的那样，有别于谷崎，特派员芥川龙之介1921年的中国之行乃是受大阪每日新闻社所托；曾在上海放浪形骸的村松梢风，1932年上海事变爆发后再到中国时的身份也已是朝日新闻社的特派员；而中日全面战争爆发后，曾留学于岭南大学的草野心平（1903—1988）也曾受其供职的《帝都日日新闻》委派来华考察旅行。近代大众传媒之兴起及其在国内外事务中所发挥的巨大舆论作用，早在明治年间便已广受关注。经由大众传媒的中间媒介，作家芥川和村松的期待读者便从相对小众的文学读者下沉到了一般市民阶层，而后者的阅读趣味、时局认知、国际关系观念等都对媒体及其特派员的选题、写作形成巨大的潜在制约，从话题策划、游历路线设定到访谈对象选择，概莫能外。以芥川为例，就像徐静波所介

---

① 徐静波：《同域与异乡：近代日本作家笔下的中国图像》，北京：社会科学文献出版社，2021年6月，第2页。

绍的那样:"芥川龙之介1921年的中国之行,因为是报社的派遣,有报道的重任,又因为有各地支局的安排,在上海、北京采访了一些在当时的中国舞台上颇有些影响的人物。报社希望芥川在与这些人物的接触中感知现实中国的脉动,而芥川自己其实也乐意与现实中国的人物交往。"[1] 芥川在上海所见到的章太炎、郑孝胥和李汉俊"没有相交线的三个人"便是"报社和当地记者的安排"之结果。当然,报社只是近代日本涉华报道之一端,改造社、中央公论社、文艺春秋社等各大杂志、出版社也都程度不一地介入其中。从这个意义上来说,相关涉华叙事中的"日本人立场"中所内隐的传媒出版、特派员作家与读者三者间的共谋关系是不容忽视的。

当然,从大正到昭和初期,日本的传媒、出版业也遭受了军政力量日渐严酷的宰制和整肃。日本读卖新闻战争责任检证委员会所编《检证战争责任》一书就设专章讨论了"九一八事变"以降新闻自由日渐丧失,大众传媒最终沦为军国主义对外侵略的附庸乃至帮凶的轨迹,可资参阅。[2] 中日全面战争爆发前,日本言论统制的法律依据是明治以来的"报纸法"和"出版法",内务省、检察局、警视厅审查课、府县特高课等机关据此对报刊、出版进行审查;战争爆发后,内务省警保局对各府县的特高课课长下达命令,要求对媒体宣传进行"深层指导",而1938年制定的《国家总动员法》则将各大媒体机构统合进政府军部的下级组织里面,新闻统制成了一个强有力的军国主义宣传工具。朝日新闻社主笔绪方竹虎曾指出,"九一八事变"可能是媒体阻止战争的最后机会,因为当时军部原以为,"报纸方面也许会团结一致提出异议,这始终是一个很大的威胁",但事实却朝着相反的方向发展了下去:

---

[1] 徐静波:《同域与异乡:近代日本作家笔下的中国图像》,北京:社会科学文献出版社,2021年6月,第107页。
[2] 日本读卖新闻战争责任检证委员会撰稿,郑钧等译:《检证战争责任:从九一八事变到太平洋战争》,北京:新华出版社,2007年7月。

以扩大"满洲事变"(即"九一八事变")为机,主要报纸向战场方面派遣了大量的特派员,通过及时传达最新战况,飞速提高了发行份数。相反,对登载对军部批判性报道的报纸,以在乡军人会等为中心,发动了不买运动。当时,评论家清泽洌曾这样分析说:作为"新闻工作的经营心理",对外则曰日本"绝对正义",对内则曰"昂扬日本精神"——以如此极端的论调,来让民众确信媒体的报道。①

显然,传媒、出版-读者-作家三元关系背后实则隐藏着一只看不见的手——军国主义意识形态,能见诸报端者首先意味着"政治正确"。从这个意义上来说,对今天的读者、研究者而言,对那些作家"说了什么、做了什么"的考察固然重要,而在言论界、文坛被政治权力全面收编、文化人汲汲于时局与权力的极端年代,"没说什么,没做什么"的意义同样不容忽视。文坛、言论界的那些被今人遗忘和忽略的沉默者、不合作者们值得被我们重新发现与阐释,比如离群索居的"官方意识形态的局外人"——金子光晴。

1933年2月至5月,日军以热河省属于伪满洲国领土为由公然进攻热河省和河北省,占领了承德周围的地区,"对未知的世界一直有浓厚兴趣的梢风便向当局申请去承德作文化考察,获得了允准"。他乘坐军部的卡车来到北京,并得以会见当时的国民政府军政部部长何应钦和外交部部长黄郛。然而,如徐静波所言,"朝鲜、中国东北乃至热河省、察哈尔省的一部分,其时都在日本的占领之下,一路过来都有日本军政当局的接待,日语通行无阻。这种体验进一步刺激了梢风的'大日本帝国臣民'的自豪感",同时,"在事变中或事变后的游历中,梢风已不再(或不能够)与当

---

① 日本读卖新闻战争责任检证委员会撰稿,郑钧等译:《检证战争责任:从九一八事变到太平洋战争》,北京:新华出版社,2007年7月,第160页。

地的中国人交往了，他的一切行踪都受到当局或军部的安排，因此他个人的体验也就相当有限，属于他自己个人的感受也就相当模糊了"。① 事实上，战争时期来华的"笔部队"作家们涉华、涉战论述更受到军方具体的限制，战时曾凭借"士兵三部曲"暴得大名的火野苇平曾对限制措施有过详细披露。② 受到这些具体约束，"笔部队"创作出来的只能是主体性缺失、半径一致、没有营养的"康乐果文学"。

最后要讨论的是"圈子"问题。郭沫若曾在《桌子的跳舞》中不无自豪地宣称，"中国文坛大半是日本留学生建筑成的"，此言不虚。在徐静波的这本书中，高频出现的两个中国作家便是留日派的田汉和欧阳予倩，这是一个值得关注的细节。从谷崎润一郎、村松梢风、佐藤春夫到金子光晴，他们的中国游历中都隐现着一个以内山书店为枢纽，以田汉和欧阳予倩为中心，旁及郁达夫、鲁迅、郭沫若、谢六逸、王独清、郑伯奇、胡适、徐志摩、方光焘、陈抱一等中国现代文坛重镇的作家圈子。同样地，芥川龙之介在上海见到的中国名士章太炎、郑孝胥、李汉俊也都与日本有着各种渊源，村松梢风曾访问过的国民政府政要张继、居正、陈铭枢、何应钦和黄郛也都有留日经历。这个致命问题带来的影响，在村松梢风拜访国民党元老张继（1882—1947）和居正（1876—1951）时便直观地呈现了出来。此二人中，前者曾任国民党中央监察委员和中央宣传部长，"在对日问题上倾向于妥协"；后者曾任国民党中央执行委员，"在对日问题上比较强硬"。据梢风描述，张继能说一口流利的日语，而居正"好像不大会说日语，但看模样像是听得懂（居氏曾于1905年留学日本），大部分时间只是默默地听着，不时地像想起什么似的用支那语插上一两句"。

---

① 徐静波：《同域与异乡：近代日本作家笔下的中国图像》，北京：社会科学文献出版社，2021年6月，第160、161、164页。
② 火野葦平：「解説」、『火野葦平選集』（第2卷）、東京：創元社、1958年11月、第406—408页；具体措施详见《日本文学家战争责任研究的六个层面与未竟课题》一章。

梢风挑起了一个比较尖锐的话题，他询问张继等，当前的排日运动与国民党有无关系。梢风口中的所谓"排日运动"，指的是1915年日本向中国提出蛮横的"二十一条"及强行租借旅顺、大连港口的要求引起中国人民强烈愤慨的反对日本帝国主义的运动。针对梢风的问题，张继居然顾左右而言他，最后彼此说了一通诸如双方应以东亚的和平大局为重、着眼于将来、一旦双方的互信建立起来了，"二十一条"等枝节末梢的小问题也就会迎刃而解了等一番空话。梢风觉得这些外交辞令太过四平八稳，……他又举出了朝鲜问题，发表了一通所谓书生之见，使在场的人都很尴尬。①

由于语言沟通之便，有着留学抑或流亡日本经历的中国文坛名士、军政要员面对日本作家时复杂微妙的心态与言论，对于来访者的中国认识建构有着不容忽视的影响。在提供了一个便利的信息渠道之外，他们对文艺动向、军政时局、国际关系的观察与理解也构成了一道难以逾越的认知屏障。例如，据徐静波的描述，比起反日的中国人，战时曾供职于汪伪政权的草野心平就更喜欢亲日的中国人。② 此外，日本作家所到之处，当地的日本人社会，尤其是波多野乾一、中野江汉、滨一卫、内山完造、桥川时雄等在华生活有年的日本文化人、"支那通"，作为接待和向导也是不容忽视的存在。从这个意义上来说，在我们讨论某一位作家个体的对华心态与立场时，其所身处的人际网络及其彼此之间的影响关系应引起我们的重视。

以上讨论了大众传媒、读者、军政力量以及人际网络对日本作家中国叙事中的"日本人意识"之制约和影响。所谓的日本人意识、日本人立场，换言之，即是明治以降逐渐形成并泛化、固化的国民意识、民族主义

---

① 徐静波：《同域与异乡：近代日本作家笔下的中国图像》，北京：社会科学文献出版社，2021年6月，第135—137页。
② 徐静波：《同域与异乡：近代日本作家笔下的中国图像》，北京：社会科学文献出版社，2021年6月，第241页。

观念。从村松梢风、草野心平到阿部知二、武田泰淳,再到谷崎润一郎、芥川龙之介和金子光晴,我们可以从《同域与异乡》中看到汲汲于政治权力、为殖民和侵略呐喊张目者,看到几乎无抵抗地被卷入军国主义时流中的战争协力者,也能看到超然其外、对时局漠然置之的不合作者。面对近代以降日本军国主义者在国内外制造的巨大恐怖与灾难,其抵抗力量约略可分为群体和个体两类。基督教信徒与共产主义者因其跨越国境的国际主义立场而天然具有抵抗民族主义的群体属性。例如,在《追忆》中,阿部知二便追忆了任教于上海圣约翰大学的三位基督徒,他们"在当时上海的军官和(日本)居留民的眼中是被视作异端者的"①。而具体到个人层面,读者能从徐静波对阿部知二、金子光晴的论述中发现此类人的特质。他们往往有着强大的主体性,认同自由主义抑或人本主义,甚至是主流的反叛者;对东西方文化有着广泛的涉猎,拥有海外生活经验。如此,则能在比较中认清自我,在现实中拒绝协从,从而成为一个坚定的个体。

日前,内山书店重新落户天津,让人颇感唏嘘。74年前,它就曾是中日之间的文化"联结"之所。在国际关系局势波谲云诡的今日,如何重审本国与世界关系之"联结",又当取何种之"立场",我想,这应是《同域与异乡》的读者们当深思之所在。

(原载公众号"燕京书评"2021年8月12日)

---

① 周作人:《"支那通"之不通》(原载《语丝》143期,1927年8月刊),载钟叔河编《周作人文类编·日本管窥》,长沙:湖南文艺出版社,1998年9月,第289—290页。

150 年前的那些粪便

—— 萨义德"东方主义"的东亚射程

粪便并不总是令人呕秽生厌的。周公信徒会告诉你,倘若晚上梦见踩到大便,或被大便袭击,此乃财运降临之吉兆。晚上归晚上,似乎没有人愿意在光天化日之下踩到屎。然而,在桥头路边邂逅粪便,甚至不经意间来个亲密接触,似乎也是生活中的平常之事。想来,俳句大师与谢芜村和松尾芭蕉会带着点闲适和天真,吟咏马粪、马尿,而在中国,这类行为会被正襟危坐的斯文人士认为"不文明"得病入膏肓、唾口浓痰咒一句"你是绊倒趴在粪池边 —— 离死(屎)不远了"亦未可知也。

单就感官而言,如果说国人是"入鲍鱼之肆,久而不闻其臭"的话,那么七八十年前来华的日本文人学者在京沪两地那些"离屎不远"的体验似乎却让其难以释怀。1899 年底,内藤湖南(1866—1934)在《万朝报》发表文章称"北京的人家里没有茅厕",于是"到处都是拉撒粪便的地方",并据此评断说"整个北京城感觉就像是个大茅厕"。[①]39 年之后,改造社社长山本实彦(1885—1952)在其作品集《大陆纵断》中,如此向他的同胞传达对北京天桥的观感 ——"那里是北京的贫民窟,路上到处都是人屎、狗屎,让人不堪其臭。那种地方在东京贫民窟难得一见。"[②]与内藤和山本的描述相比,芥川龙之介(1892—1927)在《中国游记》中的相关叙述流传甚广,影响巨大。1921 年来上海访游的芥川,在豫园看到了"高耸入云的中国式亭子,溢满了病态的绿色的湖面,和那斜着注入湖水里隆隆的一条小便"构成的"一幅令人倍感忧郁的风景画,同时也是我们老大国辛辣的象征"。[③]浔阳江上,芥川未能看到"枫叶荻花秋瑟瑟"的景致,

"却没想到从眼前的船篷里伸出来一个丑陋至极的屁股，而且那只屁股竟然肆无忌惮地（请宽恕这里粗野的叙述）悠然地在江上大便"④。尽管内藤湖南也意识到"据说现在已经废坏的明代都城，当时建设的时候，拥有规模很大的下水设备，不输现在文明各国的都会。清朝的文明和前朝相比如何，从这里不难推测"⑤，但现实上的中国观察大概只能让内藤、芥川们感受到三个字——不文明。

近年来，一旦论及日本文人、作家对中国意识形态化的评论，便会有论者条件反射般地祭出爱德华·萨义德（Edward Said，1935—2003）应对，将其视作站在近代文明国家子民的立场上对"非文明"的中国之贬损。萨义德的东方主义对近10多年来国内的人文、社会科学研究之影响不可谓不大。但将这一以阿拉伯、伊斯兰世界为对象的理论范畴套用到日本文学、中日比较文学研究却还是比较晚近的学术动向。在已出版的诸种论著中，较具代表性的论著首推已译入汉语世界的日本学者西原大辅的博士论文《谷崎润一郎与东方主义：大正日本的中国幻想》⑥。以芥川的中国之行为例，不知是否是受了西原的影响，有学者认为"他们一方面蔑视与自己相对的东方的'落后'，另一方面致力于寻找在自己的现代化社会中遍处难寻的'异国情调'"⑦；也有人认为"在芥川龙之介的笔下，现实的中国是如此不堪，而日本却是如此美妙，其参照的坐标正是西方文明"。⑧ 先进文明国家的文人在后进、"半开化"（福泽谕吉对中国的定位⑨）国家看到

---

① 内藤湖南著，吴卫峰译：《燕山楚水》，北京：中华书局，2007年5月，第150页。
② 山本実彦：『大陸縦断』、東京：改造社、1938年10月、第79頁。
③ 芥川龙之介著，秦刚译：《中国游记》，北京：中华书局，2007年1月，第15页。
④ 芥川龙之介著，秦刚译：《中国游记》，北京：中华书局，2007年1月，第141页。
⑤ 内藤湖南著，吴卫峰译：《燕山楚水》，北京：中华书局，2007年5月，第150页。
⑥ 西原大辅著，赵怡译：《谷崎润一郎与东方主义：大正日本的中国幻想》，北京：中华书局，2005年8月。
⑦ 泊功：《近代日本文学家的"东方学"》，载《日本学论坛》2002年增刊，第30页。
⑧ 邵毅平：《芥川龙之介与洛蒂：分裂的中国与日本形象》，《书城》2010年第1期，第35页。
⑨ 福泽谕吉著，北京编译社译：《文明论概略》，北京：商务印书馆，1995年3月，第9页。

遍地"粪便",据此联想到"先进(清洁)-落后(肮脏)"的近代文明价值论,这种研究思路似乎也顺理成章。但知识界却鲜见有人基于个案的细致严密的思考对东方主义的"东亚适用度"做出反思。

我想打一个蹩脚的比方。设若有生活在同一个村子里的甲、乙二人,尽管很少光顾乙家,但在甲看来,虽与自己同样不如城里人富有,但出身名门、只是现今家道中落的乙至少应是个有文化、有教养的人。甲早于乙先进了城,并发家致富。若干年后,甲因事专程从城中回乡来到了乙家,看到了眼前的现实,自己对乙家的种种美好想象瞬间崩溃,并对这位老乡家的脏乱颇多微辞。甲的批评招致了乙乃至村里人的不满,众人认为甲的挑剔只是因其由"农村人"到"城里人"的身份转换——"在城里待了几年就装'文明人'了呢?"遗憾的是,却没有人愿意承认作为事实存在的另一种可能:甲在进城之前,就生活在一个爱清洁的家庭,他对脏乱的嫌恶感实则与进城是毫无关系的。当我们试图正确地认识甲乙间的龃龉、逼近客观的论断,就有必要了解进城前甲家的卫生状况。

而当我们试图在中日彼此的相互性视点(bilateralism)之外导入多极间的视点(multilateralism),以在"将复数的对象与伸向自己的镜中相互反射出的自我与他者的形象集结起来、复杂地交织而成的"[①] 多面性镜像中接近于客观的结论,那么,西洋人的日本纪行是一个可资参照的"完全他者"(tour-autre)。被著名学者平川佑弘称作"在野思想史家"的渡边京二,其著作《看日本:逝去的面影》和华盛顿大学教授苏珊·B. 韩利(Susan B. Hanley)的《近世日本的日常生活:暗藏的物质文化宝藏》均整理、研究了前近代(幕末明治初期前)赴日西洋人的日本论述,发现未被西方近代文明污染、侵蚀的日本是简朴、富裕、洁净、秩序井然的。仅以卫生状况为例,日本的"清洁"并非是西方近代文明东渐的产物。前近代

[①] 山室信一:《面向未来的回忆——他者认识和价值创建的视角》,载中国社会科学研究会编《中国与日本的他者认识:中日学者的共同探讨》,北京:社会科学文献出版社,2004年3月,第17页。

时期，江户城及其近郊街道的卫生状况甚至让英国的阿礼国（Rutherford Alcock，1809—1897）爵士震惊："他几乎从未遇到过因路有垃圾堆不得不绕道而行之事，而这在亚洲其他地方和欧洲都是屡见不鲜的。"① 难道东京便没有贫民窟，那里就没有"遍地皆粪"的胜景吗？1856年，刚到日本的哈里斯（Townsend Harris，1804—1878）在《日本停留记》中对下田近郊柿崎村的清洁感到不可思议："在世界上的任何国家，通常贫穷滋生肮脏，可在这里没有一点这样的迹象，他们的家里都保持着足够的干净和整洁。"② 由江户城变成东京不到10年时，爱德华·S. 莫尔斯（Edward Sylvester Morse，1838—1925）如此描述这里的贫民窟："在东京，大街小巷罗列着一排排极其简陋的棚屋。这里住着最贫困的人。在日本人眼里，这些地方是邋遢不堪的。可是和基督教国家的几乎所有城市里那些龌龊悲惨得令人发指的贫民窟相比，日本的贫民窟可说是很洁净了。"③ 而与此相对，劳伦斯·H. 拉森（Lawrence H. Larsen）在《19世纪的街道清洁：对污秽和沮丧的研究》，指出，1857年的纽约街道仍旧是"臭气熏天、令人作呕的垃圾堆"。④ 如此看来，韩利的论断——"从17世纪中期直到19世纪中期，日本的城市卫生要好过西方"⑤ 不过是道出了实情。

西洋人的震惊从一个侧面佐证了岸本能武太早在19世纪末便做出的一个论断——"就余在美国之所见所闻，可知日本人较美国人远为清洁。然余心中尚存疑虑；较之支那人或朝鲜人等其他东洋人如何？二者与我日本人何者清洁耶？幸而借此番战争，余有机会漫游辽东、朝鲜等地。……因

---

① 苏珊·B. 韩利著，张键译：《近世日本的日常生活：暗藏的物质文化宝藏》，北京：生活·读书·新知三联书店，2010年8月，第123页。
② 渡边京二著，杨晓钟等译：《看日本：逝去的面影》，西安：陕西人民出版社，2009年1月，第58页。
③ 苏珊·B. 韩利著，张键译：《近世日本的日常生活：暗藏的物质文化宝藏》，北京：生活·读书·新知三联书店，2010年8月，第131页。
④ 苏珊·B. 韩利著，张键译：《近世日本的日常生活：暗藏的物质文化宝藏》，北京：生活·读书·新知三联书店，2010年8月，第122—123页。
⑤ 苏珊·B. 韩利著，张键译：《近世日本的日常生活：暗藏的物质文化宝藏》，北京：生活·读书·新知三联书店，2010年8月，第122页。

此余愈加明白，此清洁实为日本人之特质，西洋既无，东洋亦无，乃我等日本人所特有之性质。"① 显然，"洁净"成为19世纪后半叶兴起的"日本人论"的重要关键词是有事实依据的。

有人会质疑：日本人也要排便，在日本进入所谓近代"文明时代"之前，彼邦就没有遍地粪便的情形吗？韩利的研究称，日本和西方在处理废水问题上最重要的区别在于，在日本，大家并不认为人类排泄物是一文不值的"糟糕"之物，而是一种颇具实用价值的产品。在18世纪早期，大阪地区新增了许多水田，肥料价格飙升，粪便必须要用银两来买。屎尿的价值如此之高，以至于其中不同成分的所有权竟分属不同的群体。在大阪，住户居民大便的所有权属于房东，小便属于租户。那些留在街边路人用的尿桶里的小便的收集权则归一个叫做渡边的贱民部落所有。尽管小便的卖价比大便便宜，但对其收集权的争夺同样无休无止。据安妮·沃索尔（Anne Walthall）的记载，在关东，粪便也是宝贝，农民为粪便的购买权也总是纷争不休，冲突不断。甚至有"极品"旅人会随身携带一个便器，用自己的小便换取食物或钱财。正是由于粪便的经济价值，结果是，普通百姓厕所的基本精神和上等人是差不多的，因为他们更愿意收集自己的"副产品"。② 此外，韩利还指出，日本民间的"厕神"信仰中的清洁卫生观也是其坚持清洁卫生态度的重要因素。③ 须强调的是，所有这一切都是在他们知道微生物和病菌的存在之前就产生了，与科学无关，与西方近代文明也无缘。如此说来，芥川们对中国遍地粪便的批评与"西方文明"基准又有多少必然的内在关联呢？

曾经的日本人连自己的粪便都要精心算计，这在今人看来似乎有些不可理喻。但，这一迥然有别于西方的东方文明真切地存在过。因此，毋宁

---

① 岸本能武太：『日本人の五特質』、東京：警醒社書店、1902年4月、第14—16頁。
② 苏珊·B. 韩利著，张键译：《近世日本的日常生活：暗藏的物质文化宝藏》，北京：生活·读书·新知三联书店，2010年8月，第116—119页。
③ 苏珊·B. 韩利著，张键译：《近世日本的日常生活：暗藏的物质文化宝藏》，北京：生活·读书·新知三联书店，2010年8月，第128页。

说，幕末明治的日本粪便，使当时的西方人在古老的东方国度日本发现了另一种东方的"价值"和"文明"。中国文学研究者井波律子称："本书打破了既有的阴郁的前近代观，将日本近代失去的东西，从根本上重新加以审视。"著名电视主播筑紫哲也评价："本书告诉我们，在我们生活的近代之前，有一个被我们扼杀、灭亡的文明。"① 显然，对于今天的日本人而言，阅读《看日本：逝去的面影》也不过是追随着渡边京二的步调，对自己的先人们曾弃若敝屣、今天已烟消云散的江户文明的一场再发现与再认识。

渡边京二的少年时代是在大连、北京度过的。在《看日本》的"平凡社文库版后记"中，渡边坦言，回到日本后，"在自己的'祖国'生活，我却始终感觉自己像是个异乡人"②。从这个意义上来讲，这部明治开国的社会志毋宁说是渡边氏试图越过受西方近代文明充分侵染的当代日本、通过自我相对化的操作，以整理"西风压到东风"前、幕末明治时期西洋人的日本旅行记中记述的、已被今人所遗忘的江户文明的方式，来确立日本人身份认同的"穿越之作"。渡边的写作显然是带着怨气和批判意识的，其潜在论敌正是将爱德华·萨义德的观念套用到西方人之日本论述的研究者们。在该书第一章中，渡边便强调：

> 萨义德所说的东方仅限于阿拉伯和伊斯兰世界。……萨义德的"东方主义"思想，作为最新的时尚智慧为日本的知识分子阶层所接受，并成为他们否定从日本开国到明治时期欧美人的日本印象的有力佐证。……但是，萨义德的"东方主义"概念作为一个理论范畴是不能简单地将其套用于日本的，日本的知识阶层对于其中的缘由没有意

---

① 渡边京二著，杨晓钟等译：《看日本：逝去的面影》，西安：陕西人民出版社，2009年1月，封底。
② 渡边京二著，杨晓钟等译：《看日本：逝去的面影》，西安：陕西人民出版社，2009年1月，第356页。

识，或者佯装不知。

……

当维多利亚时代的英国人将19世纪的日本描绘成精灵的国度时，日本的当权者们却像爱德温·阿诺德的例子中看到的那样，愤怒地否定了这一印象。那时，他们和萨义德的立场十分相近。也就是说，对于日本的当政者而言，国家的现状是为了在国与国的竞争中不被淘汰而发动全民进行政治经济改革，并为其付出不懈的努力和奋斗。对这一点置之不理而去赞美日本人的礼节、艺术品或者是日本的风景优美等是完全脱离现实的，是一味地将日本理解为固定的文化观念复合体的所谓"东方主义"的思想所致。[1]

究其原因，正如子安宣邦所指出的那样："黑格尔的'东洋'概念还束缚了试图与西方立场相一致的日本，其注视东洋的视线。"[2] 渡边所批评的"日本当权者"的愤怒对我们而言似曾相识。鲁迅在为老朋友内山完造的漫谈著作《活中国的姿态》作序时就批评其"有多说中国的优点的倾向，这是和我的意见相反的"。[3] 所谓忠言逆耳、良药苦口，"日本当权者"和鲁迅们以西方近代为赶/超对象的"怒其不争"中，多少包含着些在逆水行舟的紧要关头或"国将不国"的危亡时刻所取的"取法乎上，仅得其中"的激进策略，有失公允恐怕也在所难免。而在风平浪静的今天，我们该如何看待那些以中国、日本为对象的赞美抑或非难？芥川、内藤们对中国的贬损中，是否存在着有别于西方近代文明的另一种/多种基准，据此我们是否会得出有别于萨义德式东方主义的另一种阐释？在渡边看来，"我

---

[1] 渡边京二著，杨晓钟等译：《看日本：逝去的面影》，西安：陕西人民出版社，2009年1月，第11、14页。
[2] 子安宣邦著，赵京华编译：《东亚论：日本现代思想批判》，长春：吉林人民出版社，2004年9月，第33页。
[3] 鲁迅：《内山完造作〈活中国的姿态〉序》，内山完造著，尤炳圻译：《活中国的姿态》，兰州：敦煌文艺出版社，1995年12月，第2页。

们不必害怕如果按东方主义的标准,上述事物将会被贴上落后、封建的标签,因为我们知道我们完全可以从不同的角度去认识这些事物"。[1] 大概,这便是 150 年前的那些粪便之于今天的价值与意义。

(原载《中国图书评论》2011 年第 11 期)

---

[1] 渡边京二著,杨晓钟等译:《看日本:逝去的面影》,西安:陕西人民出版社,2009 年 1 月,第 14 页。

日本文学家的战争责任研究的
六个层面与未竟课题

一、政治激情的消退与学术理性的凸显

从学术史的意义上而言,中国知识界对日本战争文学、侵华文学的"问题提出"并不算晚。管见所及,早在1939年,沈沉和崔万秋就分别在《新动向》和《抗战文艺》等刊撰文,讨论"笔部队"和战时日本的战争文学。前者将战争文学喻为"法西斯御用的""刺刀下的'乌鸦文学'",并对其大加嘲讽;[①]后者则以短小的篇幅对"卑屈阿谀""恐怖于时代权力之前"的战争文学家及其创作进行了指向明确的批判[②]。1942年,张十方在《精忠导报》连载系列观察《战时日本文坛》,同年由前进新闻社出版了同名著作。这本51页的小册子与欧阳梓川所编61页的小书《日本文场考察》(文化书店,1941)代表了其时身在战局硝烟中、亡国灭种的危机下中国文化人对同时代日本文坛状况的即时观察与批判,作为史料具有"立此存照"的价值。尽管具体论述对象略有差异,但对火野苇平、石川达三、上田广等彼邦同行们失节于法西斯政治权力的怨愤是共有的政治激情,当然,那或许正是一种难以取代、难以否定的时代感觉。

而战后的数十年间,相关讨论则近乎沉寂。粗略观之,战后中国学界对日本文学的关切对象先后主要集中于无产阶级文学研究、对经典作家以及大众文学作品之阐发与研究上。受时局波谲云诡的起伏、不同时代文学趣味的变迁以及对日本文学"全黑时代"的价值认知取向诸因素影响,直到20世纪末才出现了对日本战争文学的重要分支——侵华文学进行历史

化和整体性批判的研究著作。自王向远的《"笔部队"和侵华战争——对日本侵华文学的研究与批判》③出版以来,该领域研究渐受瞩目,但在中国的日本文学研究界依然是边缘化的小众研究方向,作为研究论题的战争问题在日本文学研究领域由边缘向中心的移动并骤成风尚还是较为晚近之事。

近年来,东亚地区的剑拔弩张的政治局势虽时见和缓,但整体态势依然让人忧虑。作为对现实的某种回应,在庙堂与江湖之间,撩拨两国读者敏感神经的历史遗留问题、战争责任论说等频现纸上。克罗齐(Benedetto Croce,1866—1952)说,"一切真历史都是当代史",他主张历史叙述者要借助对当前生活的关切来观察过去,基于当前的思想和兴趣来阐释史事。如此看来,近年来我国学术界日本战争文学研究的繁盛作为一种现实关切,庶几可以获得一种具有现实对应性的认知视角。必须承认,借时代的"东风",日本侵华文学、战争文学以及日本文学家的战争责任研究确乎获得了空前(是否"绝后"难说)的外部环境,在学界同仁的努力之下,长期遭漠视的冷门方向获得了一定程度的重视和补强,这自然是让人欣慰的动向。然而,同时亦应认识到,任何跨越时空的"审判/裁断"与"被审判/被裁断"绝非可举重若轻的作业,由于论题过于沉重,我们需要建立在对一手文献广泛勾稽、对文学史料做具体辨析基础上的临场感,以及历史研究所必要的虔敬;建基于此的历史论述也必然会遭遇到若干矛盾、两难与踟蹰,而绝非可以一言以蔽之的斩钉截铁。面对"战争责任"这一论题,须知允执厥中的"审判"论说亦当以严谨扎实的实证和责任伦理的自觉为必要前提。而今,当我们试图审慎、负责地讨论日本文学家的战争责任,便有必要适当稀释政治激情、凸显学术理性,非此恐无以建立起自主、平

---

① 沈沉:《战时日本文坛诸态》,载《新动向》1939年第1期,第19—22页。
② 崔万秋:《战时日本文坛动态》,载《抗战文艺》1939年第12期,第180—181页。
③ 王向远:《"笔部队"和侵华战争——对日本侵华文学的研究与批判》,北京:北京师范大学出版社,1999年7月。

衡的文学史和思想史认知框架。

二、"里三重"：极端语境下个人选择理路的进入路径

有关日本文学家战争责任的学术论述至少应在材料、视野、观念和方法上处理好六重关系。我想先来讨论对战时日本作家的处境、选择理路及其战争文学创作实践时的进入姿态，权且将其称作"里三重"。

（一）公私关系。战争时期（不限于侵华战争时期），日本作家的战争文学从其观察路线设定到文学创作无不受到官方、军方强力的规制和约束。据战时因写作战争文学而名利双收的火野苇平回忆："当时，对笔部队的限制是很大的。"具体的限制条例包括：1. 不得写日本军战败；2. 不得写战争的黑暗面；3. 必须把战斗着的敌人描述得极其可憎、下流恶心；4. 不允许写作战的全貌；5. 不许写部队的编制和部队名；6. 不许把军人描述成人，分队长以下的士兵尚可有些性格描写，小队长以上者必须描述为人格高洁、沉着勇敢；7. 不许写女人的事。① 这意味着，在极端语境下，无论是从军作家或后方的一般战争文学作者的自由发挥空间都极其有限。战时，石川达三因《活着的士兵》揭露了战争真相而获罪、火野苇平因"士兵三部曲"的畅销（总销量达 300 万部以上）而名利双收的不同下场已经为文坛树立了正反双向的范例；加之战时新闻审查制度的强化，日本文坛在整体上陷入"霍布森选择效应"② 的困境。然而，若无视作家活动、言论和创作背后的国家权力运作机制，只将视域局限在作家个体沿着国策高压线写作中的相关问题，并对其个人做道德判断、或以其为标本上升为"国民性"批判，则不免会有擒住"犹大"而放走"总督"之虞。"犹大"固然

---

① 火野葦平：「解説」、『火野葦平選集』（第 2 巻）、東京：創元社、1958 年 11 月、第 406—408 頁。
② "霍布森选择效应"（Hobson choice Effect），是指一种无选择余地的所谓"选择"，是一种小选择、假选择。

可鄙,亦应基于严谨切实的实证研究予以批判,然而探明"犹大"与"总督"各自的位相及其相互之间微妙的互动、调适关系毋宁说是更具原理意味的工作。

(二)言行关系。战后因虑及战争责任追究和亲亲相隐、为尊者讳等因素,日本文学界、学术界在编修相关文学家的文集、全集时,常对其固有著述"上下其手",经过"整容",不少作品被湮没在历史地表之下,成为文学史上的"弃作"。"抗拒遗忘",全力稽考全集中被剔除的部分并据此揭示出被遮蔽的另"半边脸"毋宁说正是文学史家的职责所系。而若对"全集"的名号信以为真,只将视野局限在日本文学界"给定"的范围内,而对其缺乏必要的警惕与质疑,不能在其之外对相关文学家涉战活动、言论与创作做绵密的原典实证考察,信其说了即是做了、没说约等于没做,如此将不可避免地导致相关判断的失误,甚至出现文学史"冤案"。我们既须注意对作为政治境况、国际关系之"再现形态"的文学文本之解读,揭示其中所承载的观念问题;亦不应忽略对作为"政治参与者"的文学家之涉战活动、言论的精细查勘。唯有建立起活动、言论和创作三位一体的多维视野,言行并举、虚实兼顾,方可揭示法西斯总力战体制下,文学家个体的处境及其选择理路的内在复杂、暧昧,烛照在国家权力肆虐的极端语境下人性的幽微之处,据此得出的结论才可能具有超越日本文学史和思想史的普遍意义。

(三)情理关系。孙歌在接受《朝日新闻》采访时指出,"以国家为单位整理加害与受害关系是必要的。但仅凭国与国的关系去思考便无法洞穿历史的本质。以国家的视点观之,人就似被权力摆布的玩偶一样的存在;然而从生活的视点来看,人绝非玩偶"。[①] 作为战争的加害方,日本对中国负有难以推卸的战争责任,这一点毋庸置疑,亦是国际共识;战争责任之追究也应是超越"时效性"的学术、政治议题,对战争时期文学家个人行

---

① 孙歌:「国家の枠を超えて」、『朝日新聞』2014年8月27日、12面。

止的实证考察与批判也有着不容否定的学术价值（事实上，相关的实证与阐释还远远不够）。但长远地看，民族主义情绪的宣泄终不能替代原理性的沉思。时至今日，若我们仅满足于对文学家个人的批判，不能在一定程度上超越简单的"受害者"心态与意气之辨，不能超越静态的单向投射视野，甚至超越中日双边的阐释框架，不能作为人类命运共同体中之一员，在历史脉动中将复数的个体经验置于多边框架下，推向对其背后种种制约机制以及身在其中的"人的处境"之普遍化、原理化思考，仅"动之以情"而不能"晓之以理"，那么，这些散在的个案研究便无法为我们提供有效的历史经验，更无法营构出有效的国际对话空间，共情、共识、打破阿伦特所谓"暴力的锁链"更是无从谈起，结果只能是愤懑了自己。高桥哲哉在讨论日本的"战后责任"时，从词源的意义上将"责任"（responsibility）一词进行了拆解，将其解释为"应答可能性"，并指出"应答责任超越国境"。① 他试图批判的是在责任讨论中，日本无视亚洲邻国政治关切的闭目塞听。从这个意义上而言，我们有关日本文学家战争责任的讨论似亦应揖别自说自话的封闭状态，关注国际学界的进展并回应其关切与挑战，在材料、视野、观念和方法上，有必要在开放的格局下寻求国际对话的可能。

三、"外三重"：视界拓展及其可能

实际上，作为一个沉重的思想课题，近年来在中国学界被目为新对象的日本战争文学以及文学家战争责任问题等在日本却并不新鲜，甚至已有相当丰厚的学术和思想累积。如果说"里三重"处理的是"战时"相关问题讨论的思路，那么同时亦应认识到，在战后初期所特有的政治、文化语境下，带着深刻、沉重的战争体验，那些"一身经二世"、继往开来的日

---

① 高桥哲哉著，徐曼译：《战后责任论》，北京：社会科学文献出版社，2008年6月，第7—19页。

本文学家、思想家们曾围绕该论题展开过激烈的论争，留下了大量重要而丰富的文学史和思想史文献，这是今人"接着说"时不应绕过的思想阶梯，也应是我们在特定视角下观察战后日本文学、思想流变轨迹及其未来走向的重要基点。将战时、战后的相关问题予以整体观照，将有利于我们在连续性、关联性视野中将讨论推向深化。而面对战后初期至今日本学术界、思想界的战争文学叙事本身的思考与研究，我们则应处理好如下三重关联。在结构上不妨称之为"外三重"：

（一）纵向关联。要意识到战中、战后的"点"与"短20世纪"的"线"之间的关系，"以点带线"将使对相关文学家个体的战争责任追究失去历史依据。一方面，在作家个体精神意义上的"小历史"与民族国家层面的"大历史"之交错中，常会出现影响-被影响、制约-被制约的对应性。从政治高压的"转向"时代到战时的法西斯军国主义时代，再至战后盟军占领时代，短短20多年间，国际、国内局势的风云变幻确实也曾深刻影响甚至决定了日本文学家的际遇与抉择，造就了一大批时代的"弄潮儿"。若缺失了"战前-战中-战后"贯通视野而将三个时段的问题分而治之，则将难以洞悉同一位作家的活动、言论和创作何以因战局、时局的转换而呈现出不同的样态，从而无法建立起具有内在一致性的作家论，亦无法在同一坐标系中描绘出文学家思想演进的轨迹，为一系列的"转向""逆转向"寻见思想根由，结果只看到外在的"断裂性"却不能把握其内在的深刻"连续性"，最终陷入"只看战时则看不懂战时，只看战后则看不懂战后"。但另一方面，也必须了解，面对法西斯暴力，也有少数永井荷风这样一些时代孤独者，他们拒绝时代风潮的裹挟，立根破岩，始终如一，在受到严重挤压的言论空间中作为江户趣味的赓续者坚守着艺术至上主义堡垒；也有如藏原惟人、宫本显治、中野重治、宫本百合子这般因坚持马克思主义信仰或遭封笔禁言、或身陷囹圄的倔强个体，他们也以其个人的言论、实践给予时代以另一种"非主流"的回应。以"战前-战中-战后"纵向关联的视野揭示这些以纯粹政治史的逻辑虽然难以处理，却有着重要意义的个案之原理及其恒远价值，庶几可为"战争文学""战争责任"的讨论别开生面。

（二）横向关联。无论是"一亿总忏悔"还是具体的战争责任追究，政治重压实为战后包括文学界在内的日本各界所共有。从这个意义上来说，文学界的论争不可能是一块与外界绝缘、可以独立自足的无机"拼图"，必然始终是与其他领域的讨论经脉相连，声气相通的有机"血肉"。文学家不仅是"呈现者"，更不得不成为时代政治议题的"参与者"。战后至今，日本思想界的多次相关座谈会总有文学界人士参与讨论，而文学界的座谈会也有历史、新闻、法学界的菁英侧身其间——有关战争责任的讨论原本便是跨界的。相应地，我们的研究也应是跨界的。若将文学界的论争从彼邦思想界、政界的相关讨论中剥离出来，将讨论局限于文学界内部，其结果只能是"只读文学却读不懂文学"。因此，有关日本文学家战争责任论争的学术论述宜将研究对象置于战后日本知识界、思想界的整体场域中予以考察，呈现其中的多重纠葛，而不可安坐井底，做孤立化之思。

（三）内外关联。战争责任追究本就是一个天然的"国际化"议题，是冷战结构下来自国际政治力量多边复杂博弈的结果。正如我们无法脱离了冷战语境下的东京审判、盟军的日本占领、美日旧金山媾和去考察文学家被开除公职的情况及其周边事态，我们也无法脱离战后同为战败国的德国战争责任追究的可参照视角、雅斯贝斯《罪责论》日译本的出版（1950年）对日本相关讨论的巨大影响，将日本问题做绝对化处置。因此，若脱离了对战后日本复杂、纠缠的政治、文化语境的深刻洞察，而以单纯的一元视角、后设立场去谈，便只会导致只见树木、不见森林。同时，我们也有必要自由地进出文本，将"入乎其内"（至少应包括文本细读、对日本国内政治文化语境之详考）与"出乎其外"（文本之外诸因素的观察、日本视角与国际间视角的融通）有效结合，内外融通，表里兼修。

四、"不了了之"的结构及文学史家的课业

明治维新150年过去了。蓦然回首,你会发现在思想史的深层,近代以降日本的成败大都与明治时代的历史遗产之间存在着各种显在或潜在的关联,今日日本的思想困境亦大多可以在那个时代寻见"未完结"的根由。同样地,在中日关系出现艰难局面之时,我们似乎亦有必要立足于对现实困局之沉思而反向回溯,将战后初期文学界、思想界的战争责任论争以及绵延至今的思想进路问题化,非此无以知当今之"所以然",未来之"将若何"。

然而,战后初期文学界的战争责任论争虽高开低走、最终暂时性的偃旗息鼓,但相关讨论一直绵延至今而未绝。鹤见俊辅曾指出,日本近代思想史与西方哲学史相比,其内里存在一种"循环性"法则:"此前曾提及的问题,又以完全相同的形式提出来,回归到与此前状况相同的方法上来。"[1] 而究其症结,恐怕正是内在于日本思想史的"不了了之"之疾。丸山真男认为:

> 思想没能在对抗和积累的基础上历史性地形成构造,这一"传统"表现得最明显而又滑稽的例子,便是日本的论争史。……在日本,大多数的论争往往没有就某些问题进行分析和整理,也没有明确归结出遗留的问题就不了了之。过了很久以后,因某种契机又对实质相同的题目展开论争,这时也并不是从前次论争所到达的结果出发,而是每回都一切从零开始讨论。[2]

---

[1] 久野收、鶴見俊輔、藤田省三:『戦後日本の思想』、東京:講談社、1976年4月、第14頁。
[2] 丸山真男著,区建英、刘岳兵译:《日本的思想》,北京:生活·读书·新知三联书店,2009年5月,第5—6页。

若我们对"不了了之"的内在结构不以为意,而不去追问何以"不了了之",又将错过理解战后日本文学与思想演进的重要线索。"风流总被雨打风吹去",70多年后当我们试图在"沉沙"中寻求"折戟",你会发现亟待我们处理的课题尚有许多,诸如:

(一)战后初期有关日本文学家战争责任论争的参与各方何以被研究者视作具有高度向心力的文人集团,其内部没有睽异与分裂吗?文学界战争责任的追究走向破产只是旗帜鲜明的敌对双方短兵相接、激烈对决的结果吗?从文坛史的意义上来说,背后是否存在着一系列复杂的力量分化与重组?

(二)我们何以只满足于浮在纸面的风波而无视纸背意蕴,疏于探求论争中的言说立场、修辞策略及其背后之真意?文坛各派的党伐仅仅根源于明里可见的理念歧见,抑或其背后别有幽怀?

(三)往者已矣,但对于抗拒遗忘的治史者而言,还应关注在相关问题走向风化的"进程"中,论战诸方基于个人战争体验与认识、战后现实诉求基础上的复杂博弈进程中所提示出的诸多拐弯路口、声音与可能性是如何被有意无意地——否决或破坏掉的?而此即如丸山所言:"我们在探讨思想至今的状态、批判样式或其理解方法时,如果其中存在妨碍思想的积累和形成构造的各种契机,就应对这些契机逐一地不断追寻其问题之所在,虽未必能追寻到究极的原因,至少也能从现在我们所处的地点出发,开拓出一条前进的道路。"[1]

(四)文学界与政界的战争责任追究存在着怎样超越文本的勾连?倘若借鉴卡尔·雅斯贝斯的罪责分类,前者的追究是法律、政治追究、道德抑或是灵魂意[2]上的追究,其间是否存在着模糊、交叉抑或相浃相溃之处?盟军总司令部开除相关文学家公职后又撤销相关惩处所依据的法条是什么?

---

[1] 丸山真男著,区建英、刘岳兵译:《日本的思想》,北京:生活·读书·新知三联书店,2009年5月,第5页。
[2] 雅斯贝斯著,寇亦青译:《罪责论》,上海:上海译文出版社,2023年10月,第6—8页。

断罪考量的基准又是什么?

（五）追究者们如何处理"犹大"与"总督"之间的关系，其背后的制约机制若何？

（六）风物长宜放眼量。事后经历了长时段的历史观察与思考、获取了更为全面的信息和更为宏阔的视野后，年轻气盛的批判者们在阅历增长后，在对战后初期的一系列论战进行历史化、相对化操作时，在私家文学史著述中如何看待、叙述历史剧情中的自我及其论敌，是依然固守原初立场还是经历过自我修正甚至自我否定的过程？论战的敌我双方是逐渐找到了某些共识还是依旧故我？经历了历史沉淀后，当下的"战争责任论"与前人之间又存在着怎样的继承与变异关系？

凡此种种，都是战后初期的日本文学界战争责任论争问题留给今天的文学史家们有待回答的课业。阿伦特认为切断暴力的锁链须介入其中，并将其切断，她将这种介入的路径归结为宽恕和惩罚；高桥哲哉在此基础上予以修正和发展，提出了"审判和宽恕"的介入维度。[①] 对以上诸问题的严谨追索与解答，在某种意义上是对历史的"再审判"，由此获取的历史经验对今人乃至后来者而言才是至为重要的，因为这不但关涉到我们对战后日本文学史、思想史源流的理解，更关系到东亚和解的历史进程，而这一切必有赖于对文学史、思想史细节的深入考辨与细致阐发。为此，唯有回到历史现场，从枯燥、平面的文学史论述中拯救出个体鲜活的纠结与烦恼，以置身其中与一手文献搏斗、与相关当事者对话的在场姿态和内在视角"接着说"，才能在思想重镇们的支撑下，为下一次"接着说"搭建一级牢靠的阶梯。

（原载《读书》2018 年第 7 期）

[①] 高桥哲哉著，何慈毅、郭敏译：《反·哲学入门》，南京：南京大学出版社，2011 年 1 月，第 97 页。

"跨战争"视野与"战败体验"的文学史、思想史意义

一、向下超越：从"鱼缸文学史"到"江湖文学史"

法国作家乔治·巴塔耶（Georges Bataille，1897—1962）曾指出："文学的优先行动是一种挑衅。真正的文学是富于反抗精神的。真正的作家敢于违抗当时社会的基本法规。文学怀疑规律和谨言慎行的原则。"[①]若以此指针衡量，那么论者认定昭和初期的日本文学是文学史上的"暗黑时代""全黑时代"，战后初期文学亦乏善可陈[②]是无可厚非的。因为在那些时代，政治威权几乎使反抗变得不可能。然而，这一适用于法国文学的价值准则对于标榜"脱政治"传统的日本文学史家而言，却似乎不足为训。对于后者而言，对昭和初期、战后初期文学的不待见，恐怕是在"脱政治"的纯文学观念下通过单一的审美尺度对法西斯政治权力肆虐的"无美文学时代"进行价值衡定的结果。如果我们知道，文学史与政治史、社会史、经济史一样，不过是一种特定视角下的历史叙事，那么历史叙述者们所要面对的就不仅仅是被评论家和学者们提纯了的船舶（流派、社团）、乘客（文学家）和勋章（代表作）[③]，更是承载这一切的江河湖海。混沌的水中生活着各种浮游生物、微生物、水草、大鱼小虾和鲸鲨鲗鳄等，它们之间也存在着各种形态的水下丛林法则，相互成就、相互牵制、相互厮杀。你认为的"鹰击长空，鱼翔浅底，万类霜天竞自由"，恐怕也并非如此，因为白鹳和鱼鹰之类也会常常置喙水中讨生活。这种自然生态是绝非以净水、鱼食养育着观赏鱼的封闭鱼缸之原理可以通约的，因为后者是人工的、封

闭的、单调的，而非自在的、开放的、丰富的。通过"鱼缸文学史"，我们看到了后来者人为营构出的、未必实然的日本式审美传统④。他们试图获得的是某种一元、单向文学史观下的规律性或某种本质性、绝对化的民族身份认同，并据此认知、解释日本文学、文化现象和问题。然而，就如同安德鲁·戈登所批评的那样，所谓"日本性"实则是近代以降人为拼凑、虚构的产物：

> 日本各岛虽然位置上邻近，但岛上的森林、山脉及短急河流却有碍交通运输，政治上不易统一。今天的日本政治上团结，民族认同感强烈，乍看即会把此种团结及民族情感归因到其源远流长的历史，其实这是错觉。在近代以前，中央政权大都仅在首都周围，除此以外地区的统治能力十分有限。……地方统治者仍具有相当大的自治权力。今天所说的日本共同文化，能见于当日（德川时期）一般民众者其实并不多。所谓日本是个万众一心的地方，人民因此能组成一个团结的民族，此种看法是现代才形成的观念。"日本性"其实只不过是硬拼凑起来的认同概念，与其地理实况并不相称。⑤

不唯海外学者如此评述，战后日本作家、学者中亦有持此论者。战后初期，坂口安吾（1906—1955）就曾直言月旦："所谓传统、国民性里时而隐藏着这种谎言。大凡与自己脾性相悖的习惯和传统，人们都必须去背

---

① 乔治·巴塔耶著，董澄波译：《文学与恶》，北京：北京燕山出版社，2006年11月，第177页。
② 约翰·W. 道尔著，胡博译：《拥抱战败：第二次世界大战后的日本》，北京：生活·读书·新知三联书店，2008年9月，第160页。
③ 王升远：《作者荐书》，载《解放日报》2017年12月23日（第6版）。
④ 从本居宣长等江户的国学家直到川端康成、谷崎润一郎、保田与重郎等作家或军国主义吹鼓手，近世以降日本文化民族主义者对所谓"传统"的"制作"未曾止息。
⑤ 安德鲁·戈登著，李朝津译：《现代日本史：从德川时代到21世纪》，北京：中信出版社，2017年10月，第3页。

负，就好像自己生来就希望那样做似的。因此，以前日本通行的事，不能因为它以前一直通行，就将其奉为日本的经典。"① 回顾过去，子安宣邦也坦言："战后我们的历史认识、历史研究，不正是从与'从日本内部、结合日本现实观察日本'之类与日本同一性（日本原理）相关的、国体论式的历史认识和历史言论之斗争开始的吗？"② 这类批判与川岛武宜、柳田国男、和辻哲郎、道格拉斯·拉米斯等人战后对鲁思·本尼迪克特名著《菊与刀——日本文化的类型》的批评是相通的。③ 强调在战后初期海外学者以及川岛等人对日本国民性讨论的参与，意在凸显"日本之外"的横向视角和军国主义宣传的束缚消解之后的自由主张与民间立场。从文学史的意义上而言，上述这类人为提纯和制作出的"审美传统""日本精神"，与文学史涵育万物的阔大、混沌、多样性和包容性必会形成难以克服的对立，因为后者更多地映照出了人性的本能、人世间的本真。而当我们将重心下沉到后者层面，便有可能进入被传统文学史熨平的历史褶皱，从文学史的实然层发现新的思想资源、召唤出新的叙事动力，从而赋予文学史叙事以新的生产性和批判性。"水至清则无鱼"，我们毕竟无法用"鱼缸"来拒斥"江河"。

鱼缸赠我以美，江河馈我以真，二者虽花开两朵，但各表一枝，各美其美，其面向、功能有所不同，却又相互勾连，在不同的时代有着各自不同的位相和关系形态。丸山真男曾以类似逻辑区分了政治思想史的两个不同向度：一是广义政治学领域中归属政治理论学科分科下的政治思想史研究，二"则归属于包括政治、经济、教育、艺术、宗教等在内的人类文化活动的整体领域"。④ 在认识论层面，以同样的逻辑思考"文学史"的不

---

① 坂口安吾：《日本文化之我见》，载坂口安吾著，高培明译：《堕落论》，北京：新星出版社，2018年7月，第4页。
② 子安宣邦：『日本人は中国をどう語ってきたか』，東京：青土社，2012年12月，第311頁。
③ 详见本书《帝国的"颜面"》一章相关论述。
④ 丸山真男：《关于思想史的思考——类型、范围、对象》，载丸山真男著，区建英、刘岳兵译：《日本的思想》，北京：生活·读书·新知三联书店，2009年5月，第80—81页。

同层级也似无不可。落实到昭和初期、战后初期的日本文学史叙事上来，揖别"鱼缸文学史"，回到"江湖文学史"，是一个重要的赋值维度调整，被以单纯的审美原则为由拒斥于传统文学史叙事之外的失踪者们（例如战争研究视域下的殖民地文学、宣抚文学、返迁文学、战争文学，或旅行文学等非虚构类型文学等）将被激活，从而成为冲击既有文学史定见、定论的学术、思想资源，而事实上这些也确是近些年来国际日本文学研究疆域拓展、业绩累积的重要分野。

从"鱼缸文学史"到"江湖文学史"并非观念层面的、不及物的概念置换和观念调整。从昭和初期到战后初期，这是一个美学意义上诸神流窜、文学被放逐的时代，"鱼缸"碎裂，文坛几乎沦为"无文之坛"，文学创作、思想表达遭受政治权力的严重袭扰、清剿和宰制，文学家觳觫不已，文化人大多遭受到"降维打击"。当我们在历史维度上前后略作延展，就会发现，无论是"转向"时代、军国主义时代抑或战后初期的盟军占领时代，文学家、思想家大多都无法超然于时代政治之外，他们常被裹挟进民族国家大历史，主动或被动地成为社会、政治议题的参与者、介入者，日本文学被评论家和文学史家们称扬的"脱政治性"难以为继，甚至成为战后评论家们批判的渊薮。换言之，"鱼缸"中的观赏鱼被放逐到混沌浊臭的江河之中，无人饲育，生死未卜。

然而，从文学史叙事的意义上来说，"文"虽乏善可陈，但"坛"依然存在，"史"依旧可写。战争、战败作为一种堪称"反应装置"的特殊历史空间，正为我们提供了验视日本文学家精神质地、考察日本文学根本属性的、不可多得的极端语境。较之素常，无论是"八纮一宇"、征服、凌虐的近代对外侵略史，抑或"拥抱战败"、被征服、被改造的盟军占领史，都更能让人看清哪些是虚构出的"文学传统""日本精神"，哪些才是真正的"执拗的低音"。战后，坂口安吾坦言："特攻队的勇士只不过是幻影，他们不是从成为黑市商人的时候才成为人的吗？圣女般的寡妇也不过是幻影，她们不是从心中思念新情郎的时候才开始成为人的吗？天皇或许也不过是幻影，真实的天皇的历史说不定会从他成为普通人的时候开始。"① 打破明治以降文化民族主义者、军国主义者所制造的神圣、纯美的幻象，回归人性本真，正是战后初期在日本影响巨大的战后派、无赖派文学之基本特质。如此说来，思考昭和初期直至战后初期文学时，我们的考察对象除了形而上层面的审美问题，还可以是"去神化"之后、形而下层面的"人"的问题和江湖问题——它们原本便是文学史的有机组成部分。如果说，前者要求研究者摆脱本能和直觉的"向上超越"，那么回到直觉、本能所展示的现实关系层面，实现"向下超越"则是后者向史家提出的课业，它要着力呈现的是文学家个体与个体，个体与群体，文学与时代，文学与政治、社会之间的复杂作用关系。带着这种观念，我们将觅得对昭和初期、战后初期的日本文学史、思想史的另一种或多种切入维度与书写路径，发现前述诸要素之间复杂交错的互动和调适关系；更可以以昭和初期、战后初期的日本为方法，在"人"的层面发现超越日本文学史与思想史的普遍意义。

二、"跨战争"视野："战败体验"不等于"8·15体验"

作为一部兼顾文坛史的文学断代史，川西政明（1941—2016）无疑在《昭和文学史》三卷本中已意识到基于单一价值的审美取向处理昭和文学史的先天不足，并做了一些有益的尝试。在该书后记中，著者对其写作旨趣做了一番"夫子自道"：

（一）……本书之目的在于写作一部将明治、大正、昭和、平成四个时代贯通起来的文学史。在反复思忖写作方法之后，我决定将其

---

① 坂口安吾：《堕落论》，载坂口安吾著，高培明译：《堕落论》，北京：新星出版社，2018年7月，第80页。

命名为"昭和文学史"。这是因为我觉得"20世纪日本文学史"的说法过于严肃了。……(三) 20世纪被称作战争与革命的时代。一直以来,文学史只写革命,却不写战争。本书内容也包括了20世纪文学的重大命题——"战争与文学"、"文人与战争"。(四) 基于同样的旨趣,我写作了"日本与亚洲"的部分。[1]

从芥川龙之介之死(1927年)写到"村上龙、村上春树之登场"(1970—1980年代),川西带着"20世纪"的观念却写出了一部"昭和文学史"。在我看来,以昭和时代(1926—1989)观照和命名"20世纪"的日本文学并非仅仅是因后者"过于严肃"之故,"昭和"也是"40后"的川西这代人对"20世纪"的认知方式。特别值得注意的是,在上述引文中,川西将"20世纪"称作"战争与革命的时代",这让人不由得想到了艾瑞克·霍布斯鲍姆的"短20世纪"之说。他认为,"短促的20世纪时期,即从第一次世界大战爆发起,到苏联解体为止,如今回头看来,应该属于一段具有前后一贯性的历史时期"。[2] 在时限意义上,"短20世纪"显然已覆盖了漫长的昭和时期。当然,以"世纪"还是"年号"为单位认知历史、并为其断代,这其中也有些尚需理顺的逻辑前提。就如柄谷行人所指出的那样:

依靠明治、大正、昭和这些年号来区分历史,就会组成一个独立的话语空间,而忘却了与外部的关系。如果是这样的话,全部放弃用年号的区分而用西历来思考即可吗?然而,也行不通。"明治文学"并不能单纯用19世纪和20世纪这样的概念来叙述,舍弃明治这个固有名词的话就会使某些东西消失。但是,这并非意味着日本存在着独

---

[1] 川西政明著:『昭和文学史』(下卷)、東京:講談社、2001年11月、第590—591頁。
[2] 艾瑞克·霍布斯鲍姆著,郑明萱译:《极端的年代(1914—1991)》,北京:中信出版社,2014年3月,第6页。

特的"位相"或者封闭在内部的时间和空间。相反,这个固有名词包含着与外部的关联性,不允许内部的完结。而且,"明治的"或者"大正的"未必与天皇的在位时期严格对应。我们称呼"明治的"或者"大正的",只要它们象征某一段历史的结构,就可以说它是确实存在的,废弃这样的名称就等于舍弃了这一段历史。……每个地域都有其各自固有的话语空间,一定也有时代的划分。用西历思考的时候,这一切就会失去。①

如此说来,川西以"昭和"为单位,打通了1945年8月15日的"阻隔",在保留了这一时期"历史结构"的同时,兼顾了日本与亚洲诸国的连带性,成就了一部具有"短20世纪日本文学史"特征的著述。

1945年8月15日,"玉音放送"中裕仁天皇宣读了《终战诏书》。战败不仅深刻影响了日本本国的历史走向,也在很大程度上型塑了东亚地缘政治格局和冷战背景下的国际关系构图。从全球史的意义上来说,1945年日本的"再度开国"是一个重要的转捩点;而在日本史和东亚史的意义上而言,"8·15"又别具意味。小金芳弘认为,"在日本,历史回转的分界线出现在了八月十五日"②。作为军国主义覆亡的隐喻符码,"8·15"始终是一个"咒怨",在东亚地区盘桓不去,它就像一条指向未来的射线,频现于战后日本文学、思想文本和人们的语言生活中,在一些特殊时刻,又会作为一种历史资源被激活,时而成为照亮当下和未来思想进路的光源,时而又成为右翼思想家推动日本从宪法规定的"和平国家"转型为"正常国家"的悲情原点。"日本最漫长的一天""24小时维新"③ 存在于硝烟甫

---

① 柄谷行人著,王成译:《历史与反复》,北京:中央编译出版社,2018年1月,第48—49页。
② 小金芳弘:『小金芳弘・戦中日記』、神奈川:東海大学出版会、2009年5月、第154頁。
③ 大宅壮一:《序》,载半藤一利著,杨庆庆、王萍、吴小敏译:《日本最漫长的一天——决定命运的八月十五日》,重庆:重庆出版社,2009年3月。

定时的作家日记中,也存在于医院、剧场里,存在于广场、街头上,更存在于国内、国际各种政治协约和法规条文间;它是时人笔下的精神志,更是后来者眼中的墓志铭。加藤典洋的《战败后论》、白井聪的《永续战败论》等著自不待言,时至2012年,子安宣邦还是将"8·15"与"3·11"并论,直言:"今年的8月15日,我在重思'战争'的结束方式,或曰终结方式。之所以作此思考,是因为我们正直面终结日本'原子能发电'体制之难。终结'原发'体制,是一个在结构上与日本的亚洲及太平洋战争之结束方式、终结方式深刻关联问题。我认为有必要将"8·15"和"3·11"并行思考。"① 非但日本学者作如是观,海外学者亦大有持此论者。如澳大利亚学者加文·麦考马克（Gavan McCormack）就指出,"日本的危机接连不断,不仅仅有其政治原因和经济原因,根源在于60年前被占领期间日本所选择的认同方案"②。如果我们将战后至今70余年的文学史、思想史历程视作一个断代史意义上的"源流",那么"8·15"似乎始终是其毋庸置疑的"出发点"。日本现代文学史叙事也往往以此为限便宜行事,强调天皇制的瓦解、盟军占领等政治事态的发生及其影响对战后社会结构、文学思想全面而深刻的改造和塑形。从结构断裂和思想新变的意义上来说,应该承认,如此界分是不无其合理性的。

但事实上,对不同阶层、群体的日本人而言,1945年8月15日的意义实不可同日而语,就像安德鲁·戈登所指出的那样:

> 根据他们（日本人）日后回忆,8月15日中午这一刻是"再生"的开始,过去的价值及经验立马失去了其合法性,他们决定无论为个人也好,还是为整个民族也好,都要探求一个全新方向;另一些人原

---

① 子安宣邦:『日本人は中国をどう語ってきたか』、東京:青土社、2012年10月、第263頁。
② 加文·麦考马克著,于占杰、许春山译:《附庸国:美国怀抱中的日本》,北京:社会科学文献出版社,2008年11月,《序言》第3页。

来已为空袭所困，天天挣扎于粮食与居住问题中，显得一片绝望与消极；还有一些人决心要保卫传统世界，其中又以在高位者为然。因此败战虽为全国共同经验，但每个人的感觉并不相同。①

戈登在其历史著述中将美国占领下日本的特征归结为"新出发点及延续的旧结构"，强调"一个'跨战争'的历史断代，亦即跨越战争的时代——从20世纪20年代到50年代是一个完整的时期"。就如同此书译者所敏锐观察到的那样："1945年日本战败投降，美军进驻，大事更张，学界向来把这一时间节点看作日本战后历史的起点。到20世纪70年代，不少学者开始检讨此一观念。如学者查尔玛·约翰逊（Chalmer Johnson）及伊藤隆均指出战争中制定及执行的各种政策，并非随战争结束而湮灭，它们对战后日本的发展仍有影响。"②

戈登的"跨战争"（transwar）观念凸显的是战时日本政经结构的战后延续，小熊英二等日本学者亦与此同调。③ 事实上，藕断丝连的却不止这些，未能被"8·15"所终结的重大问题还包括中日之间延宕至今的历史了断。子安宣邦指出：

> 1945年的终战，对日本人而言，就是太平洋战争的战败，所有人都认为日本是败给了美国。事实上，美国向广岛、长崎投下了原子弹，烧光了大部分城市并占领了日本，承担起战后处置之任。因此，"战争"的终结只与美国有关，无论是日本政府还是日本国民，都不想把战败视作在中国大陆这场深陷泥沼的战争之失败。昭和日本的战

---

① 安德鲁·戈登著，李朝津译：《现代日本史：从德川时代到21世纪》，北京：中信出版社，2017年10月，第366页。
② 安德鲁·戈登著，李朝津译：《现代日本史：从德川时代到21世纪》，北京：中信出版社，2017年10月，《第一版译者序》第10页。
③ 小熊英二著，王俊之译：《改变社会》，上海：上海译文出版社，2017年1月，第19—20页。

争是始于中国的战争，而且在中国大陆的战争始终在延续着。然而，这场发生在大陆、但从未被称为"战争"的战争，却是以太平洋战争的战败而被终结的。但那是日美之间的了断①，而非日中之间的了断。在日本战败的同时进入激化状态的中国内战，以及中华人民共和国成立后的朝鲜战争，延宕了日中之间的了断。日中之间的了断长期以来都处于被搁置的状态。②

战争的"终结"只是表象，它依然留下了诸多"未完结"的课题。日本对于战争、战败的认知和作为"感情记忆"的战争创伤便是其一。高桥哲哉依照《哈姆雷特》中的台词"the time is out of joint"，提出了"战争记忆的时代错误"之说，并指出："时间关系混乱，在定出善恶以前，从历史的表面已经消失的战争记忆在预想不到的时候又返了回来。我们现在就面临着'亚洲的战争记忆时代错误性地返回'这样的'时间脱臼'的局面。"③ 当然，我们也可以将其理解为丸山真男所谓"无构造的传统"之后果。在战后数十年间，战败体验、战败记忆在思想、情感、观念诸层面依然具有极强的活性，安保斗争、越南战争、朝鲜战争等都不断地刺激着战争记忆、战争体验、战败体验的思想再生产。但值得注意的是，当我们有意无意中强调"8·15"的断代意义时，在另一个层面上则有凸显政治、军事、民族尊严意义上的胜败结果之虞，却易使战争亲历者和后来者们淡忘了战争在日常生活、个体生命层面上带来的"痛与苦"，遑论"战后责任"④。尤其在

---

① 永井荷风在1945年8月15日的日记中，就将战败理解、表述为"日美战争停止"。[永井壮吉：『永井荷風日記』（第7卷）、東京：東都書房、1959年5月、第60頁。]
② 子安宣邦：『日本人は中国をどう語ってきたか』、東京：青土社、2012年10月、第14頁。
③ 高桥哲哉著，徐曼译：《战后责任论》，北京：社会科学文献出版社，2008年6月，第6页。
④ 高桥哲哉指出："负起'作为日本人'的战后责任，是要从根本上克服、改变曾经使侵略战争和殖民地统治成为可能的这个社会现状，把日本变革成为'与日本不同'的开明的'另一个日本'。我认为除此之外别无选择。"（高桥哲哉著，徐曼译：《战后责任论》，北京：社会科学文献出版社，2008年6月，第30—31页。）

"跨战争"视野与"战败体验"的文学史、思想史意义

"战中派"一代凋零无几、战后世代已成为社会中坚力量、民族主义情绪泛滥全球的当下,让人记住"败"而忘了"痛"、忘记使日本走向战败之政治体制根源的导向性恐怕是不无危险的,毋宁说这已是既成事实。记住因战而败的历史真实,会在人心中夯实好战必亡的认知基础,培养出捍卫和平主义的坚定信念;而若抽空了战争给亚洲各国人民及其自身造成的真实痛感、而仅记住"败"的结局,则易在某些国内、国际力量的复杂作用下催生出修宪,甚至因败而战的情感冲动。

当我们揖别断代史思维而对日本近代做中长时段的历史思考,那么,"8·15"事实上只是一个阶段性结果,一个具有象征意义的抽象符号;而从殖民地到本土,从政治军事到民生日常,"战败"都是一个漫长曲折而又充满着艰难困苦的"过程"①,并因其深刻关涉到每个日本人的日常生活、嵌入到每个日本人的个体生命而更具实际影响。对于日本文学界和思想界而言,较之于政治话语中抽象化、符号化、飘忽不可感的"8·15"论述,战争后期外部力量对日本的亚洲殖民地及其本土的强力介入、闯入在其身体以及情感、观念表达诸层面留下了无法磨灭的印记,战争从隔洋遥望、隔岸观火转变为无可回避、可感可及的事态。从这个意义上来说,2005年日本放送协会记者、纪实文学家柳田邦男的话颇具代表性:

> 自那以后,光阴荏苒,60年过去了。战时和战后,我都成长于农村的平常人家。平心而论,战争、战败、国家经济崩溃等重大变动势必会将那些农村人家裹挟其间,让你身体的每一寸肌肤都能感知到其影响。……我因空袭而对死亡产生的恐惧,在那一年的8月15日烟消云散。但那时我觉得,自己反复感受到的恐惧感已在内心深处形成了心灵创伤,铭刻于心的创痛至今依旧存在,它会拒斥危及生命的战

---

① 这一点从日本文化人们所撰写的各种"终战日记""败战日记"中都可以看出其对"战败"时限与内涵的认知。

争、灾害和疾病,并不断动摇着我的感情和想法。这一创伤根深蒂固,成为我人生构图的决定性动力。①

战争中后期日常生活的日渐窘困、战争末期前所未有的"原爆体验""被轰炸体验""疏散体验""返迁体验"中的种种饥饿、沮丧、悲愤、绝望等切肤之痛,和被占领初期的解放感以及其后的压迫感、焦灼感等等都是具体而深刻的。从都市到乡村的疏散,和作为败国之民从各殖民地被遣返回国的返迁历程都是日本史上罕有的大规模人口跨界、跨境迁徙,使得所谓"日本性""帝国"叙事遭受了空前的考验;而美国针对广岛、长崎的原子弹轰炸更使日本成为迄今为止这个星球上唯一遭受核爆的国家,催动文学家和思想家们直面人类生存、精神危机等更为普遍性的问题。日本人对法西斯主义暴行影响的理解,从"他们(殖民地、半殖民地受害者)的灾难"内化、共有为"我们大家(包括自身在内)的灾难"。而这一切都构成了战后初期甚至其后日本文学的题材、情感与价值的基础、底色和特质,也是思想界忏悔、反思、重建和展望的基点。雅克·勒高夫(Jacques Le Goff,1924—2014)说:"在长时段里,时期是有一席之地的。"② 在以战争和革命为主要特征的"短20世纪","8·15"可以成为一个"时期"节点,但它只能是一个空心(而非实心)的节点、象征物,从文学与思想的历史继起、流变的意义上来说,过度强调甚至夸大"8·15"的终点意义抑或起点价值恐怕都有失偏颇。当我们遭遇应以什么为单位思考"战争"之问时,历史的连贯性是不应被无视的。

试举一例言之。在思考"返迁体验"和"返迁文学"时,如若切断历史脉络而将其作为一个孤立问题去看待,看到的就只能是悲情泛滥的历史

---

① 柳田邦男:「人生を支配した恐怖のトラウマ」、岩波新書編集部編:『子どもたちの8月15日』、東京:岩波書店、2005年7月、第134頁。
② 雅克·勒高夫著,杨嘉彦译:《我们必须给历史分期吗?》,上海:华东师范大学出版社,2018年1月,第131页。

和文学叙事。事实上，正如竹内好所批评的那样，战后返迁文学所呈现的也正是这样一部无反思的"哀史"，"完全没有任何其他想法，似乎从中得不出任何规律性的东西，也并无指导未来的可能性。"① 显然，竹内的感慨乃是站在为未来提供史鉴的期待上发出的。然而，当我们将这一切与日本大陆开拓的历史以及大陆开拓文学中呈现出的昂扬意气结合起来（而不是非历史性的分而治之路线），在"若无侵略，便无返迁"的因果链条上、在共时意义上日本殖民体制的差异性自觉之中，在返迁一代的"历史体验"与返迁二代的"历史经验"相结合的视野下重审大陆开拓文学和返迁文学的文学史和思想史位相，便会发现和揭示出与以往研究所不同的一面。唯此，这段对日本人、日本文学家而言亦可谓沉痛的历史及其文学表达才能为我们提供有效的历史经验。因为唯有感知到侵略战争对个体生命残酷操弄的过往，才能看清当下的方向和未来的路，因为过去从未真正"过去"，当下和未来也不允许"过去"就这样无声无息地过去。

三、"不可靠"的情感：体验、实感如何拯救经验和失忆

约翰·W. 道尔在《拥抱战败》的结末处引述了 1951 年 4 月 19 日麦克阿瑟被免职回国后在参议院联合委员会发表的一段深深刺痛了日本人的评论，他毫不掩饰美国君临日本的家长式权威，在炫示美国对日本的绝对统治力之同时，亦强调了欧美文化视野下日本巨大的"可塑性"。② 而客观上提供了这种可塑性的不仅仅是日本的"心智年龄"，更是战后初期一片废墟、百废待举的时代状况。这一时期是整个日本社会虚脱、失重、混乱、失序、颓废、权威放逐、正统不再、绝对价值缺席的时代。对此，道尔已

---

① 竹内好、鶴見俊輔：「本当の被害者は誰なのか」，『潮』1971 年 8 月号、第 101 頁。
② 约翰·W. 道尔著，胡博译：《拥抱战败：第二次世界大战后的日本》，北京：生活·读书·新知三联书店，2008 年 9 月，第 540 页。亦可见本书《"正直的老鹰"与"卑鄙的鸽子"》一章。

经进行了全面而生动的论述，可资参考。丸山真男在讨论日本传统思想的问题时指出，"与其拘泥于其思想到达的归结点，不如说更需要注意其出发点，其孕育时的多重价值及其难以推测的可能性等等"①。如果我们将"战后"视作某种具有特定价值指向的范畴和历史过程，那么战后初期这一"难以推测"的出发点便是值得我们不断重返现场、测定来时路的不二法门——日本何以从变动不居的时代走到了政治上僵化不易的当下，那些微弱的声音、隐秘的潜流如何——消散、湮没，所谓主流又何以在与其相互较量中成其为主流的？在这一历史进程中，"战败体验"有何意义，能否以及如何发挥其结构性功能？甚至可以说，此类思考的对象应该包括但不限于日本一国。

在本文中，"战败体验"所指的是战争亲历者对其战败经历的感受、认知、表述和记忆。众所周知，日语中有两个词常用来表述1945年的这次战败——"終戦""敗戦"。在日本人现今的语言生活中，前者的使用频度上要远胜于后者。战争确实是在败北的情况下终结的，但前者在词意上强调的是一种主观选择，而后者才强调了实力不济、被迫无条件投降的真实。而这一差异看似不起眼实则事关重大。田中正俊愤怒地指出："战争责任及其历史性的继承，对于日本政府当局好像是毫无关系的事情似的。这是什么缘故呢？因为对于当局来说，这种战败不是真正自觉的战败，不过是'终战'而已。"② 至今在日本，投降纪念日依然被称作"终战纪念日"，并日渐沉淀、内化为民众的集体无意识，而被淡忘的不仅是亚洲诸国受害者，也包括十四年战争时期其本国一个个军人和民众为战争付出的惨重生命、财产代价。而值得警惕的是，就像高桥哲哉在《靖国问题》中所指出的那样，具有"神格"的天皇对靖国神社的参拜，实则是将战败纪念日转

---

① 丸山真男：《关于思想史的思考——类型、范围、对象》，收入丸山真男著，区建英、刘岳兵译：《日本的思想》，北京：生活·读书·新知三联书店，2009年5月，第95页。
② 田中正俊著，罗福惠、刘大兰译：《战中战后：战争体验与日本的中国研究》，广州：广东人民出版社，2005年5月，第48页。

化为"祭日","国家举行的仪式使他们（250万战死者遗属）的悲哀一下子转化成了喜悦","这正是靖国信仰得以维系的'感情的炼金术'"。①

而能够对这种指向"失忆"的宏大叙事形成冲击的重要策略，便是将那沉默的、单数的巨大整体还原为复数的、曾经鲜活的个体生命，为那些"没有墓碑的爱情和生命"正名。换言之，即不以"日本"为名，而以一个个独立个体作为叙事单位。对战争、战败的失忆并非晚近之事。古厩忠夫指出："如果说在战后的民主主义意识方面存在问题的话，那绝不在于'自虐'而在于'自爱'。"② 加藤阳子敏锐地观察到："在20世纪70年代，美化自己经历的倾向变得显著起来。不过仅仅30年，日本和日本人似乎将过去忘记了，这让中井（英夫）先生的内心受到了冲击。他说那时候觉得既然如此，那就必须将自己和周围的战友们对于战争的厌恶、憎恨结集成册并出版。"③ 同样，战时曾"学徒出阵"到菲律宾和中国台北等地从军、战后又成为东京大学历史学教授的田中正俊批驳那些美化战争者时说："曾经体验过后方的或者上述这种司令部里工作的高级将校们，他们谈论的就是这种充满粉饰、毫无反省的'回忆'。如果把这种'回忆'当作典型的战争体验的话，不能不说这是非常严重的问题。"④ 有感于此，田中在《战中战后》一书的"上篇"中讲述了自己的真实战争体验，以为反击。在《读〈终战日记〉》中，作者野坂昭如（1930—2015）在讨论日本作家战败体验时甚至直接将自家体验代入其中，在该书结末处他卒章显志地指出战败的记忆将随着战争经验者之凋零而日渐风化，而"将战争的真实传递下去是已垂垂老矣的战争体验者之责"。⑤ 而撰写此书是在以亲历者

---

① 高桥哲哉著，黄东兰译：《靖国问题》，北京：生活·读书·新知三联书店，2007年8月，第24—25页。
② 古厩忠夫：《〈"感情记忆"和"事实记录"之间〉——古厩先生最后的文章》，收入步平：《跨越战后：日本的战争认识》，北京：社会科学文献出版社，2011年9月，第420页。
③ 加藤阳子、佐高信著，张永亮、陶小军译：《战争与日本人》，北京：东方出版社，2017年10月，第65页。
④ 田中正俊著，罗福惠、刘大兰译：《战中战后：战争体验与日本的中国研究》，第5页。
⑤ 野坂昭如：『「終戦日記」を読む』、東京：NHK出版、2005年7月、第211—212页。

之自觉向公共空间投放包括自己在内的"同时代者"之经验与记忆，以对抗遗忘和美化惨痛战史的主流话语导向，刺激日本人对战争的整体性省思。不仅日本人如此，在日朝鲜人作家徐京植也曾坦言，"我们被日本式新民族主义消磨得精疲力竭，更不堪忍受围绕它的言论已经成为一种单纯的理论消费品在流通的现实。危机迫在眉睫。我期待大家能率真而直截了当地阐述道理。"① 面对 1970 年代日本社会出现的自怜自悯、自我正当化、美化侵略战争历史的舆论动向，鹤见、竹内与中井、田中等分别采取了"以理思哀"和"以真抗玄"的两条不同回应路径，前者呼吁在浮泛的哀史叙事上建立起历史性认知维度，而后者则旨在以直观的肌肤感觉、情绪对抗失忆、玄虚和饶舌，二者殊途同归，其动人的力量正源于情感的真切和面对历史的真诚。

耶鲁大学社会学研究者杰弗里·亚历山大（Jeffrey Alexander）曾指出："藉由建构文化创伤（创伤记忆），各种社会群体、国族社会，有时候甚至是整个文明，不仅在认知上辨认出创伤的缘由，并因此担负了这种道德责任，集体的成员便界定了他们的团结关系，而这种方式原则上让他们得以分担他人的苦难。"② 战中一代的体验只有被战后一代所共享，将"他们那一代人经历的灾难"转化为"我们大家须共同面对的灾难"，才能使复数的个体体验转变为有效的历史经验，并跨越代际隔阂传承下去，成为日本社会的共识。

事实上，早在战后初期，日本的战争论述、国家论述便已有脱离个人体验之弊。1957 年大熊信行在批评战后日本相关言论状况时，也曾指摘其客观性有余，而主体性、精神性、体验性不足的问题：

战争结束至今，可以说我们学界、思想界、言论界都没有处理这

---

① 徐京植：《不许侮辱我的母亲》，载小森阳一、高桥哲哉编，赵仲明等译：《超越民族与历史》，南京：南京大学出版社，2017 年 1 月，第 44 页。
② 徐贲：《人以什么理由来记忆》，长春：吉林人民出版社，2008 年 10 月，第 276 页。

里所说的国家问题。……所有这些理论从本质上讲都不过是没有超出历史形势论框架的客观性理论。在目前的具有精神性内涵的思想性论文中,还很少看到由日本人从其战争和战败双重体验的深处,也就是带着这双重体验的瘢痕,怀着不可抑止的主体反省和深深的悔悟之心而写成的作品。总之,缺少以这场大战前前后后的主体性经历和责任感为基础的思想之产生,是战后日本言论界的主要特征。①

在大熊看来,缺乏主体体验的理论不知其可,毋宁说这也指向了近代以降日本思想界的痼疾。加藤周一在讨论"知识分子协助战争这一事实的内部结构"时指出:"日本知识分子的实际生活与思想是分开的。因此,在危急时刻,思想就会屈服于来自实际生活的要求。……脱离现实生活的思想,是无法创造出超越实际生活的价值和真理的。"② 而能将知识人的知识生产与生活感觉、现实介入联结起来的关键媒介正是个体体验。社会学家后藤宏行在1957年出版的《陷落的一代:战后派的自我主张》中指出,他们这一代人由于全无"战时的抵抗意识",对于价值转换只剩下"自己的肉体感觉"。而对于战后派的越轨放纵,后藤则正面给予了肯定,他认为"战后虚无颓废派"是"禁忌的出色批判者",彻底的虚无主义带来了"自我诚实性",体验"实感"的成败并从挫折中汲取"生活的智慧"的"行动的主体性":

久野(收)主张日本的知识分子之所以成为"战争的合作者"是因为他们轻易认同了"目的这个东西是由外部提供的","真正地把抵抗的据点放在主体的意识当中去,时时刻刻从中抽出作为行动基准

---

① 大熊信行:『国家悪——戦争責任は誰のものか』、東京:中央公論社、1957年6月、第17—18頁。
② 加藤周一:《战争与知识分子》,收入加藤周一著,李友敏译:《日本人的皮囊》,北京:新星出版社,2018年2月,第199页。

的目的,这样一种姿态"是很有必要的。……久野与鹤见在不是所给的目的而是由亲身的"实感"来行动的"战后派"身上去发现克服知识分子弱点的新主体的理想状态。①

从这个意义上来说,基于个人体验的实感为战后思想提供了"主体的思考与行动"。尤其在有关战败体验和战争责任的讨论中,主体性缺失的战争责任论容易走向两个歧途:一则将战争责任置换为战败责任,在逻辑层面有意无意地将言说者排除在责任主体之外,避免惹火烧身,似乎一切皆为他人之事,战后初期日本文学界的战争责任论争便是鲜活的例子;② 二则将具体的、有温度、有痛苦的战败讨论、罪责讨论,转换到抽象的、冰冷的、无情的理论层面,有意无意地将问题讨论限定在了受众极为有限的知识界和思想界。这种精英姿态将潜在读者——一般民众摒除在外,从而失去了社会启蒙与动员的阶层基础和现实力量。这两点也恐怕也正是中井英夫和徐京植们所面对的时代状况,且这一状况时至今日似乎也未有本质上的改变。

对于传统意义上的历史学家们而言,从实证的角度来说,那些以此为题材创作的小说、戏剧等虚构文本自然是不足为凭的。然而,对那些日记③、

---

① 横尾夏织撰,陈立新译:《"实感"争论与〈思想的科学〉》,收入陈立新译著:《日本战后思想的潜流——以〈思想的科学〉为中心》,北京:光明日报出版社,2014年8月,第47—48页。
② 参见王升远:《对"明治一代"的追责与"大正一代"的诉求——〈近代文学〉同人战争责任追究的细节考辨》,载《外国文学评论》2018年第3期。
③ 在战时日本作家日记研究方面,唐纳德·金的研究亦颇值得重视。在著作《日本人的战争:读作家的日记》(ドナルド・キーン著、角地幸男訳:『日本人の戦争:作家の日記を読む』、東京:文芸春秋、2009年7月)中,作者在最宽泛的"作家"意义上处理了青野季吉、永井荷风、伊藤整、山田风太郎、高见顺、海野十三、清泽洌、内田百闲、渡边一夫、大佛次郎、德川梦声、平林泰子、梨本宫伊都子妃等文化人的日记文本。唐纳德·金与野坂昭如都是"战中派",战时互为敌方,战后又都成为活跃在日美两国的知识人。两者对战时日本作家日记的解读中都渗透着"战中派"的体验,在论述对象上亦多有重叠,颇值得对读。关于作家的战时日记,在前述两著出版后,还有山本周五郎(山本周五郎:『戦中日記』、東京:角川春樹事務所、2014年5月)、清水文雄(清水文雄:『戦中日記』、東京:笠間書院、2016年10月)等的文本亦可资参考。

回忆录、对谈等我们常引以为据的非虚构文本便可信以为真吗？就像佐高信所直言的那样，"人类为了让自己活下去，确实会适时替换掉自己的记忆"，鹤见俊辅称之为"'揉搓'感情"。① 甚至有时，连日记都不那么可信。野坂昭如在《读〈终战日记〉》中讨论"日本人和日记"时坦言："无论出于怎样的动机，要真实地写出自己的心情，即便不说谎，也会出现一些不确定的叙述。自己既是写作者，又是读者，在无意识当中就会出现歪曲。"② 日记尚且如此，面向公共领域出版的回忆录、对谈录等就更难免受到时空流转、现实遭际等因素之限，出现有意无意的文饰、虚构抑或增删。当事人的"战争体验"由于"身在此山中"的视野缺陷、外部政治及社会环境约束、现实利益诉求等因素，会出现很多不可靠的叙述，有限地、局部地呈现真实。而推卸责任，将自身言行进行合理化想象、重构，进而信以为真，更是常见之事、人之常情。在大本营管控、垄断了资讯传播渠道、言论审查严厉的年代，试图以日记中的军政时事记录去"求真"更无异于缘木求鱼、南辕北辙。

然而，这并不意味着"不可靠"的情感、当事者的"体验"是应被旨在求真的历史研究者们所弃绝的。事实上，那些文本中弥漫着的情绪（无论是挫败、沮丧、义愤还是欣喜）、散落着的思考，以及其中包含的个人性和不确定性，正是回应诸种确定性、历史规律性等抽象理论的重要论据。阿维夏伊·玛格利特（Avishai Margalit）指出：

> 情感的历史有变成修正主义历史的倾向，一种我们对过往情感再解读的历史。修正主义历史不完全是欺骗的历史——尽管我们都知道我们在历史中被欺骗过。然而，对于记住情感的问题而言，什么是我们应该记住的：情感自身、我们对过往情感的认识，或者二者兼有？

---

① 加藤阳子、佐高信著，张永亮、陶小军译：《战争与日本人》，北京：东方出版社，2017年10月，第65页。
② 野坂昭如：『「終戦日記」を読む』，東京：日本放送出版協会，2005年7月、第13页。

每一种可能性对我们如何评价生活、过去和现在都具有包括道德在内的意义。①

在历史学研究的视域中看似不可靠的"情感",在文学史和思想史研究的意义上,却能传达出别样的真实,因此具有无可替代的价值。野坂昭如虽然认为日本人的日记不足信,但他同时也承认,"无论是修饰,还是混杂着摇摆,字里行间都会流露出单凭'文字'所无法传递出的真实"②。那么,那是一种怎样的真实,我们又当如何理解这种"不可靠"的情感所传递出的真实?沟口雄三在分析中日两国围绕南京大屠杀产生的分歧和对抗时指出:

> 请允许我使用一个挑战性的说法:这里存在着两种历史学的态度,一种是死的历史学,另一种是活的历史学。
>
> 在死的历史学那里,只有以某种形态留存下来的史料才是历史史料,而与这种史料相关联的流动着的现实,更遑论感情记忆,将被排除于史料之外。拘泥于三十万这个数值的所谓科学的"良心"态度,不仅将感情记忆从历史中抹杀掉,而且是一种把事件非历史化的共谋行为。
>
> 在活的历史学那里,感情记忆的现实存在,是作为历史的现在时态而被接受的。人们自觉到:南京大屠杀这一历史事件的复杂性不仅存在于过去的历史事实之中,而且还起因于感情记忆至今仍然存活着这一结构的多重性。进而,如何把这种感情记忆与历史事实的二重奏历史化,也就意味着如何把南京大屠杀事件历史化。③

---

① 阿维夏伊·玛格利特著,贺海仁译:《记忆的伦理》,北京:清华大学出版社,2015年1月,第101—102页。
② 野坂昭如:『「終戦日記」を読む』、東京:日本放送出版協会、2005年7月、第14頁。
③ 沟口雄三撰,赵京华译:《创造日中间知识的共同空间》,载《读书》2001年第5期,第4页。

而如何以更为开放的心态①、带着"活的历史学"感觉给予"不可靠"的情感以必要的尊重,并将其有效地历史化,是而今处理"战败体验"相关文学文本、思想文本须注意的问题。技术层面的问题暂且不论,对于学者而言,面对战争、战败,除了以实证方法进行"事实记录"之外,亦不可忘记那些不可靠的"情感"。无论是中井英夫、田中正俊等的"以私抗公",还是 2005 年野坂昭如的"责无旁贷",都是战争亲历者在身体力行地以个人体验回应宏大、冰冷的"逻辑""责任"和"犯罪"等命题,旨在使个体体验发挥更大的公共性功能。"在一个苦难见证者众多,却很少有人站出来作见证的社会里,增强'作见证'的意识便更加是培养公民人格和发挥公民作用的重要内容。"毕竟"在道德教训可能只对个人有用的同时,政治教训却必须由公民群体一起来汲取"。②

从这个意义上来说,作为"世界公民"之一员,唯有超越时空阻隔,带着"人类命运共同体"的自觉,继承"前人的苦难"、共享"他者的痛苦",才能让我们从以战争和革命为主要特征的"短 20 世纪"中获取有效的历史经验,并以此为思想资源,理解当下问题,探求未来进路,此亦"战败体验"之于今人的意义。

(原载《山东社会科学》2020 年第 6 期,《高等学校文科学术文摘》2020 年第 4 期长文转载,中国人民大学复印报刊资料《外国文学研究》2020 年第 11 期全文转载,入选《日本学刊》2020 年度百篇日本研究论文)

---

① 古厩忠夫在 2003 年发表的一篇文章中指出了其与孙歌关于"感情记忆"的分歧,并直言"'南京大屠杀 30 万人'这一'感情记忆'是有国籍的。……在内心深处有民族主义的时候,'感情记忆'往往都伴随着自我陶醉的情绪。……个人的'感情记忆'很容易与国家相联系而被升华并与之交织在一起。"(古厩忠夫:《〈"感情记忆"和"事实记录"之间〉——古厩先生最后的文章》,收入步平:《跨越战后:日本的战争认识》,北京:社会科学文献出版社,2011 年 9 月,第 415、417 页。)
② 徐贲:《人以什么理由来记忆》,长春:吉林人民出版社,2008 年 10 月,前言第 3—5 页。

作为"反应装置"的战争和
作为"认知装置"的"战后"

——为日本战争文学研究再寻坐标的尝试

近年来战争文学（以日本侵华文学为主）的研究骤成学术热点，从学术生态的意义上来说，这是一个颇值得关注和深思的问题。一方面，战争文学研究作为一种类型文学研究获得了前所未有的外部环境的关注和学术推动；另一方面，我们的逻辑预设、理论工具和认识装置之趋同又使该领域的研究出现了不容忽视的"同温层效应"[①]。如何立足于已有的研究基础，并在其基础上有所继承和调整，为"战争与文学"相关研究再寻坐标，使之能在更广阔的空间和关联性视野中走向深入，进而具有更普遍的理论意义，是摆在研究者面前的一个紧要的课题。以下将结合十余年来对日本战争文学研究的一点粗浅的实感与反思，以及对国内外研究现状的有限观察，野人献曝，从三个观念维度提出问题，以期抛砖引玉，引发更为广泛的讨论。

一、审美偏至、"影子比较"与日本战争文学的世界坐标

在日本文学研究领域，昭和初期的文学虽未被开除文学史史籍、打入另册，但其向来难称学界关注的主流亦是实情，而其中战争文学、国策文学更是长期以来备受冷遇的对象。战后初期为逃脱战争责任追究，很多文学家将自己战时创作的战争文学、国策文学从书店中回购销毁，导致了部分文献的缺失；而文学评论家、文学史家的相关评论、研究甚至全集编纂

因"为尊者讳"而亲亲相隐，或因不同历史时期的政治敏感问题而三缄其口，遂使此类作品从后来者的学术视野中逐渐隐身潜形。事实上，战争文学从文学史叙事中的淡出除了受到文学政治学、文学社会学诸层面显而易见的外部制约之外，还受到一个观念性因素的阻滞——日本文学史被史家人为建构起的"脱政治化"和审美偏至的倾向。

早在1957年，后来成为著名评论家和文学史家的加藤周一（1919—2008）就曾敏锐地指出："所谓日本特有事物的概念中，日本特有的美的范畴大约是在江户时代固定下来的，其内容主要以幽情、闲寂、幽玄、淡泊等词汇来表达。……从明治时代开始，这一方向与天皇制结合，担负起一部分超国家义务的任务，并通过教育广泛渗透到国民中。"② 对于江户国学家们为近代日本文学研究建构的民族基调，加藤提出了严厉的批评，他指出："这种文学、艺术观不适用于高度思辨的五山文学，也不适用于钟情政治哲学和伦理问题的江户时代的儒家文章，更不适用于在《今昔物语》中跃动、由狂言代代相传，甚至对江户的川柳和杂俳句产生影响的日本民众的活跃精神。"③ 加藤的不满代表了战后日本文学、思想重建潮流中的开放派、国际派主张，意味着一部分文学家、思想家开始打破明治以降日渐走向极端的文化民族主义、国粹主义之桎梏，转而将日本文学"一般化"，并为之寻求世界坐标。这一前提自然不是战时闭塞、保守的政治文化生态中产生的所谓"世界史的哲学"对国际秩序的直白挑战，而是试图"重建日本特有事物的概念、寻求普遍适用的

---

① 在气象学中，"同温层"是指大气层中的平流层，在平流层中，大气基本保持水平方向流动，较少有垂直方向的流动。"同温层效应"是人类心理学认知心理学上的其中一个偏误。"同温层效应"是指，我们比较重视跟我们的假设或信念一致的事例。
② 加藤周一：《日本特有的事物》（原载《知性》1957年10月号），载加藤周一著，李友敏译：《日本人的皮囊》，北京：新星出版社，2018年2月，第24—25页。
③ 加藤周一：《日本特有的事物》（原载《知性》1957年10月号），载加藤周一著，李友敏译：《日本人的皮囊》，北京：新星出版社，2018年2月，第27页。

衡量标准，这一尝试也是我们寻求符合社会的唯一标准的尝试"。[①] 他所强调的世界标准和民众参与的意义，自然应置于占领时期结束、日本重获主权、重返世界政治舞台的历史文脉中予以理解。而这里亦应强调的是，思考如何超越江户国学家们建构起的、明治以降又被不断发酵、强化的文化民族主义观念，并在更为多元的框架和开放的格局中重审日本文学的特质及其世界意义，是今人尤其是身在日本之外的研究者原本应有的学术自觉。

20世纪是战争与革命的世纪。昭和初期的文学（尤其是战争文学）在文学史上所受到的评价和关注不高，这自然是文学相对自律的发展轨迹受到了意识形态、政治权力的强力冲击和宰制的结果。无论是1930年代新兴艺术派与无产阶级文学之间的论争，抑或其后军国主义抬头后对前两者的剿杀，文学遭受的外部干预都是日本文学史上几乎空前的异态。随着战争的爆发和战线的扩大，无论是主动迎合抑或被动卷入，文学家大都在不同程度上被裹挟进时局，文坛生态因此剧变。时局之下，对公共事务的关注和参与，对国策、战争的抵抗或"协力"，都使得"作家"淡出、"知识人"凸显。以故，以"无美"或"乏善"之名观察、总结极端语境下异态时空中的文学，总会给人以缘木求鱼之感。在很大程度上，昭和初期文学史几可视作一部极端语境下日本文学家、知识人的精神史，"求真"也应该成为我们重审这一时期日本文学史的重要认知维度。若不能调整既有的文学史观，不能正视昭和初期、战后初期文学的文学史意义，我们就很难在历史继起的意义上为大正文学与战后文学建立起一个具有连贯性的逻辑与线索，近代以降的日本文学史叙事也将因此丧失历史性。

美国政治学家、社会学家李普塞特（Seymour Martin Lipset, 1922—

[①] 加藤周一：《日本特有的事物》（原载《知性》1957年10月号），载加藤周一著，李友敏译：《日本人的皮囊》，北京：新星出版社，2018年2月，第33页。

2006）有句名言："只懂得一个国家的人，他实际上什么国家都不懂。"① 此言对于日本文学史、思想史的研究而言同样适用，坐标意识、参照物意识对于我们的事实判断和价值判断都是至关重要的。如果说在"红色的三十年代"，日本的无产阶级文学是全球无产阶级文学浪潮中的有机组成部分（事实上，学术界至少已对中日无产阶级文学之间的影响关系做了较为充分的研究），那么，在军国主义统治下的日本，战争文学、国策文学等类型文学自然也可以在法西斯主义肆虐全球的"极端的年代"，把德、意两国此类创作作为"影子比较"的参照系，从而在更为普遍的意义上求得政治与文学、暴力与文明、战争与人之复杂关系的最大公约数，为人类面对大规模、集团性暴力的因应模式及其文化思想表达沉淀出有效的历史经验和研究范式。在这个意义上，美籍日裔学者桥本明子以德国的战争创伤、战争记忆为"影子比较"对象，讨论日本战败后的文化创伤、记忆与认同相关诸问题的研究堪称典范。她指出：

> 作为一本在全球"记忆文化"背景下评价日本个案的书，我的分析还采用了"影子比较"法，批评性地运用了从探讨其他社会艰难记忆和文化创伤的著作中产生的概念和观点。由于此类针对德国记忆的批评性著作广泛、多样、全面，所以我经常借此来阐释日本的一些模式，通过间接或直接的比对，来洞悉各种意义的内涵。……其他对日本个案有所启发的比较，包括了"一战"后的土耳其、越战后的美国和后共产主义时代的中欧。通过这一比较方法，我得以对文化创伤在不同战败文化中的意义进行观察。②

---

① 转引自钱颖一《"比较论丛"序》，菲利普·霍夫曼：《欧洲何以征服世界》，北京：中信出版社，2017年5月。
② 桥本明子著，李鹏程译：《漫长的战败：日本的文化创伤、记忆与认同》，上海：上海三联书店，2019年7月，第27—28页。

在日德比较的意义上而言，荷兰学者伊恩·布鲁玛（Ian Buruma）的《罪孽的报应：德国与日本的战争记忆》对战后两国不同的悔罪方式进行了富于洞见的观察。正如徐贲所评论的那样："布鲁玛通过他的政治游记要表明的是，决定一个国家命运的不是其种族或文化的固有本质特征，而是政治结构。对德国和日本战后悔罪起到关键影响的，是两国战后不同的政府制度及其形成过程。"[①] 事实上，日德两国战争时期（尤其是总体战体制下）的文学生产、出版与传播以及文学家的时局因应策略，流亡文学以及"内心流亡"文学，言论空间丧失语境下的"潜在写作"，对英美文学与思想的批判与抵制，战后盟军对日德的文化、思想改造，战争体验、战争经验对战后文学、思想的深刻塑造与影响，创伤文化，甚至 1930—1940 年代自由派资本主义-共产主义-法西斯主义之间复杂的三元关系[②]诸问题的比较研究等都是极为重要的学术课题，有待学界进一步发掘、拓展和深化。[③] 从比较文学与比较文化研究的意义上来看，此类研究有着天然的可比性自不待言，更重要的是，当我们以更为开放的观念和视野讨论战争与文学、文化的关系问题，那么，基于一国文学内部的考察，仅限于有限作品考察而缺乏对异质性文献更为广角化的占有，缺乏对相关人事关系必要考证基础上形成的所谓国民性、日本文化某些特性决定论，乃至文学家良知论之类的结论，恐怕就会站不住脚——这是一种擒住了犹大而放过了总督的思路。

有着审美价值的文学经典固然值得铭记，然而，给全人类带来过巨大创伤、至今余痛犹在的特殊时期文学与思想，文学被政治全面侵袭和宰制、并在很大程度上沦为政治附庸和帮凶的时代作为一种历史"教训"也不应被遗忘，甚至更值得我们以"人"的名义省思和铭记。

---

① 徐贲：《国家以什么理由来记忆》，收入伊恩·布鲁玛著，倪韬译：《罪孽的报应：德国和日本的战争记忆》，桂林：广西师范大学出版社，2015 年 9 月，导读第 3 页。
② 艾瑞克·霍布斯鲍姆著，郑明萱译：《极端的年代：1914—1991》，北京：中信出版社，2014 年 3 月，第 8—10 页。
③ 关于战时第三帝国时期文学与思想的状况可参考理查德·J. 埃文斯著，陈壮、赵丁译：《战时的第三帝国》，北京：九州出版社，2020 年 8 月，第 676—716 页；以及 J. M. 里奇著，孟军译：《纳粹德国文学史》，上海：文汇出版社，2006 年 1 月。

二、作为"认知装置"的战后

近年来,中国学界围绕战争时期日本作家涉华活动、言论和创作做了大量的讨论,有力地推进了战时中日文学关系的研究,这也是近年来中国中日文学关系研究的有力增长点。"中国视角"的参与、介入提供了作为战争受害方的独特立场与视角,相关研究也极有必要稳步、长久地推进下去。但仅有对"战时"的关切和"中-日"双边阐释框架恐有不足。首先,回到学术研究的领地中来,就日本文学史、思想史的研究而言,唯有带着"战前-战中-战后"贯通的视角,才可能建立起具有历史连贯性和逻辑自洽性的作家论。① 日本近代文学从相对自立、自律发展直至沦为政治附庸,日本言论空间的逼仄化是明治以降渐进变化的历史过程,作家的境遇与抉择也随着时代潮流的剧变产生了巨大的振幅,高头讲章中的主义、情怀与艰难时世中的现实应对往往背离。战后初期日本文坛的战争责任论争中披露出的种种作家战时行止便已为我们提供了诸多鲜活的文学史例证。甚至时至1954年、1957年,日本还出版过两套文集,对日本文化、思想界一些重镇学者在战前、战后言行不一的"事大主义"行止——指名、并提出了尖锐质疑和批评。其中,青野季吉、阿部知二、窪川鹤次郎、伊豆公夫等作家、评论家的名字都赫然在列。② 小熊英二的《"民主"与"爱国":战后日本的民族主义与公共性》所强调的便是这样一种"贯战史"的视野,凸显了"战争体验"对于日本战后思想无远弗届甚至堪称决定性的影响。③ 同样,战后日本思

---

① 参见本书《日本文学家的战争责任研究的六个层面与未竟课题》一章的相关论述。
② 内外文化研究所编:『学者先生戦前戦後言質集』、東京:全貌社、1954年5月;「全貌」編集部編:『進步的文化人:学者先生戦前戦後言質集』、東京:全貌社、1957年4月。
③ 小熊明言:"所谓'战后思想'是战争体会的思想化","在目前为止的大多数战后思想研究中,关于知识分子战时及战后的内心体会,以及这种内心体会对战后思想所产生的影响方面的研究还远远不够。"[小熊英二著,黄大慧等译:《"民主"与"爱国":战后日本的民族主义与公共性》(上册),北京:社会科学文献出版社,2020年8月,第16页。]

想界的诸多重要理论问题——诸如"转向"问题、主义及路线与现实的关系问题、文学家道德问题和战争责任问题、"实感"问题、主体性论争、战后日本文学领导权的争夺等——都要求我们带着自觉的历史化观念,将视线投向战时、战前甚至是明治以降的近代史整体,将文学家战时的活动、言论和创作置于历史继起的语境、状况和脉络中加以辨析和判断,非此则将无法理解其思想根源与战后余响,无法把握战后文学与思想的源流,更无法在貌似剧烈变动、前后相悖的言论与抉择中发现其深底贯穿始终、不变如一的潜流。事实上,今人在战争文学研究中处理的诸多理论问题在战后初期日本文学界、思想界的战争反思中多已有过广泛而深入的讨论,只是这些几乎都被研究者有意无意地绕过去了。这是不应出现的"盲点",若我们不能同时将这些文献"对象化",则非但难以在学术史的层面上有效地"接着说",更难以在思想史、政治史的层面上理解、把握战后至今日本的政治、思想流变脉络,而文学史研究、思想史研究作为一种历史叙事也将因此丧失"鉴今"功能,这是颇值得警惕的。

"战后"是一种结果已知的(阶段性)状态,若能将"战后"(尤其是"战后初期")不作为一种"后设立场"而作为一种类似于后视镜的认知装置,那么这将深刻改变我们单从空间维度意义上的中国视角、亚洲视角提出问题的惯性思维,以一种时间维度重新照亮战争与日本文学、思想、社会的过往。这值得我们以其为中心反复进行贯通式的思想操练,在"知其然"的基础上,反推其"所以然",展望"将若何"。当然,对战后作为一种时间维度上后视性认知装置之意义的强调,并不是否定了空间层面的双边或多边的问题框架。事实上,他们的交错会衍生出更多有学术价值的问题,从而对我们的既有的历史想象形成更多实质性的冲击。

落实到日本文学家战争责任的研究,其情亦然。在战后初期的战争责任讨论中,论者大多取了"内向化"的批判视角,旨在批判战争文学创作者对本国文坛堕落之责任,及其戕害青年、毒害民众的恶劣影响,① 而对这些文学家以亚洲诸国为对象、煽动敌意、美化侵略战争的活动、言论、创作之关注与批判则殆近于无。文学家在这场以亚洲诸国为对象的侵略、殖民战争中之行止,却以以本国为对象的"内向化"总结告终,盆盂相敲,满地狼藉。如果把战后日本文坛战争责任论争的讨论文本,与战时日本作家以亚洲诸国为现场的文学活动关联起来,将为前者补全其缺失的"外向化"视角。以上两例皆是战后作为认知装置的"时间维度"与"中-日"、日本-亚洲的空间维度相互交错的产物。

当然,"中-日"、日本-亚洲的双边思维框架也有必要进行更为细致的辨析。日本对"伪满洲国"、华北沦陷区、蒙疆伪政权以及华中地区等的渗透和殖民统治存在着共时意义上的差异性;同时,已被纳入日本帝国版图的朝鲜半岛、冲绳等地,也因历史源流等问题成为中国和日本帝国之间无法"一言以蔽之"的存在。这些因素之间的不同排列组合关系,在另一个次元上会衍生出更多复杂交错、头绪纷繁的双边或多边问题,对其进行追问将增进我们对战时"中-日"双边文学、文化关系框架之内在多元性、复杂性的理解,丰富我们对战时历史的想象,拓宽学术阐释的空间。

三、作为"反应装置"的战争

在既往的战争文学研究中,单一的作家论往往无法回避这样一个问题——研究者大多不可避免地将状况外、后设立场下的今人之道德判断过度投射、渗入到研究对象上,导致相关论断的非历史化、主观化。故而,我们除了应为日本的战争文学建立世界坐标之外,亦须在同时代日本文坛内部建立起侪辈间可资参照的坐标。换言之,对战时文学家的活动、言论

---

① 小田切秀雄:「文学における戦争責任の追求」,『新日本文学』第1卷第3号(1946年)、第64頁。

和创作，不仅需要一个相似政治语境中的国际参照物，更需要在同一政治语境、历史文脉中的同时代参照物。

关乎文学家的战争责任问题，按照雅斯贝斯的罪责划分，他们至少应承担道德责任和灵魂罪责，[①] 因此相关论断须兼顾实证考察之深度，以及对其时文坛状况观照之广度。自 1946 年 1 月 1 日小报《文学时标》在"文学检察"栏对 40 位日本文坛重镇逐人揭批开始，[②] 从身陷囹圄 18 年的德田球一、宫本显治，到流亡海外的杉本良吉、鹿地亘，从战时离群索居、不合作的永井荷风，到为军国主义意识形态摇旗呐喊的保田与重郎、佐藤春夫，日本文坛中大部分有声望的作家都在"战争责任"追究的风潮中一一走下神坛、被公开论罪。人们试图揪出并清除战时文坛的"害群之马"，为战后文坛激浊扬清、除旧立新。这其中固然夹杂着公愤与私怨，以及"明治一代"和"大正一代"争夺战后文学领导权的私念。但与此同时，当作家们不愿被提及的往事被一一揭批于阳光之下时，作为后来者的我们或许能据此描绘出一道渐变的光谱——文学家在战时的反应是复杂、多样的。而历史研究所必需的"同情之理解"（这并不意味着要为相关责任者脱责）要求研究者须在历史语境和时代状况下，在活动、言论、创作的三位一体的认知框架下，在公表作品与私密写作的有效融合中，考察在战时极端语境下文学家时局因应的多样性问题。

我想以氯气与金属间的化学反应为喻展开讨论，当然，文学家实际反应的情形要比此远为复杂多样，这里只想提示一种认知模式。在这个"实验"中，我们不妨将战争比作加热装置——煤气灯（相比于酒精灯它能提供更高的温度），将战时的法西斯军国主义政治氛围比作氯气，以此来测试身处其间的日本文学家之"活泼性"。金属钠在无需加热的状况下，遇到氯气即可与之发生反应，这就很像大正、昭和时期日本文坛操盘手菊池

[①] 雅斯贝斯著、寇亦青译：《罪责论》，上海：上海译文出版社，2023 年 10 月，第 6—8 页。
[②] 王升远：《对"明治一代"的追责与"大正一代"的诉求——〈近代文学〉同人战争责任追究的细节考辨》，载《外国文学评论》2018 年第 3 期。

宽，永井荷风就在其日记中对菊池败坏文学、出版两界风气的恶行极为不满，颇多指摘。① 而铁则不同，它与氯气之间在不加热时缓慢反应，而加热的情况下则会剧烈反应。这就像战时大部分文学家的境遇和抉择。当然，也有银这般金属，不加热不反应，加热后缓慢反应，而中野重治则属于此类作家。在珍珠港事变爆发后不久，中野便因时局的变化放弃了其一贯的马克思主义立场，走上了国家主义道路。而最可贵的是金，无论如何加热，它与氯气之间都不会发生反应，这就类似于永井荷风、谷崎润一郎、正宗白鸟、志贺直哉等为数极少的几位疏离时局、战争的文学家。

对于日本文坛而言，战争成为了一种无可选择、也几乎无法逃避的反应装置，被人为建构起的有关日本人、日本文化的本质主义论述（讽刺的是，毋宁说这正是昭和军国主义对外宣传的主要论调），以及日本文学家的道德良知等无不要经受非常态的酷烈考验，并在这一过程中"原形毕露"。埴谷雄高就曾指出，大冈升平便是在战争中了解了什么是真正的日本人。② 当然，战后一度在战争责任追究中风头占尽的"大正一代"青年评论家也因战时未到需经受道德拷问和现实抉择的年纪而遭到前辈们的反诘。将战争作为一种极端语境、一种反应装置、一种透视法，重审战争中的日本文学与思想，可进一步拓宽战争之于日本文学史、思想史的意义空间，甚或超越日本而更具普遍性意义。当然，对文学家境遇与抉择的多样化分布也提示我们，在认识论层面存在着对战时日本文学家做群体性描述和单论之外的第三条认知与阐释道路。这也会让我们理解，那些一度在战时走向巅峰、又在战后初期被打破的文化本质主义论述从 1970 年代开始何以又卷土重来，成为文化潮流，其背后暗含着怎样的文化政治问题。

当我们将文学理解为"人学"，那么对"文学"的狭义理解常使我们

---

① 详见本书《永井荷风的洁癖与复仇》一章。
② 埴谷雄高与大冈升平 1982—1983 年间在《世界》杂志上连载了 24 次对谈，从战争体验直至文学观、历史观无不涉及。引自保坂正康：『作家たちの戦争』、東京：毎日新聞社、2011 年 7 月、第 170 頁。

的战争文学研究显得不够"文学"。如果说战争文学是"极端语境下的文学",那么战争中的文学家,自然也是"极端语境下的文学家""极端语境下的人",而这却是常被我们有意无意间无视的层面。在战后的战争责任论争中,文学家既是"国民灵魂教师",亦是"国民(市民)",这一身份的双重性①曾一度成为讨论的焦点。文学家的市民身份是我们的研究中常被忽略的问题点,而这对于文学家战时的抉择而言,却是不可小视的判断维度。

近来在历史学界有很多值得关注的学术动向。侯旭东在《日常生活统治史》也呼吁"重返人/事关系的历史世界",而这些正是"常事不书"的史学传统中被抹杀和遗忘的部分;王汎森感叹历史叙事中"人的死亡",他是在对历史人物或团体苛责等意义上呼吁"人的复返";我还想到了阿伦特,她在《人的境况》中甩开了"极权主义"这一伦理桎梏,继续思考个人伦理责任与政治生活之间的关系问题,她认为即便在自由制度之下,人的个体责任依然是第一位的。落实到战后日本的战争责任追究上,若仅将罪责归咎到一部分的"结构性力量",无视更多相关团体、个体的责任,则"责任"终将被架空。事实上,包括文学家在内的日本人战时日常生活也是在军国主义制度与恶劣的生存环境结构中进行的,因此我们更需要前述的"江湖文学史"视野。②

举几个例子。1956 年,文学评论家荒正人在与丸山真男、鹤见俊辅、南博等讨论战争责任问题时,谈到了一些作家在战时的复杂心态:

> 《文艺》杂志的 8 月号中,伊藤整和高见顺围绕这一问题进行了一个对谈,很有意思。大家都担心征兵令是否会到来。伊藤整和高见顺都以为会来,结果伊藤整没收到而高见顺却收到了。高见顺在学生

---

① 荒正人、小田切秀雄、佐々木基一、埴谷雄高、平野謙、本多秋五:「文学者の責務」、『人間』1946 年 4 月号、第 152 頁。
② 本书《永井荷风的洁癖与复仇》一章正是基于这样的思考而撰写的。

时代参加过左翼运动,因此他很担心战争爆发后自己会被拘捕起来。征兵令来时,他庆幸自己被征用去了南方,只要不入狱就好,他总算松了一口气。高见就这样以一个奇妙的原因去了南方,他完全不知缅甸战况如何,但当自己以从军的名义与被征召入伍的士兵们走在一起时,他便有了以上的感想。

大家都拿着一张红纸来了,拼命地战斗着。这样一来,尽管对战争有些不解,但大家都在辛苦之时我也在辛苦着不挺好吗?这暗示了很多事情。不仅是高见顺,就连像佐多稻子那种有着明确的无产阶级作家意识的人,也有与士兵同甘共苦的心情。战后,这被很多人以其做了不好的事情为由而追究,关于这种痛苦,佐多女士自己多有撰述。我想这呈现出了一个文学家战争责任在其战后自觉的形态。[1]

这种状况是极具代表性的。它这意味着极端语境下、身处群体之中的文学家天人交战之际的两难心态。在高见顺那里,较之于因左翼运动被捕入狱,从军或许是更好的选择;较之于特立独行,从众或许是更好的选择。[2] 再比如,1946年,年轻的评论家小田切秀雄(1916—2000)在其起草的《文学领域战争责任的追究》一文中将六类文学家列为目标群体,其中包括"抓住机会四处奔走,通过特高警察、宪兵或其他力量使异己沉默的人"和"向特高警察污蔑自己的文学敌人乃'赤色分子'或'自由主义'的人"[3] 两类。如前所述,我们可以把战后视为认知装置,从战后文学界的诸问题出发,反观战争时期日本文坛状况,方可理解昭和初期结构性力量与"人"的作用之间微妙复杂的关系。

---

[1] 「1956年度総会における討論:戦争責任について——座談会速記録の全部」、『思想の科学会報』第17号(1957年3月20日)、第12—13頁。
[2] 西尔万・德卢伟著,张少琼译:《我们为什么会做蠢事》,上海:上海人民出版社,2017年4月,第66页。
[3] 小田切秀雄:「文学における戦争責任の追求」、『新日本文学』第1巻第3号(1946)、第65頁。

而文学家的"国民灵魂教师"与"国民/市民"的双重身份,在一些"私文本"中得到了弥合。就像前一章所强调那样,尽管"人类为了让自己活下去,确实会适时替换掉自己的记忆",① 甚至有时,连日记都不那么可信,但我们亦须承认,日记虽未必有着前后自洽、一以贯之的"义理",但其间贯流的"人情"、精神却有着不容小视的价值。就像在《"跨战争"视野与"战败体验"的文学史、思想史意义》一章所强调的那样,日记中的体验性、情感性内容是对抗玄虚、迂远的日本式新民族主义、战争美化论调的重要武器。这正是战后75年之际,我们重读作家战争日记、战败日记的旨趣和意义之所在。

　　(原载《社会科学研究》2021年第2期,《高等学校文科学术文摘》"学术卡片"转载)

---

① 加藤阳子、佐高信著,张永亮、陶小军译:《战争与日本人》,北京:东方出版社,2017年10月,第65页。

"同时代集体性心情"：
异态时空下的知识人、民众与国家

  精英思想与民众观念、情感间的复杂关系是治思想史研究者始终绕不过去的问题。为纠正将精英思想之连缀等同于思想史的偏向，葛兆光提出了"一般思想史"的观念，以揭示被精英思想遮蔽的、"近乎平均值的知识、思想与信仰"世界——那是每个时代的底色。①作为一种研究范式，"一般思想史"为传统学术观念中的"精英思想史"补偏救弊，为我们在认识论上打开了全新的视界，同时也凸显了二者之间难以逾越、弥合的巨大鸿沟。而在日本思想家小熊英二看来："所谓著名思想家，更多的是能够将自己与同时代的人共同拥有的心情以更加巧妙的方式进行表达的人，而不是具有'独创性'思想的思想家。"②这是对精英思想与民众观念的一种新的观照和理解。在一些危机时代、异态时空中，这一视野将成为理解思想史的重要进路。比如战败和盟军占领就曾使得战后日本进入了空前的异态时空，它塑造了知识人与民众、与国家关系的非常态，又进而决定了小熊英二《"民主"与"爱国"——战后日本的民族主义与公共性》一书的思想取径。

  小熊在《"民主"与"爱国"》中所呈现出的，是与在《改变社会》《活着回来的男人：一个普通日本兵的二战及战后生命史》及其与鹤见俊辅、上野千鹤子的对谈录《战争留下了什么——战后一代的鹤见俊辅访谈》一致的，不以"8·15"切割历史的"贯战史"视野。在他的战后史叙事中，战争经验成为了重要的思想源头。借用上野千鹤子在对谈录后记中的话，该作"是以大河小说的方式描写战后思想史的大作，它采用了迄今为止书写战后思想史的人们都没有用过的方法：试着以未被讲述的战争体验作为光源，反照出每一位战后思想家的思想。由此，他的工作就像手影游戏一样，成功地从战后多有叙说的思想语言中揭示出了至今未被言说的战争体验。战后的我们，第一次如此震撼地感受到了这一至今仍在摇摆着尾巴的巨大影子的存在"。③

那么，战争经验又何以成为理解"民主"与"爱国"，甚至理解战后"集体性心情"的关键呢？从某种意义上来说，可以说战争"抹平"了日本的阶层差异和城乡差异。加藤阳子的研究显示，战争末期，知识阶层的征兵率是79%，与普通青年持平，整体上来看这已是很高的比例。相关政策一经推行，旋即得到了民众的拥戴，因为知识阶层特权不再，"不幸的均沾"使得征兵看起来更为"公平化"。④ 同时，太平洋战争爆发后，曾经相对疏离政治与战争的知识人则面临着前所未有的伦理困境。小熊英二援引了太宰治战后在《回信》中的一段话，太宰的态度在当时可谓极具代表性：

> 即便我们在程度上有所差别，在这次的战争中，我们也都拥护了日本。即便是愚蠢的双亲，浑身是血地与人打架，现在败象毕露眼看就要死了，儿子却在一旁袖手旁观，这才令人感到奇怪。"看不下去了"是我的体会。……我想其他人大概也是以那种心情为日本尽力。⑤

---

① 葛兆光：《思想史的写法》，上海：复旦大学出版社，2010年3月，第9—24页。
② 小熊英二著，黄大慧等译：《"民主"与"爱国"——战后日本的民族主义与公共性》，北京：社会科学文献出版社，2020年8月，第10页。
③ 上野千鹤子：《战争留下了什么——战后一代的鹤见俊辅访谈》，北京：北京大学出版社，2015年6月，《后记》第271页。
④ 加藤阳子、佐高信著，张永亮、陶小军译：《战争与日本人》，北京：东方出版社，2017年10月，第48页。
⑤ 小熊英二著，黄大慧等译：《"民主"与"爱国"——战后日本的民族主义与公共性》，北京：社会科学文献出版社，2020年8月，第87页。

"同时代集体性心情"：异态时空下的知识人、民众与国家

无论是对时局长期保持警惕和批判姿态的作家中野重治登报声明转向国家主义（《东京学艺新闻》1942年2月1日），还是鹤见俊辅以"要呆在战败的一方"为由从美国重返日本加入海军，他们的抉择或多或少都与急转直下的战争局势、战时生存境遇等因素综合倒逼出的故园意识、"家国意识"有关——保卫"愚蠢的双亲"获得了最广泛的情感共鸣。若按现代正义战争论的代表性人物迈克尔·沃尔泽的看法，自卫战争即是正义战争。① 那么，战局的转换似乎已让一些日本知识人的"家国意识"笼罩上了一层"正义性"。知识人与民众、国家至少在"共赴国难"的意味上迅速一体化，甚至连桑原武夫、市川房枝也都曾批判过"旁观者"（当然，这也成为战后日本各界洗脱战争责任的口实）。同时，就像小熊在书中所呈现的那样，盟军对日本城市的密集轰炸使得城市知识阶层被迫来到乡村寄人篱下、仰人鼻息。另外，五味川纯平、五木宽之、安部公房、木山捷平、长谷川四郎、尾崎秀树、大冈升平等后来成为战后文学、思想重镇的青年人因战败而从伪满洲国、朝鲜、西伯利亚以及中国台湾、东南亚等地被遣返归国，他们只是"被遣往海外协助建立强盛的帝国势力范围"② 的650万人中之一员。知识人与大众相遇、城市人与农村人相遇、文人及学生与军人相遇，这一系列遭遇所形成的精神冲击、战时生活的困苦境遇，都极大改变了战后初期日本知识人的自我身份认同、国族认同和思想形态。

另一方面，1930年代的"转向"以及军国主义统治下的战争"协力"种种，更使得日本知识阶层斯文不复、权威失坠，不再是民众仰止的"启蒙者"和道德典范。如果说"走向民众"是战时的走投无路，那么在战后初期战争责任追究、东久迩内阁"一亿总忏悔"的风潮之下，选择与民众

---

① 高桥哲哉著，何慈毅、郭敏译：《反·哲学入门》，南京：南京大学出版社，2011年1月，第103页。
② 约翰·W. 道尔著，胡博译：《拥抱战败：第二次世界大战后的日本》，北京：生活·读书·新知三联书店，2008年9月，第17页。

站在一起，重建民族的道德脊梁和政治、社会秩序，则成为一种"政治正确"的姿态和别无选择的谋身策略。从这个意义上来说，小熊英二所描述的战后知识人与同时代"集体性心情"共振的姿态，毋宁说是在异态时空之下前者别无选择的必然，这是理解此书的一个重要的逻辑前提。《"民主"与"爱国"》中"译者的话"有云："该书的写作是基于这样一个前提：同时代著名知识分子的言论，与同时代集体性心情相一致才称得上'著名'。"① 我想，这一论述似可略作调整——在历史剧变的风潮中，与同时代集体性心情的共振才成就了战后一代的思想家们。

求仁得仁，与民众同在、呼应同时代的集体性心情自然会为思想家们赢得声誉，但作为"悔恨的共同体"之一员，裹挟于时代风潮中的知识人如何在与政治权力、民众情绪的共生关系中把握脆弱的平衡，在战后文化、思想重建中重获公信力和文坛领导权，是不得不慎思之所在。在第三章"忠诚与叛逆"的讨论中，作者援引了 1948 年 8 月 15 日《读卖新闻》的舆论调查结果。数据显示，民众中支持天皇制存续者占了 90.3%，支持天皇留任的占 68.5%②——这便是"集体性心情"的外化。而讽刺的是，"在当时，'天皇制'一词作为战时强迫人们成为隶属的象征而被广泛使用"③。同时，小熊犀利地指出："议员们担心，如果赞成天皇退位，会失去那些朴素表明'支持天皇制'的人的支持。同时，如果以天皇退位挑明战争责任，政界、财经界、地方权力阶层也有可能被追究战争责任。"④ 也就是说，民众、麦克阿瑟所代表的盟军意志以及日本国内保守政治家之间围绕"天皇制"存续的问题再次达成了默契的一致。围绕天皇退位和天皇

---

① 小熊英二著，黄大慧等译：《"民主"与"爱国"——战后日本的民族主义与公共性》，北京：社会科学文献出版社，2020 年 8 月，"译者的话"第 4 页。
② 小熊英二著，黄大慧等译：《"民主"与"爱国"——战后日本的民族主义与公共性》，北京：社会科学文献出版社，2020 年 8 月，第 129 页。
③ 小熊英二著，黄大慧等译：《"民主"与"爱国"——战后日本的民族主义与公共性》，北京：社会科学文献出版社，2020 年 8 月，第 111 页。
④ 小熊英二著，黄大慧等译：《"民主"与"爱国"——战后日本的民族主义与公共性》，北京：社会科学文献出版社，2020 年 8 月，第 130 页。

制存续问题，知识人不得不在"原理"与"江湖"、应然与实然之间做出选择，此情此景亦似曾相识。

在 1946 年 2 月召开的"文学家的职责"座谈会中，德国的托马斯·曼、法国的罗曼·罗兰成为了与会者心中面对法西斯强权的完美抵抗者[1]；而在国内，坚持马克思主义信仰、被捕入狱 18 年的德田球一、宫本显治被释放后，旋即成为国民心中超人般的存在，成为道德上的无瑕无垢者、"良心的唯一见证"。1954 年至 1962 年，以鹤见俊辅为核心、30 多人参与的"思想的科学研究会"发起了"转向"问题的共同研究，开始系统地讨论战前、战中和战后日本各界的激进主义者、自由主义者、保守主义者的变节问题。然而，无论是哪一类"转向者"，都绕不过是否以及如何在民众的价值、信念、情感之包围中坚守自己的"主义"的灵魂之问。诚如江口圭一所言："民众对排外主义战争的支持，正是使政府的不扩大方针归于失败、使亚洲门罗主义路线取代对英美协调路线并得以巩固的决定性条件。"[2] 民众被军国主义意识形态动员起来的结果之一便是知识人腹背受敌、遭到孤立，"同时代集体性心情"的绑架成为压倒有良知的知识人的最后一根稻草。与之协同、为之代言则名利双收，反之则将陷入众叛亲离的伦理困境。

而在战后初期，知识人面对民众的态度却发生了剧变。这自然与书中所论述的知识人饱受伤害和磨难的战争体验（主要是疏散体验、从军体验等）有关。小熊引述了经济史学者大冢久雄在《近代文学》杂志 1946 年举办的座谈会上的发言，他坦言自己"脑海里有理想的大众形象，并不喜欢现实社会里的大众"，"由于战时的经验，我有时有点憎恨大众"。丸山也在 1951 年指责战败后的大众"追求死气沉沉的娼妓秉性和赤裸裸的自私

---

[1] 王升远：《对"明治一代"的追责与"大正一代"的诉求——〈近代文学〉同人战争责任追究的细节考辨》，载《外国文学评论》2018 年第 3 期。
[2] 江口圭一著，杨栋梁译：《日本十五年侵略战争史》，天津：天津人民出版社，1995 年 7 月，第 51 页。

自利"。① 所谓"大众",在大冢和丸山那里,出现了理想与现实间的巨大落差。在观念上,他们是一个与知识阶层相对的、可以进入思想家理论体系的、巨大的、意象化的单数和论资,而落实到现实中的复数个体,则不免令人绝望和哀叹。不唯自由主义知识人,日共方面亦作如是观。孙歌曾在一篇讨论日本民众史研究的论文中指出:"尤其是在1950年代中期以前,日本共产党决定放弃战后初期的和平幻想走武装斗争道路的时候,发动民众一直是日本马克思主义者的基本斗争内容。而随着'山村工作队'武装斗争的失败,日共宣布放弃武装斗争,回到合法斗争的路线上来,这里面伴随的一个基本判断是日本民众'觉悟太低'。"②

然而,随着军国主义政权覆灭与盟军对日改造的全面启动,围绕天皇退位和天皇制存续的问题,知识人却不意在保守政治权力与"面目可憎"的民众之间再次面对两面夹击的"极端语境"。"被置于'天皇制'对立面的是'主体性''连带''团结'等词","当时的天皇制论争强调了天皇阻碍了伦理感、责任意识,也就是'主体性'的确立。"③ 而"知识分子及高学历阶层,对天皇个人的爱戴与'真正的爱国'心情发生了分离。这种心情绝不孤立于民众。"④ 这就形成了一幅颇具讽刺意味的图景:知识人一边在原理层面讨论导致日本近代化走向歧路的"近代的自我"、"主体性"缺失及其重建问题,一边却再一次在权力与民意构成的"江湖"中丧失了主体性。日本(不唯日本如是)近代思想的一个重要的症结就在于,常将引入的西方观念作为学术、思想领域的对象、谈资,而鲜少对其进行广泛讨论,落实为共识并内化为个人行为的指针,思想与行动遂走向

---

① 小熊英二著,黄大慧等译:《"民主"与"爱国"——战后日本的民族主义与公共性》,北京:社会科学文献出版社,2020年8月,第82页。
② 孙歌:《东亚启蒙历史过程中的民众》(原载《文化纵横》2009年第4期),收入孙歌著《从那霸到上海》,北京:北京联合出版公司,2020年2月,第133页。
③ 小熊英二著,黄大慧等译:《"民主"与"爱国"——战后日本的民族主义与公共性》,北京:社会科学文献出版社,2020年8月,第112页。
④ 小熊英二著,黄大慧等译:《"民主"与"爱国"——战后日本的民族主义与公共性》,北京:社会科学文献出版社,2020年8月,第130页。

分裂。盟军意志、保守政治力量以及民众情感显然是其中最不容忽视的决定性力量。战后,城头变幻大王旗,而在讨论"转向"问题的时代,知识人与民众、国家的关系却再次以一种似曾相识的结构重现,这是颇值得深思的。

然而,这并不意味着世无识者。在近年来的研究中,我越来越看重极端语境下的知识人日记的意义与价值,它们为今人提供了理解那些时代不可多得的精神志,不禁让人想到南宋末年诗人郑思肖以铁盒封函、深埋在苏州承天寺院内井中的《心史》。小熊英二在讨论"忠诚与叛逆"的问题时,以曾经的海军少年兵渡边清日记《碎裂之神》为例做出了极为精到的分析,让我们看到了一个有着战争体验、国际视野和独立思考能力的人从体制和原理层面对战争进行的深刻观察与反思。《碎裂之神》是一个真诚而又极富洞见的文本,但遗憾的是,从书中注释里我们不难看到,此书迟至1977年才得以出版。无独有偶,近来我读到了数十本(篇)令人感佩的作家战败日记,其中尤以中井英夫和渡边一夫最为理性和深刻,而他们的日记则迟至1995年、2005年才分别公开出版。1970年代以降,美化自己的战争经验成为一股不可小视的潮流,这让一批有良知的知识人感到忍无可忍。他们意识到将自己的战争体验投放到公共空间中以正视听的必要性和时不我待的紧迫性,遂于30多年后挺身而出,向知识界传递了诸多带着温度与实感的战争经验,其拒绝遗忘的历史责任感、"以真抗玄"的介入意识和批判精神,令人肃然增敬,对此我在前面几章中已有详论,兹不赘述。但在另一方面,如果说这些知识人提供的真诚、独立、理性的主体性思考缺席了战后初期日本的思想建设,亦大致合乎实情。那么,接下来的问题便是:他们在战败至1970年代的二三十年间之缄默又意味着什么?而对此间日本的言论空间的变化、民族主义思潮起落轨迹的阐发正是小熊是著的关切所在,亦值得读者诸君寓目。

鹤见俊辅在与小熊、上野的对谈中盛赞道:"小熊君这次的《"民主"与"爱国"》就接近'全历史',能在思想史方面践行近于'全历史'的方法，是很少见的。"① 在我看来，《"民主"与"爱国"》中也暗含了对"原理"与"江湖"两个层面的尊重。在讨论丸山真男对天皇退位、天皇制存续问题的抉择时，小熊意味深长地指出："丸山敬爱的恩师南原繁也是象征天皇制的支持者，这或许是丸山远离天皇批判的又一原因。"② 此即"原理"之外的"江湖"。在"原理"与"江湖"的交错中，小熊并不试图为战后思想史"制作"一条明晰的秩序链条，亦不急于对"民主""爱国""民族主义"等在战后影响巨大、而涵义飘忽多变的关键词给出明确的界定。他博观而约取，以面对历史的真诚和"同情之理解"的姿态，对那些抽象概念在每个时代、每个言说者那里的差异性理解与表达都给予了必要的尊重，进而表述了一种"朦胧的确定"。我想，这种方式才是进入战后纷乱混沌、多元并存的政治生态、社会语境和思想文脉的不二法门。

知识人应以怎样的姿态面对民众、国家以及"同时代集体性心情"，应与之保持怎样的距离？这个问题不只投向了思想史叙事的"对象"，也抛给了作为历史见证者、书写者的我们。

（原载《经济观察报·观察家书评》2020 年 11 月 30 日，标题为"战后日本知识分子的'同时代集体性心情'"；《世界文化》2021 年第 1 期全文转载）

---

① 鹤见俊辅、上野千鹤子、小熊英二著，邱静译：《战争留下了什么——战后一代的鹤见俊辅访谈》，北京：北京大学出版社，2015 年 6 月，第 169—170 页。
② 小熊英二著，黄大慧等译：《"民主"与"爱国"——战后日本的民族主义与公共性》，北京：社会科学文献出版社，2020 年 8 月，第 113 页。

表述日本的姿态与
阅读日本的心态

古时没有相机，帝王好请画师绘像。曾任浙江右参政、熟稔朝野掌故的明人陆容曾在《菽园杂记》中记述了太祖朱元璋画像事："高皇尝集画工传写御容，多不称旨。有笔意逼真者，自以为必见赏，及进览，亦然。一工探知上意，稍于形似之外，加穆穆之容以进。上览之甚喜，仍命传数本以赐诸王。盖上之意有在，它工不能知也。"[①] "穆穆之容"语出《诗经·周颂·臣工之什》，意指天子之雍容、威严。无论庙堂与江湖如何看待自己，事实上，朱元璋心中早已有"穆穆"之"自我像"，画工之制始终在这一自我认知与想象中被裁断和选择的，唯有合乎其自我想象的作品方得正解。他所期待的从不是客观、逼真，即便揽镜自鉴便可瞬时明了一切。

笔记异闻自然未可全信，但其中所言之理却不无可思之处。人之视己、视人目中之己，亦尤高皇绘事尔。任何国族总是难免在自我审视、自我言说以及被他者审视与言说之间循环往复、不断寻找和确认自我的命运。有时，这就像自己手机精修的个人美图与别人手机捕捉到的黯淡影像，它们表达了各自不同的情境、心态与诉求，两者间是可以相互参证、相互补充的，至少能够让我们看到自己颜值的阈值。而事实上，我们似乎总是习惯于假定抑或相信唯有自己对本国的体认和表达才是"等身大"的，别人都不懂我，唯有自己才是自我最好的"知己"，即便我们深知自己对本国族的认识也是言人人殊，甚至是彼此对立冲突的。在对域外学界之本土镜像的择汰中，我们内心深处对自我的认知、期许与愿景却往往是不自知的。

甚至很多时候，表述抑或阅读域外本身也成了某种本土欲望投射的镜像与延长，我们期待写出、读到自己所期待的他者或自己的样貌，被算法所强化的"信息茧房"会进一步巩固这种同温层内的确信。而其结果往往是，对对象国古今文物制度充满神往、认同的他者论述会被其论述对象国大加认可、多有译介，若再能说上一口流利的此域语言，更将会被彼邦尊奉、认证为"某国通"，名利双收；而那些夹杂着（哪怕是善意的）批评、不以讨好和迎合对象国政治权力与一般受众为旨归、与对象国之期待相悖的论者往往不受待见，其名不彰，以致我们看到的域外以及域外所表述的自我，都只能是我们所想看到的。然而，一个国族之所以成其伟大，恰在于能接受对自己的不伟大、不完美的批评，那些湮没不闻的批评家之名唯有在此胸襟下才有机会浮出历史地表。

阅读者的气度不仅会决定一个国族是否能听到批评之声进而反躬求诸己、引以为鉴，更将在很大程度上型塑、约束表述者的论述心态、策略与期待，但最根本的可能还是其问题提起的方式和研究对象的选定。治外国之学者，在面对对象国时，时而会产生一种自我矮小化的焦灼感，对象国既有的知识累积所形成的"影响的焦虑"是不言自明的，因此不少学者常以得到对象国的官方、学界认可与共鸣为旨归。日本思想家子安宣邦回忆起1970年代初期他在德国波鸿大学的见闻时则表述了涉外研究的另一种相反情形：

> 记得看到那些在波鸿大学东亚研究所的图书室中，终日翻着《宽政重修诸家谱》的德国研究者，我觉得很不可思议。看到有学生埋头于安藤昌益的《自然真营道》之德译，我亦感到惊讶。最初我认为他们都在做些荒唐而又无意义的工作。尤其是安藤昌益的作品，连作为日本近世思想专家的我读后都不明所以，他们试图将其译为德语的鲁

---

① 陆容：《菽园杂记》（下），北京：文物出版社，2022年7月，第159—160页。

莽举动让我感到愕然。但最后我注意到，在他们堪称鲁莽举动的背后，其实隐藏着一种在认识论意义上控制其对象的冲动和欲望。不仅是欲望，他们有种在认识论层面掌控对象的自负。东方学，是对东方世界（Orient）在认识论上有着控制欲的知识体系。①

在子安那里"荒唐而又无意义的工作"，换到德国学者那里则似乎别有意趣与幽怀，无他，唯问题意识之异使然。子安在波鸿大学发现并揭示出的"在认识论层面掌控对象的自负"，让人不禁想到了区域研究（Area Studies）在美国的兴起。酒井直树指出，"区域研究"作为一个独立学科，是在1940年代末在美国高等教育界被制度化的，其实这正是为了辅助所谓"美利坚治世"（Pax Americana，或称"美利坚和平"）的国际秩序。区域研究为美国多方面的全球霸权贡献了巨大力量，这一知识的学科形成再度确认了近代世界的殖-帝国秩序。"区域"这一概念将世界的"其他地方"标识出来，其中"西方"代表着知识的主体，而"其他地方"则被专门指定为知识的客体，西欧与北美则从未被视作研究的客体。② 无论日本之于德国，抑或"其他地方"之于西方，认识论两端牵连的主客体心态、姿态，不仅关系到学术、思想生产的视角与认知维度，更将构成对现实政治的某种切实的参与和介入。"区域研究"在我国方兴未艾，我们当以何种姿态确立、面对、审视将要表述之"客体"，此识者不可不察之所在也。非此，则来自外部的观感和判断就不是我们的动机和意愿所能左右的了。争名于朝，争利于市，争智于孤。在异域与本土之间不偏不倚、在权力与民众之间不激不随、在迎合与掌控之间不俯不仰，确立此种不动声色、不动如山的学术立场以及与此相应的位置感，庶几才是治涉外之学者所应有

---

① 子安宣邦著，王升远译：《近代日本的中国观》，北京：生活·读书·新知三联书店，2020年6月，第36—37页。
② 酒井直树撰，黄珺亮译：《区域研究与文明论式的转移》，载《日语学习与研究》2022年第5期，第1—2页。

的姿态。

在论述对象国之外的观察，不仅会产生不同的问题意识，可能也会制造出诸多认知上的错误，然而，错误却未必是无用的。1988年3月9日，法国的结构主义大师克洛德·列维-施特劳斯（Claude Levi-Strauss）在国际日本文化研究中心（京都）第一次研究集会上发表了题为《日本文化在全世界的地位》的演讲。在这次演讲中，施特劳斯指出："一个从外部审视一种文化的人，其认知不可避免地会有些残缺，其评价也会出现严重的错误，但这些认知和错误或许仍具价值。"他以天文学家类比人类学家居于远处观察的位置感以及由此而生的"不足"：

> 我们的祖先凝视夜空，他们无法借助天文望远镜，也没有任何宇宙学的知识。他们给没有任何实际形状的星群冠以星座之名：每一个星群都是由肉眼看到的同一层面上的星星组成，尽管这些星星与地球的距离各不相等。错误产生的原因是观察者所处的位置与其观察物体之间的距离太过遥远。也正因如此，人们很快观察到天体运动的规律。数千年间，人们利用它——现在仍继续利用着——来预测季节的往复，估量夜晚时间的流逝，寻找大海中的方向。……虽然永远不能从内部认知一种文化，毕竟这是当地人所具有的特权，但是人类学至少能给当地人提供一幅全貌图，一些简单的轮廓——这些对于当地人来说，因为距离太近而无法获得。[1]

施特劳斯以生动的星座之喻形象地点明了身处对象国之外的他者所独有的、非"此时此地"的位置感及其难以被对象国本土观念所覆盖的视野与认识论，这一见地是值得我们借鉴的。简言之，这种远距离所特有的观

---

[1] 克洛德·列维-斯特劳斯著，于姗译：《月亮的另一面：一位人类学家对日本的评论》，北京：中国人民大学出版社，2018年2月，第6—7页。

察视野可以生产出错误却有用的知识。

但是,反过来说,有用的知识却无法直接与正确、客观之间划上等号。借施特劳斯之喻而言,对农民、渔夫而言,星座在"预测季节的往复,估量夜晚时间的流逝,寻找大海中的方向"方面固然是有用的,但我们却不能反向确认前述有关星座的叙事在天体物理、宇宙结构上是站得住的。换言之,有用不等同于客观、正确。这让我想到了《里斯本丸沉没》导演方励在"一席"的演讲。他说,根据日本军方当年留下的"里斯本丸"沉船坐标,香港水下考古队并未寻到该船,而经其探测,该船真实沉船坐标位于:30°13′44.42″N,122°45′31.14″E:

> 因为日本军方的记录,这个坐标是错的。我们找到的这个沉船的位置坐标,和日本军方记录下来的坐标相差了36公里。在40年代之前,我们用的原理是对着星座、对着星象,拿六分仪在对自己,拿罗盘在找北,它的误差是非常大的。所以不是说我有多聪明,只是想到当年带的装备是对的。我们做了400平方公里的扫海,发现一个,然后我又是学地球物理的人,懂得怎样去证明它。①

在这个意义上,战后竹内好的鲁迅论、中国论庶几可为参照。近些年来,竹内好的中国文学与思想研究在中国文学界、思想界产生了巨大的影响,在方法、视野匮乏的时代,"作为方法的亚洲"为我们提示了新的认知维度与可能。中国问题被竹内好作为域外思想资源引介到日本,成为其讨论战后日本本土议题的重要参照,从而激活了前者的思想潜能。但同时,就像孙江所犀利指出的那样,"无论是战时还是战后,他对中国的判断都

---

① 方励:《不顾一切后倾家荡产,值得吗?》(2024年8月17日于上海的演讲),引自"一席"视频号。

悖离实际"。① 如此说来，所谓继承竹内好的精神，未必是对其基于"内在于我的中国"眼光而塑造的"别人家的孩子"（例如所谓"竹内鲁迅"）形象信以为真，而应是赓续其引述域外思想资源进行自我批判的勇气和智慧。

施特劳斯的演讲中另有一个颇值得深思的见解。他坦言，此番演讲是来自日文研首任所长梅原猛的命题作文。所谓"日本文化在全世界的地位"一方面固然与该所的立所旨趣紧密贴合；另一方面，也暗示了东道主试图看到他者眼中本国文化之世界坐标的意愿。近些年来，比较文化研究早已成为显学，各种相关议题曾如过江之鲫，让人目不暇接。而在人类学家施特劳斯看来：

> 即使我穷尽一生研究日本文化——即使以某种专业能力来谈论它也不为过——但作为人类学家，我仍然怀疑能否客观地就它与其他文化的关系来定位这一文化，且不管它是哪一种文化。对于一个没有在这里出生、成长，没有在这里接受教育的人来说，即使掌握这一文化的语言和所有接近它的外在方式，也永远无法触及沉淀在这一文化最深处的精华，因为文化在本质上是无法比较的。所有我们用于区别某一文化与其他文化的标准，或是来自该文化本身而缺乏客观性，或是来自另一文化而缺乏作为标准的资格。（《月亮的另一面》：第3页）

比较，往往为了凸显、制造差异，人们善于在与自身文化相对的意义上将对象国文化绝对化。乘着火车、浮光掠影的漫游者式观察能看到的只能是"异"，这种匆忙的、非历史性的普遍化倾向是将日本作均质化想象的产物。你所看到的与其说是文化的实质性差异使然，不如说是潜意识里

---

① 孙江：《在亚洲超越"近代"？——一个批评性的回顾》，《江苏社会科学》2016年第3期，第166页。

求异心态的产物。1937年周作人日本研究店的关门，本尼迪克特《菊与刀》在战后日本、美国学界遭受到的质疑，无不在向我们昭示，对本土抑或域外文化进行"提纯"操作的内在悖论。在这个意义上，施特劳斯将日本比作一个文化的过滤器或者蒸馏器，它"从顺着历史长河流淌和融合的物质中，将更为稀有、微妙的精华蒸馏出来。这种借鉴与综合，诸如混合与新颖独创的交替，在我看来，便是对日本文化在全世界的地位与角色最为合适的定义"。（《月亮的另一面》：第20页）纵观世界，东西方文化有今日面目，率多是杂交、蒸馏的结果。加藤周一将日本文化定性为"杂交种文化"之论在今天依然有不可忽视的认识论意义。

比较文化研究的另一种倾向表现在为一些文化现象追溯影响的源头，据此树立或者巩固一种从影响发生源走向其周边的单向文化输出路径、模式。施特劳斯则为我们揭示出了"月亮的另一面"。他指出，《古事记》和《日本书纪》巧妙地串联起了世界神话的主要题材，这些题材不仅出现在旧大陆，也出现在了美洲大陆和印度尼西亚。"因此最好放弃寻找神话传说起源点的企图。根据各种可能性，这些神话构成了人类共同的遗产，我们在任何地方都能搜集到它的残枝末节"。（《月亮的另一面》：第15页）无论是本土还是域外文化，我们不仅可以将其作为民族文化之荣光，更可视其如人类共有的历史文化遗产而珍视之。

译介日本人文经典以为吾国思想文化建设之补益，即便自五四算起亦有百年。其间，国际关系局势风云流转，东亚乃至诸国力量此消彼长，今非昔比。而作为后发国家，我们的优势恰在于可从包括日本在内的世界各国的兴衰荣败中获得历史经验、汲取历史教训，毕竟思想决定行动，而行动关乎命运。译介日本人文经典之作固然有对彼邦过往思想批判性吸收之旨趣，更建基于对"思想越界的时差"之自觉。换言之，在先行与后发之间，日本当下热议的问题，对我们而言未必有共振之实感；在日本曾经作为思想议题得以关注和讨论、似已过时的问题，对今天的我们来说或许却正当其时。带着对思想文化发展历史阶段差异的自觉和面对世界各国文化的谦逊态度,带着不动声色的域外思想文化撰述、涉猎心态,带着更为广阔的视野和包容的胸襟,我们方能既在世界坐标中明晰本民族的位置,又不外于时代的滚滚浪潮。此途漫漫而维艰,低头看路,则进一步有进一步的欢喜。

(原载《读书》2024 年第 8 期,亦为商务印书馆"日本人文经典译丛"总序)

家史调查、历史记忆与"全历史"写作

——中日学者三地书

  按：小熊英二的著作这些年在中国读书界得到了比较充分的译介。但事实上，我对小熊最初的了解并非始于他的个人著述，而是他与上野千鹤子二人对鹤见俊辅先生的访谈——《战争留下了什么——战后一代的鹤见俊辅访谈》。作为访谈者，小熊的位置感、问题提起的视角以及推进的深度，是非对战后日本思想史脉络有深刻把握者所难为的。接下来，他的另一本书《活着回来的男人——一个普通日本兵的二战及战后生命史》也被译介到国内。在这本书中，作者以倾听者的姿态，带着社会历史学家的感觉将父亲一生经历予以历史化和学理化，让我们透过一位普通日本人的生命史看到了某种带着温度和个人实感的20世纪日本史。这两本书在中国都引起了不小的反响。同时，小熊也很关注中国国内李远江等推动的家族史调查。一些机缘巧合之下，我们三人相互交换了一些关于家族史研究、历史记忆问题等彼此感兴趣的话题之看法。与《新京报·书评周刊》的天元兄交流后，他邀请我们在已有的交流基础上借报纸纸面展开说说，于是便有了这一次的"三地书"。作为抛砖者，很开心地看到了那些不成熟的提问所引带出的金玉之言，更期待三地书中的这些文字能让我们在对个体生命和家族足迹的叩问与追寻中成为更真诚、更理性的倾听者、对话者和书写者。

——王升远

■ 王升远（复旦大学教授）

小熊老师、李老师：

初秋时节，向二位老师纸上问好。《新京报·书评周刊》邀请我们以通信的形式来讨论一下家族史写作和历史记忆的问题。这几年，李老师推动的家族史访谈、调查和小熊老师的《活着回来的男人》都在中国知识界产生了较大的影响，我想或许正好可以借此机会面向读者朋友们展开说说。我个人这些年在处理战争和战败初期作家日记以及战争题材文学创作等相关问题，也会涉及一些战争记录、战争记忆和书写的问题，其中的一些困惑或者感想也想借机向二位求教。

英国历史学家艾瑞克·霍布斯鲍姆将"短20世纪"（short 20 century）的主要特征归结为战争与革命，"短20世纪"也因此被他称作"极端的年代"。在李老师策划推动的全国中学生历史写作大赛中，对于当代中学生而言，祖辈在极端年代的记忆是绕不过去的。而小熊老师的父亲谦二先生也经历了战争，并在西伯利亚做过苦力。两者要处理的对象与问题中，都绕不开"极端语境下的人"及其判断、选择与行动这些自带痛感的问题、难题。个人史、家族史也因民族国家历史的风云变幻而受到剧烈的冲击与波及。历史从个人、家庭、家族流淌过后留下的痕迹成为我们理解20世纪中国、日本历史乃至全球史的重要"证言"，我想或许可以将其视作被遮蔽的"另一半历史"。事实上，在道德教训可能只对个人有用的同时，政治教训却必须由公民群体一起来汲取；增强"作见证"的意识也是培养公民人格和发挥公民作用的重要内容。从这个意义上来说，我们事实上需要很多个谦二，需要很多个父辈、祖辈的记忆叙述，并形成一种召唤力量，以呈现、拯救被宏大叙事收编、挤压、遮蔽的"另一半历史"，这是"全历史"（Total history）写作的要求，是当下的我们对历史不容回避的责任，也是今天我们来讨论讨论历史记忆相关问题的题中应有之义。换句话说，还是坚信个人的历史，家庭、家族的历史有着不容替代、不容代言的价值和意义。

与强调个人、家庭、家族的意义不容遮蔽相应的是，其责任也不容推卸。在世界上的许多国家，在一些峥嵘岁月、极端年代中，一些人会以集体、国家之名作恶，事后复又躲在宏大叙事背后洗脱、逃避个人责任，战败初期不少日本知识人便做出了这样的选择。制度的问题、国家恶的问题自然不容忽视，但是若只将问题归结为组织、集体、国家、民族甚至意识形态因素等结构性因素，那么责任问题往往会不可避免地遭到架空并走向虚无，人之为人的尊严、理性之光也将随之无存。从这个意义上来说，对犹大和总督的追究都是不可偏废的。因为即便同在一个极端的年代，面对相同、近似的状况，每个人的判断、选择和因应策略也大有不同。就我个人近年来关注的战争时期日本知识人精神史相关议题而言，大致情形就是这样的。我想，或许我们可以把战争与革命都视作一套化学意义的"反应装置"。对于日本文坛而言，战争成为了一种无可选择、也几乎无法逃避的反应装置，他们被今人期许的道德、良知、价值、伦理、爱国心等等无不需要在此之下经受非常态的酷烈考验，并在这一过程中"原形毕露"。这些年，我将关注点转到战后初期的文学与思想时，又会很关注日本作家战后的责任认知和自省，这也是千人千面。其中，不断否认、推卸责任者或者对此保持缄默者居多，但每当读到为数甚稀的对极端年代中之个人言行公开讨论和忏悔的文章，都让人心怀敬意，这意味着一个个体甚至是一个民族面对苦难的道德回望，面向未来，这应该是值得提倡的。

面对极端时代的个人抑或亲族的言论和行动是需要勇气的。小熊老师熟悉的日裔旅美学者桥本明子有本书叫《漫长的战败——日本的文化创伤、记忆与认同》。作者发现战败后归国的日本老兵对过往自己在亚洲诸国的战争经历不愿重提。而作为家庭、家族中的大家长他所具有的身份权威，也使得家庭、家族成员不会主动谈论、轻易触碰其比较忌讳的过往。桥本认为两三代人之间心照不宣的"双重壁垒"是导致战争记忆风化的重要原因。事实上，像小熊老师父子之间能够坦诚相见的案例并不多见。这就引出了战中派的"战争体验"与战后派的"战争经验"之间交叉、融通的限度问题。很想知道，小熊老师父子对话中，是否出现过父亲在情感上难以逾越、不愿触碰的痛苦过往，您在对话和这本书的写作中是如何处理的？在读《战争留下了什么——战后一代的鹤见俊辅访谈》时，小熊老师面对鹤见先生的提问是极为坦率、直逼死角的，但历史眼光逼视下的很多提问以及鹤见先生的回答都让人深受启发、深有触动。那么，在面对父亲进行交流、访谈并将其个人经验历史化的时候，父子的家庭伦理以及历史社会学者面对历史亲历者之间的学术伦理在写作中是如何交错和平衡的呢？

小熊老师的《活着回来的男人》给我最初的震撼是您所着意凸显父亲带着常识、常理的常人生活，在人性之常、生活日用之常中重新审视历史及物于个体后留下的印迹以及个体的回应，这是另一种与精英主义、精英叙事相对的历史观念。您强调父亲的选择在潜在性上是"所有人都可能采取的行动"，这里也流露出鲜明的"均值"意识。将对自己而言具有特殊意义的父亲予以"一般化"处理，强调作为"均值"个体的普遍意义，便有力地破除了民族国家框架的强力绑架及其在有形无形中向人们输出的某些观念的羁绊。在全球化遭遇困境的今天，保持这种基于常人之常识、常理而形成的对他者的想象力、对遥远的哭声之共情心、同理心，是极为可贵、极为重要的。

在某些情况下，鼓励面向父辈、祖辈的对话、交谈恐怕首先旨在恢复、接续抑或重建某种跨越代际的"联系"，而这种因家庭伦理而本应坚韧存在的情感联系实际上在"极端的年代"曾遭到破坏而断裂，我想这种现象是很多国家都普遍存在的。就我个人而言，自小时起，我就对自己家庭、家族的历史比较留心在意，但又发现无论是祖父还是父亲，他们的回忆都是断片化的、有选择性的，更无法期待某种全景叙事了。细想起来，这里至少存在着两个值得注意的问题。首先，祖父和父亲在面对当时还是小学生的我时，在心理层面自觉不自觉间是很难将我视作一个可以平等对话的对象的，他们会刻意回避一些艰难痛苦的话题，时而还会带着某种

317

"讲故事"甚至"寓教于讲述"的道德训诫意识选择性重构自己的记忆，跨代际的交谈会在不觉间发生奇妙的焦点转移。同时，因为种种内在的、外在的原因，他们的讲述里面也存在不少记忆的讹误。这就带来了历史记忆、口述史的"文学化"问题。在做作家战争日记、战败日记的研究中，也会遇到文学化或者说"虚构"的问题。即便是日记文本，有时也只能视作某种日记文学，即便是永井荷风的《断肠亭日乘》也是如此。在处理日本作家战争日记和战败日记这类文本时，如何思考其中的真实性问题曾经长期困扰过我。后来我想，或许我们有必要区分"事实真实"和"情感真实"的关系。事实可以揉搓、变形甚至虚构，但是其中流淌的情感往往是真实的，无论是热爱还是憎恶，是敬畏还是轻蔑，情感层面的表达往往都会让人有"斯人诚不我欺"之感。当年中井英夫面对1970年代民间出现的美化自己战争记忆的风潮时，愤然决定出版自己的日记，正是希图以战争中自己的切肤之痛以及日记中对战争的憎恶来回应、矫正对战争历史的不当回顾。访谈中恐怕也会出现类似的情况，就是"虚"与"实"的问题。受访者对于一些具体的人事关系、时间、数字语焉不详或者出现记忆讹误，"实"的问题会谈得比较"虚"；但在状况、情境中自己的情绪、心境与判断、选择等这些相对"虚"的问题反倒会把握得比较"实"。总之，当我们带着赓续历史、传承记忆的期待时，却极有可能获得了某种意义上的历史文学文本，这种文本有时又因其强烈的私人经验属性，很难证实抑或证伪。

　　而另一方面，从访谈者的角度而言，问题的设计也无不受制、受限于其个人的性情趣味、知识结构、历史认识、家庭观念、关于同一事件的"后记忆"，以及当下语境对历史叙事或隐或显的影响和干预等问题，不同世代的人问题意识更会是千人千面。这会让我们的访谈文本充满着不确定性。而历史的真实也正存在于这闪烁、摇摆的不确定性之间。或许也无须带着历史学的眼光对其寄寓某种确定性的期待，因为谈论、写作家事在最基本的意义上来说，是一个重新发现、认知自我并将自我相对化、历史化审视的操作，非此则无以谈成长，无以看清自我。李老师发起的家史、家族史中有一个自觉的意识，那就是对于青年一代而言，这是构建完善人格的重要基础，前辈的历史记忆对于后辈而言是某种面对社会的"间接经验"，这是一个非常值得重视的视角，这也启发我思考了另一问题。对于每个青少年而言，我们必须知道，祖辈、父辈的过往无形中已经作为某种你无法选择的前置约束条件，决定了你的生存条件、思维和行为模式等等。戏仿套用小熊老师采访鹤见俊辅先生时，鹤见的那个很有趣的提法——"方法以前的方法"。唯有把自己作为方法，才有可能更好地、真切地抵达原理与世界。

拉拉杂杂说了这么多，无外乎是对二位老师学术工作的学习心得。期待得到二位的回应和批评。

王升远

2023 年 9 月 20 日于上海

■ 小熊英二（庆应义塾大学教授）

王老师、李老师：

读了王老师的意见之后，我也想谈一下自己的看法。未能一一回应，希望二位能够从字里行间得到各自的答复。

在我看来，倾听并记录家族史这件事具有两大意义。一个意义是通过倾听民众那些无法用文字记录保存下来的生活史，去挖掘那些没有文字记录的事实，并呈现出与有文字记录者所不同的另外一种史观。二位老师肯定都很清楚历史研究中家族史所具有的这种学术意义。

家族史的另一个意义在于它赋予民众以力量，让大家知道，在当权者眼中的无名之辈也有着自己的历史，从而树立起信心；让大家知道，不只有权威的书籍和记录，他们身边就有着极为重要的历史；通过倾听，让大家培养起自己创造历史、自己进行思考的能力；通过进行家族内的对话，培养起一种超越代际的想象力。这些虽称不上学术价值，却有着深远的意义。

在进行家族史访谈时，以上两者密不可分。不过，侧重点不同，倾听的方式和目标也会各有不同。

如果重点放在学术意义上的话，那么听到的事实是否属实，是否是史学界尚未掌握的有价值的新事实等方面则变得至关重要。听者需要具有能够冷静鉴别说话者所说内容是否属实的能力和业务知识。此外，他们还需要掌握如何从学术层面对所听到的事实进行定位的相关知识与理论储备。倾听的方法也必须将重点放在如何去发掘事实之上。

然而，不同的学科，其学术意义也千差万别。在人类学或民俗学中，有时倾听的目的可能只是为了引出讲述者的世界观，而非判断其所说是否属实。聆听街头巷尾的故事，它是否属实其实意义并不大。此外，在社会学中则更注重讲述者的阶级和社会地位，即使其所讲述的内容并非新的史实，不过以讲述者社会地位的视角将他们的话语进行学术定位，这也是一种与历史学截然不同的视角。然而，虽然与历史学有所不同，但在强调学术意义，要求听者具备丰富的业务知识及切实可行的方法等方面，则是相通的。

除此之外，比起其学术意义，如果更注重如何带给民众以力量的话，那么家族史的实施方法也会发生相应的变化。这种情况之下，通过家族史的倾听与被倾听，民众能够从中得到一定成长，那其学术意义便可无关轻重了。退一步讲，只要两代人能够进行对话，其实已经是一大收获了。这种情况下，学术知识和方法不再重要，话语的学术意义也可有可无。

所以我认为，必须将这两种意义加以明确的区分，方能进行系统性的讨论。重视学术意义，深化家族史相应的学术方法与理论，这条道路固然重要。但是，倘若重视民众自身成长的话，那么即使访谈后的学术效果差强人意也无大碍；倘若要深化家族史学术意义的话，那么培养起一定数量的研究者则变得至关重要；而倘若将家族史作为一种运动加以思考的话，那么或许会存在另外一种观点。

即便如此，在厘清二者区别的基础之上，还是存在着重要的一点，即与模板化叙事之间的距离感。

人类是不可能讲述所谓的事实的。我们无法做到将365天24小时中发生的所有事情，在一小时之内全部讲述出来。如果非说不可的话，那么词汇贫乏之人往往诉诸模板化叙事。常见的苦难经历、电视中老掉牙的故事桥段、对年轻人的训诫等故事套路随处可见。米歇尔·福柯将这种模板化叙事对人类话语的规范称为一种"economy（经济学）"。我们在讲述时为了能够简化自己的经历，在听话时为了简化对方的话语，一种模板化的叙事便有了其用武之地。

然而，对于前面提到的两种意义而言，模板化叙事都是负面的。被压缩成一个已有的模板化叙事，那些相对而言不甚重要的体验或记忆，必会遭到模式的碾压而被抹杀。如此一来，我们或许便再也听不到那些一直淹没在历史尘埃之中的新史实，也听不到那些与文字记载所不同的观点了。更何况，仅去讲述那些模板化了的故事，既无法提高讲述者的水平，也无法锻炼听话者的思考能力。当得知听到的只不过模板化叙事的话，听话者自然提不起兴趣，也无法形成一种家族内的对话。

因此，我们该如何与模板化的叙事保持距离，对于这两种意义而言都很重要。那么，如何才能做到这一点呢？

并不存在什么放诸四海而皆准的标准答案。如果非要找出一个可供讲述者和听者使用的万能办法，那这其实也成为了一种模式了。不过，就我个人经历而言，以下几招十分受用：

一是询问具体的事情，比如与其问"您当时的生活是什么样子的呢？"，不如问"您当时早上几点起床？吃的是什么？坐什么上班？上班都做些什么？"。一天24小时，每小时的行动模式、吃什么、穿什么、见什么人，这些都可以问。如此一来，所说的话便不再抽象，对于逃离模板化叙事的惯性无疑是一种很好用的方法。

另外，最好询问他们当时的感受，而不是去询问意见。与其问"你对此是怎么看的？"，不如去问"经历过这些之后，你的心情如何？"这里我举个例子，比如我问父亲在听到日本战败时是什么感觉，而并没有询问他对战争是怎么看的。父亲的回答是，在听到日本战败的消息后，他大约沮丧了20分钟，但随即又转悲为喜，因为他知道自己终于能活着回家了。这是与"日本人战败了都感到失望"，抑或是"日本人从战争解放出来都感到高兴"这种模板化叙事所截然不同的视角。与这两种模板化叙事相比，它可能更为接近史实。

此外，在倾听家族史的时候，访谈和被访的时机也很重要。我开始访问父亲正是母亲罹病住院的时候，没想到这倒成为了一个契机。当时，在一起去医院探望母亲的车里，父亲跟我谈了很多关于远方亲戚的事情，一个劲儿告诉我家里还有哪些七大姑八大姨的。听着听着，我也觉得"这些也挺有意思"。加之，留下父亲一个人在家，我每个周末都会过去看他，也没什么可聊的。事已至此，那干脆对他进行访谈吧。当时，林英一正好来找我商量研究的事情，我就拉上他一起了。没想到父亲的记忆比我想象的要清楚得多，他也很感兴趣，我便不停地追问，然后心想，这些都可以写本书了。就这样，通过访谈，不仅是父子关系变得更好了，书问世后父亲也很高兴。不过，他之所以开心并不是因为觉得自己出名了，而仅仅是因为我把对父亲的访谈以书的形式流传了下来，我很喜欢父亲这种谦虚而又淳朴的性格。

如上所示，我试着用自己的方式来回答二位的问题。鄙人粗浅的作答，相信二位能够从中获取到有用的信息。

小熊英二

2023年9月22日于东京

■ 李远江（自由职业者，青少年家史项目发起人、阿那亚社区家史计划主理人、自然与人文研学导师）

小熊老师、升远老师：

秋安！在北京到成都的旅途中看到二位的信，特别受教。

小熊老师对家族史的理论探讨及实践方法与我的经验非常契合，值得每一位想做家族史的人细细体会。

关于家族史写作的意义和价值探讨，我认为还有一重特别的意义，那就是为家族史书写者提供强大的内驱力，同时为他们动员自己的家人参与或支持家族史书写提供合理性。毫无疑问，绝大多数家庭都没有随时记录家族史的习惯。家族史写作会经常会遇到各种各样的困难，能坚持下来的人往往是少数。而家族史的意义和价值的挖掘和传播，能够极大地提升家族史书写的成功率。十多年前，我在动员中学生（后扩展至大学生和小学生）书写家族史的时候，最重要的工作就是让他们以及老师、家长能充分理解家族史的意义和价值。在我的家族史动员课程中，保守的评估，讲好第一课——《我们为什么要做家史》——这件事情至少已经成功了一半。

到达成都的第二天，我趁着出差的间隙，去拜访了一位年逾九十的表姐。她的父亲是我的母校四川省宜宾市叙州区第一中学第二任校长，是一位深刻影响了地方文化发展的教育家。而表姐本人是省内知名的煤炭工程师。2011年丈夫过世后，她曾经整理编印了一本记载夫妻二人60年岁月的纪念文集，也帮丈夫一家编写了家族史。表姐从2019年就计划写自己的家族史，时隔4年仍未动笔。一方面她自己的身体状况越来越差，另一方面，她的家人对此并无兴趣。尤其让她痛心的是在弟弟去世前，她千叮万嘱让侄儿侄女一定要把弟弟的遗物，特别是文献资料保存下来，结果几个月后，侄儿侄女把父亲的房子卖了，遗物全部都烧毁了。表姐质问侄儿侄女，为何不听自己的建议，得到的回答是：过去的事情没有必要知道。时至今日，表姐仍痛心疾首，斥责侄儿侄女不仅没文化，更是不肖子孙。晚辈的无视让她觉得写家族史失去了价值,于是打算放弃。我和表姐聊了两个小时之后,表姐深受鼓舞,决定现在就动手书写自己的家族史。

关于家族史的意义和价值的讨论或许是一个永无止尽的话题。苏轼在《题西林壁》中有云:"横看成岭侧成峰,远近高低各不同。"家族史就像苏轼眼中的庐山一样,是一个具有多重意义的综合体,不同的人从不同的角度去看,就会发现不同的意义和价值。

升远老师关注到"极端年代"的记忆,通过一个个鲜活的家族故事,我们可以看见被宏大叙事所遮蔽的历史,还历史以丰富多彩,复杂多元的面相。世界上没有两片相同的树叶,同样也没有两个相同的家史故事,即使同样身处"极端年代",每个家庭或个人自身的差异性决定了他们的家族史依然是千人千面,而非模板化的故事。

升远老师还提到家族史的书写与承担历史责任的关系。我们观察到,青少年在倾听并书写家族史的时候,对历史的理解从抽象走向具体,开始有了自己的理解和判断。尽管绝大多数孩子关注的都是长辈的正面形象与积极的故事,却也有孩子能直面家族历史的黑暗面,深刻反思祖辈曾经的过错,这是非常可贵的品质。在我看来,为尊者讳,为长者讳,已经植根于中国人的文化深处,只要不用虚构的故事来掩盖或美化家族长辈不堪的经历,就算是一个合格的家族史书写者了。直面家族的负面历史,批判和反思家族传统是更高水平的家族史书写者才能实现的。

升远老师比较关注家族史的真实性,这也是历史学关注的焦点。在我看来,历史一旦发生就不可能百分百还原,但历史只要发生就会留下它的痕迹,这些痕迹就像大雁留下的影子,或投影于平静的湖水,或投影于汹涌的江河;或投影于猎人的眼睛,或投影于诗人的眼睛……同是一个本体的影子,但因投影的介质和方式不同,影子也各有不同。我们与其纠结于影子是不是真实的,有多少真实的成分,倒不如换个视角看每一个具体的影子是怎样形成的,为什么会发生这样或那样的变形。如是,我们或许更容易靠近历史的真实。

十多年前，我作为历史杂志记者前往山西考察洪洞大槐树的移民传说。尽管当地文史学者言之凿凿，却无法解释为何明朝时期山西向外移民不过 100 多万，洪洞向外移民不过 1 万多人，而家谱中宣称来自大槐树的移民居然多达数亿人。毫无疑问，数亿人都来自明朝初年的山西洪洞大槐树肯定不是历史事实。那么，我们讨论洪洞大槐树移民传说是不是就没有意义了呢？其实不然。北京大学历史系教授赵世瑜老师通过大量的田野调查，发现了大槐树移民传说背后的历史真相。明嘉靖十五年（1536 年），礼部尚书夏言上疏建议明世宗推恩臣民祭始祖、立家庙，推动了民间追祭始祖和建置祠堂家庙的普遍化。由此，民间修谱，寻根溯源也逐渐普遍化。然而底层社会受教育程度很低，家族文献极为匮乏，口传历史又语焉不详，甚至真假难辨。一时间，北方地区出现了很多移民传说。这些移民传说在流传过程中彼此竞争，大槐树传说逐渐被多数人所接受。由此，原本坚持其他移民传说的家族就会成为乡村社会中的少数族群而遭受排挤。为了安顿当下的生活，他们明知是谎言也不得不选择接受大槐树移民传说。与此同时或稍后的南雄珠玑巷移民传说、麻城孝感乡移民传说等都不符合历史的真实，但其形成与传播背后也都有现实社会的真实需求。

正如小熊老师所言，对于普通大众而言，"通过家族史的倾听与被倾听，民众能够从中得到一定成长，那其学术意义便已无关轻重了。"因此，我们给参与家族史书写者的建议是：诚实地面对自己的家族历史，有几分史料说几分话，绝不做没有历史依据的想象和虚构，这就是家族史书写的底线。在此底线之上，任何一种家族史的研究和写作都应该得到鼓励。

家族史书写是一项实践性极强的活动，我想两位老师的理论探讨最终的目的应该是让更多的人愿意参与、敢于参与家族史的书写。也期待有更多学者参与理论探讨与实践经验交流，共同助力大众参与家族史书写。

如今家族史书写方兴未艾，假以时日，当家族史书写普及之后，彼此关联的家族历史汇聚起来，就会形成相互印证或相互批驳的关系，最终出现无影灯的效果。充足的家族史料会让历史学家更容易求取历史的真相，当然也会方便人类学、社会学的研究。

出差途中随想随写，不当之处，还望两位老师批评指正。

李远江
2023 年 9 月 24 日于北京

（原载《新京报书评周刊》公众号 2023 年 11 月 20 日）

本书中文简体版由北京行距文化传媒有限公司授权上海译文出版社有限公司在中国大陆地区（不包括香港、澳门、台湾地区）独家出版、发行。

图书在版编目（CIP）数据

妥协与对抗：日本知识人的战时与战败 / 王升远著.
上海：上海译文出版社，2025. 5. ——（历史学堂）.
ISBN 978-7-5327-9815-5

Ⅰ. B313

中国国家版本馆 CIP 数据核字第 2025DU7537 号

妥协与对抗：日本知识人的战时与战败
王升远　著
责任编辑/薛倩　装帧设计/胡枫
上海译文出版社有限公司出版、发行
网址：www.yiwen.com.cn
201101　上海市闵行区号景路159弄B座
上海市崇明县裕安印刷厂印刷

开本 890×1240　1/32　印张 10.5　插页 2　字数 255,000
2025 年 5 月第 1 版　2025 年 5 月第 1 次印刷
印数：0,001—5,000 册

ISBN 978-7-5327-9815-5
定价：68.00 元

本书中文简体字专有出版权归本社独家所有，非经本社同意不得转载、摘编或复制
如有严重质量问题，请与承印厂质量科联系。T: 021-59404766